企业组织绩效方法研究

盛乐音 著

中华工商联合出版社

图书在版编目（CIP）数据

　　企业组织绩效方法研究 / 盛乐音著. -- 北京 : 中华工商联合出版社, 2022.6（2024.4重印）
　　ISBN 978-7-5158-3496-2

　　Ⅰ.①企… Ⅱ.①盛… Ⅲ.①企业绩效—企业管理—研究 Ⅳ.①F275

　　中国版本图书馆CIP数据核字(2022)第108056号

书　　　名：企业组织绩效方法研究

作　　　者：盛乐音　著

图书策划：米　秦
责任编辑：于建廷
绘　　图：杨　红
装帧设计：刘　伟
责任审读：李　佳
责任印制：陶　莹
出版发行：中华工商联合出版社有限责任公司
印　　刷：北京世纪海辉印刷有限公司
版　　次：2022年6月第1版
印　　次：2024年4月第2次印刷
开　　本：787×1092　1/16
字　　数：380千字
印　　张：17
书　　号：ISBN 978-7-5158-3496-2
定　　价：88.00元

前言

传统经济理论中企业间的绩效差异起源于外部市场结构，企业仅仅被抽象为一个将投入转化为产出的"黑箱"，内部不存在着效率差别。但是，大量的现象和研究表明，企业绩效差异的内生现象是显著存在的。

显著的企业绩效差异内生现象说明，对我国企业来说，迫切需要的是从内部组织的角度来考虑绩效的改善问题。在企业内，知识是经济效率改善和增长的源泉，并且企业有价值的知识往往是蕴藏在个人身上的经验、诀窍或认知等。但是如果仅仅强调知识的这种个人所有性质（人力资本的产权特性），而不强调知识的组织属性那将是不够的。这可以用一个简单的例子来说明，比如个人的寿命有限，而企业需要持续地存活下去。这就意味着组织资本的建设和发展，可以很好地实现企业的持续发展和企业人力资本的保护，因此需要对组织资本的内涵做进一步分析。从动态的观点来看，在外部环境变动的情况下，企业的组织资本基础需要不断地演变、调整来适应环境。另外，组织资本作为企业存在的基础支撑，决定了企业的内部差异，并且是企业成长路径的约束条件。因此需要采用演化经济学的有关方法来分析企业组织资本的演化更新过程和基于组织资本的企业成长路径选择。

总之，对绩效差异的内生性和动态演化性，知识的价值及组织属性这几个方面的考虑引出了本书的研究。迄今为止，国内外学者从这个视角来研究企业价值的还不多见。因此，从组织资本的角度出发，研究组织资本的形成、演化及其与企业绩效的关系可以为考察企业绩效的来源提供一个很好的线索。对于企业理论来说，具有重要的理论价值，对企业的实践也具有非常重要的意义。本书立足于企业组织绩效的理论和实践两个方面，首先对企业组织绩效的概念与发展进行简要概述，介绍了企业组织绩效计划、薪酬、考核、评价等方面的内容；然后具体的对企业组织绩效考核方法的相关问题进行梳理和分析；最后在绩效沟通机制及实施方面进行探讨。本书论述严谨，结构合理，条理清晰，内容丰富，其能为当前的企业组织绩效相关理论的深入研究提供借鉴。

撰写本书过程中，参考和借鉴了一些知名学者和专家的观点及论著，在此向他们表示深深的感谢。由于水平和时间所限，书中难免会出现不足之处，希望各位读者和专家能够提出宝贵意见，以待进一步修改，使之更加完善。

为了更好的指导学生在企业顶岗实习，把企业管理和企业文化带到课堂中，加强校企合作，积极参与到企业实践中，掌握企业文化，学习企业管理，对企业组织绩效积极探索和研究，更好的促进校企合作，科学指导学生的职业生涯规划。本书由贵州农业职业学院盛乐音著。

目 录

第一章　组织绩效的概述

第一节　组织绩效的概念

著名的哲学家亚里士多德曾经讲过，世上最难的工作莫过于下定义了，但有时下定义又是一切工作的前提，英文"Performance"的解释是"执行、履行、表现、成绩"。

从管理学的角度看，绩效是组织期望的结果，是组织为实现其目标而展现在不同层面上的有效输出，它包括个人绩效和组织绩效两个方面。组织绩效是建立在个人绩效实现的基础上，但个人绩效的实现并不一定保证组织是有绩效的。如果组织的绩效按一定的逻辑关系被纷纷分解到每一个工作岗位以及每一个人的时候，只要每一个人都达成了组织的要求，组织的绩效就实现了。但是组织战略的失误可能造成由于个人为了实现绩效目标而导致组织的失败。

从经济学的角度看，绩效与薪酬是员工和组织之间的对等承诺关系，绩效是员工对组织的承诺，而薪酬是组织对员工所作出的承诺。一个人进入组织，必须对组织所要求的绩效做出承诺，这是进入组织的前提条件。当员工完成了他对组织的承诺的时候，组织就实现其对员工的承诺。这种对等承诺关系的本质，体现了等价交换的原则，而这一原则正是市场经济的运行的基本规则。

从社会学的角度上看，绩效意味着每一个社会成员按照社会分工所确定的角色承担他的那一份职责。他的生存权利是由其他人的绩效保证的，而他的绩效又保障其他人的生存权利。因此，出色地完成他的绩效是他作为社会一员的义务，他受惠于社会就必须回馈社会。

任何事物都是变化发展的，对绩效的认识也是如此。管理大师彼得·德鲁克认为："所有的组织都必须思考绩效为何物，这在以前简单明了，现在却不复如是。策略的拟订越来越需要对绩效的新定义。"因此，我们要想测量和管理绩效，必须先对其进行界定，弄清楚它的确切内涵。

目前对绩效的界定主要有三种观点：一种观点认为绩效是结果；另一种观点认为绩效是行为；还有一种观点不再认为绩效是对历史的反映，而是强调员工潜能与绩效的关系，关注员工素质，关注未来发展。

绩效定义的不同看法：①绩效应该定义为工作的结果，因为这些工作结果与组织的战略目标、顾客满意感及所投资金的关系最为密切。②绩效是一个人留下的东西，这种东西与目的相对独立存在。从这些定义不难看出，"绩效是结果"的观点认为，绩效是工作所达到的结果，是一个人的工作成绩的记录。一般用来表示绩效结果的相关概念有：职责、关键结果领域、结果、责任、任务及事务，目的、目标、生产量、关键成功因素等。对绩效结果的不同界定，可用来表示不同类型或水平的工作的要求，这在我们设计绩效目标时应注意区分。

如果结果产生的过程我们无法控制和评定，那么由行为最终形成的结果还能是可靠的吗？随着人们对绩效问题研究的不断深入，人们对绩效是工作成绩、目标实现、结果、生产量的观点不断提出挑战，普遍接受了绩效的行为观点，即"绩效是行为"。支持这一观点的主要依据是：①许多工作结果并不一定是个体行为所致，可能会受到与工作无关的其他影响因素的影响；②员工没有平等地完成工作的机会，并且在工作中的表现不一定都与工作任务有关；③过分关注结果会导致忽视重要的行为过程，而对过程控制的缺乏会导致工作成果的不可靠性，不适当地强调结果可能会在工作要求上误导员工。

认为"绩效是行为"，并不是说绩效的行为定义中不能包容目标，绩效是与一个人在其中工作的组织或组织单元的目标有关的一组行为。绩效是行为，应该与结果区分开，因为结果会受系统因素的影响。绩效是行为的同义词，它是人们实际的行为表现，而且是能观察得到的。

就定义而言，它只包括与组织目标有关的行动或行为，能够用个人的熟练程度（即贡献水平）来评定等级（测量）。绩效不是行为的后果或结果，而是行为本身……绩效由个体控制下的与目标相关的行为组成，不论这些行为是认知的、生理的、心智活动的或人际的。行为绩效包括任务绩效和关系绩效两个方面，其中，任务绩效指所规定的行为或与特定的工作熟练有关的行为；关系绩效指自发的行为或与非特定的工作熟练有关的行为。

随着知识经济的到来，评价并管理知识型员工的绩效也越来越显得重要。由于知识性工作和知识型员工给组织绩效管理带来的新挑战，越来越多的企业将以素质为基础的员工潜能列入绩效考核的范围里，对绩效的研究也不再仅仅关注于对历史的回应，而是更加关注于员工的潜在能力，更加重视素质与高绩效之间的关系。

在实际应用中，对绩效的理解可能是以上三种认识中的一种，也可能是对各种绩效概念的综合平衡。总之，概括而言，对于绩效概念的理解，可分为以下几种：

一、绩效就是"完成了工作任务"

这个界定在过去相对比较简单明了，更多地适合于体力劳动者。对于一线生产工人或体力劳动者来说，他们的绩效就是"完成所分配的生产任务"，这个论断直到今天仍然是适用的。因为对于大多数体力劳动者来讲，最主要的问题一直是"这个工作怎么做"或者说"把这件事做到最好的方法是什么"。泰勒的科学管理、戴明的TQM（全面质量管理）一直在解决或试图解决这一问题。实践证明，他们的方法是有效的。

但是在如今，对于知识工作者而言，"任务是什么"变得异常模糊、难以界定。现在越来越多的管理者发现，原先对于体力劳动者进行管理的方式，用在产品研究人员身上，被证明是失败的！产品研究人员整天坐在计算机旁，甚至有的时候一点事情都不做，不少时间处于沉思状态，对他们的绩效怎么进行评价？

绩效界定的背景不同，绩效适用的范围也会发生变化。如果精通体力劳动者量化管理的一位主管，仍试图沿用原有的绩效认识去解释知识工作者的绩效产出，那结果就可能会很糟。同样不难想象，在一个界定错误的绩效概念基础上建立起来的绩效考核与管理体系，终不能对顾客满意和公司绩效起到任何促进作用。

究其原因，主要在于知识工作与体力工作有很大的不同，往往在进行一项工作时，并没有像体力工作那样交代得非常清楚、细致，很多工作往往需要知识工作者去判断，去独立做出决策。

二、绩效就是"结果或产出"

从考核的内容来讲，可分为绩效考核、能力考核和态度考核三种，相对于能力考核和态度考核来讲，绩效考核强调的是"结果"或"产出"。

实际上，将绩效以"产出/结果"为导向的解释在国外是特别明显的。从实践中得到的证据表明，许多词被用来表示作为结果/产出的绩效，如：①责任、应负责任；②关键成果领域；③职责、任务和活动；④目标；⑤指标；⑥关键绩效指标（KPI）；⑦成功的关键要素；⑧工作要项；⑨目的；⑩行为。

在这里，有必要就几个容易混淆的术语做一下简单的区分。

责任：指职位或部门应承担的为部门或公司目标服务的任务，它的重点是结果。它告知的是"什么"，而不是"如何"。职位应负责任是描述一个职位在组织中所扮演的角色，即这个职位对组织有什么样的贡献或产出。

目标：它直接反映了工作的先后顺序，是对在一定条件下、一定时间范；围内所达到的结果的描述。目标是有一定的时间性和阶段性，表明在规定的时间内对预期成就的具体衡量标准。可以将它同标准联系起来，并且可以用它来影响工作执行者完成特定的责任。

指标：指衡量任职者工作执行状况的尺度，是测其长度、高度、体积还有质量和时间等。指标强调的重点与焦点在于产出 – 结果，而且是投入或努力。

由关键绩效指标（KPI – Key）：是衡量企业战略实施效果的关键指标。

任务：一项应该完成的工作。

关键成果领域：是活动的重要领域，这些领域的成就决定或表明成功。

三、绩效就是"行为"

将绩效与任务完成情况、目标完成情况、结果或产出等同起来的观点在许多心理学的文献中受到了质疑，因为一部分产出或结果可能是由个体所不可控制的因素决定的；再者，过分强调结果或产出，会使得管理者无法及时获得个体活动信息，从而不能很好地进行指导与帮助，而且可能会导致短期效益。

正是如此，绩效作为"行为"的观点逐渐流行了起来。

绩效的范围定义为：一套与组织或个人体现工作组织单位的目标相关的行为。绩效可以定义为行为的同义词，它是人们实际做的，并且可以被奉行的东西。

根据这个定义，绩效只包括与组织目标相关的，并且可以按照个体的能力（即贡献程度）进行衡量（测量）的行动或行为。绩效是组织雇佣员工来做，并且要做好的事情。绩效不是行动的后果或结果，它本身就是行动……绩效是包括在个体控制之下的，与目标相关的动作，无论这些动作是认知的、驱动的、精神运动的，还是人际间的。

将绩效作为"行为"的观点，概括起来主要基于以下事实：（1）许多工作后果并不一定是由员工的行为所产生的，也可能有与工作毫无关系的其他因素在起作用。（2）工作执行者执行任务的机会也不平等，也并不是工作执行者在工作时所做的每一个事都同任务有关。（3）过分重视结果会忽视重要的程序因素和人际关系因素。（4）产出/结果的产生可能包括许多个体无法控制的因素，尽管行为也要受外界因素的影响，但相比而言它更是在个体直接控制之中的。（5）实际上，现实中没有哪一个组织完全以"产出"作为衡量绩效的唯一尺度。

尽管将"绩效"界定为"行为"的观点日益为人们所重视和认可，但"行为"与"绩效"一样，同样面临如何界定的尴尬。

行为通常被认为是产生结果/产出的原因之一，而产出/结果又是评估员工行为有效性的一种方法。即根据员工所取得的结果，来判定他们行为的有效性。

关于行为的界定，如同"绩效"一样，理论界也有不同的看法。

一种看法是：尽管绩效是行为，但不是所有的绩效都是行为，只有与结果－产出相关的绩效才算是行为。换句话说，这种看法认为，不是所有的绩效都与结果和产出相关，那么不与结果和产出相关的绩效又是什么？

任务绩效和周边绩效的提出具有非常重要的意义，尤其是周边绩效，它既尊重了现实情况，同时与组织变革中倡导的、以团队协作为核心的项目组运作方式，以及以顾客为主导的企业文化相适应。也就是说，周边绩效也充分考虑到了知识工作者的工作性质及特点。

关注行为的研究，使得绩效考核方法增添了不少特点与内容，如行为锚定法、行为观察法和行为期望法等。

四、绩效就是"结果＋过程（行为）"

一般意义上来讲，绩效一词的使用相当宽泛，既包括产出也包括行为。也就是说，不仅看你做了什么，也要看你是怎么做的。优秀的绩效，不仅取决于做事的结果，还取决于做这件事所拥有的行为或素质，即：

结果（做什么）＋行为（如何做）＝优秀绩效

从实际意义上来讲，将绩效界定为"结果＋过程"是很有意义的，宽泛的界定往往使绩效更容易被大家所接受。从现实情况来看，单纯将绩效界定为结果－产出或行为－过程，都是有失偏颇的。因为作为结果和过程的绩效各有其优点和缺点。具体见1－1表：

表1－1　不同绩效观的优缺点比较

比　　较	优　　点	缺　　点
注重结果产出	（1）鼓励大家重视产出，容易在组织中营造"结果导向"的文化与氛围 （2）员工成就感强，"胜败论英雄"	（1）在未形成结果前不会发现不正当行为 （2）当出现责任人不能控制的外界因素时，评价失效 （3）无法获得个人活动信息，不能进行指导和帮助 （3）容易导致短期效益

续表

比　　较	优　　点	缺　　点
注重过程/行为	能及时获得个人活动信息，有助于指导和帮助员工	（1）成功的创新者难以容身 （2）过分地强调工作的方法和步骤 （3）有时忽视实际的工作成果

一般来讲，不同的组织或组织中的不同的人员对"结果"和"过程"的侧重点不同；高速发展的企业或行业，一般更重视"结果"；发展相对平稳的企业或行业，则更重视"过程"。

强调反应速度，注重灵活、创新工作文化的企业，一般更强调"结果"；强调流程、规范，注重规则工作文化的企业一般更强调"过程"。

具体到企业不同类别的人员、不同层次的人员，到底以结果为主，还是以过程或行为为主。因为，高层要做正确的事；中层要把事做正确；基层要正确地做事。

五、绩效就是"做了什么（实际收益）+能做什么（预期收益）"

这个概念的引入，实际上将个人潜力、能力纳入了绩效评价的范畴。它强调的一点在于，将绩效不再作为"追溯过去""评估历史"的工具，而更在于关注未来。

应该讲，这个界定更适合于知识工作者，更接近于绩效管理的真正意；图——关注未来。它不仅要看员工当前做了什么，也要关注将来还能够做；什么，能给公司带来什么价值。这个界定比较适合创新性的项目组或项目成员，尽管有些项目或工作失败了，但既然已经给失败交了学费，将来这些人可能就不会再犯。何况只要是创新，就一定会有风险，会有失败，关键如何避免重犯同样的错误。

实际上，绩效的含义是非常广泛的，不同的时期、不同发展阶段、不同的对象，绩效有它不同的含义。表1-2对几种绩效的主要定义适用情况进行了说明。

表1-2　几种绩效的主要定义适用情况对照表

绩效含义	适应的对象	适应的企业或阶段
1. 完成了工作任务	体力劳动者事务性或例行性工作的人员	
2. 结果或产出	高层管理者销售、售后服务等可量化工作性质的人员	高速发展的成长型企业强调快速反应，注重灵活、创新的企业
3. 行为	基层员工	发展相对缓慢的成熟型企业，强调流程、规范，注重规则的企业
4. 结果+过程（行为/素质）	普遍适用各类人员	
5. 做了什么（实际收益）+能做什么（预期收益）	知识工作者，如研发人员	

根据企业使用的情况来看，"绩效＝结果＋过程"得到了大家较为普遍的认同与采纳。

第二节　组织绩效管理的战略地位及必要性

一、组织绩效管理的地位

组织与人一样，有其存在的社会价值和生命周期，而且还有其自己的个性和价值观，就像一个人能否成功取决于其个性和价值观能否与其生存环境相融，组织能否发展也取决于其品位和价值体系能否适应社会与行业的发展趋势。从中国20世纪80年代初改革开放以来几代组织家的普遍特性及其组织的沉浮记，很能反映中国经济市场化的发展轨迹，如果谁有兴趣去深入探究这几代人的创业轨迹，一定能写出一部非常出色的中国经济市场化进程历史书。

一个组织的成败往往被认为是战略选择的成功与失败，从表面上看确实如此，但我们再往前深入地看一步，为什么一个组织做了这种战略而不是那种战略选择？关键取决于两个方面，一是战略决策机制，即由哪些人来行使决策权并以什么样的程序来决策，什么样的机制就决定了什么样的决策选择。另一方面是做出决策的判断准则是什么，即组织决策层的价值观是什么，观念决定了选择，而决定战略选择的两个内在因素即机制和观念都受一个组织的组织文化和价值观所驱使。文化就像土壤，它决定着能让什么样的种子生根、发芽、生长与开花。在新经济时代，资本已失去了其垄断地位，资源的利用已不限于组织内部，国家以及全球的资源已成为共享的财产。组织的竞争越来越取决于其获取资源和利用资源的能力。在战略管理领域，提出了一种新的观念，即基于资源的战略观。在不可预知的竞争环境中，人在组织经营与发展中起着越来越重要的主导作用。因此提出了一种新的管理理论——文化管理。通过强化正确的价值导向，使决策层做出正确的战略选择，使员工能积极地响应和拥抱变革。

能否做出正确的战略选择是非常重要的，同样能否正确地实施战略也是非常重要的。战略的有效实施取决于组织的组织能力和员工个人能力，一个有效的组织体系能使组织的战略目标得以快速而准确地传递，同时，称职的员工能在各个战略位置发挥出应有的作用。

二、组织绩效管理的必要性

（一）绩效评价的不足和绩效管理的有效性

自20世纪80年代以来，经济全球化的步伐越来越快，市场竞争日趋激烈，在这种竞争中，一个企业要想取得竞争优势，必须不断提高其整体效能和绩效。绩效评价的明显缺点在于对绩效的判断通常是主观的，凭印象的和武断的；不同管理者的评定不能比较；反馈延迟会使员工因好的绩效没有得到及时的认可而产生挫折感，或者为根据自己很久以前的不足做出的判断而恼火。实践证明，提高绩效的有效途径是进行绩效管理。因为，绩效管理是一种提高组织员工的绩效和开发团队、个体整合的管理方法。通过绩效管理，可以帮助企业实现其绩效的持续发展；促进形成一个更以绩效为导向的企业文化；激励员工，使他们的工作更加投入；促使员工开发自身的潜能，提高他们的工作满意感；增强团队凝聚力，改善团队绩效；通过不断的工作沟通和交流，发展员工与管理者之间的建设性的、开放的关系；给员工提供表达自己的工作愿望和期望的机会。

（二）绩效管理可以促进质量管理

组织绩效可以表现为数量和质量两个方面。近年来，质量已经成为组织绩效的一个重要方面，质量管理已经成为人们关注的热点。实际上，绩效管理过程可以加强全面质量管理（TQM）。因为，绩效管理可以给管理者提供管理 TQM 的技能和工具，使管理者能够将 TQM 看做组织文化的一个重要组成部分。可以说，一个设计科学的绩效管理过程本身就是一个追求 "质量" 的过程——达到或超过内部、外部客户的期望，使员工将精力放在质量目标上等。

（三）绩效管理有助于适应组织结构调整和变化

多数结构调整都是对社会经济状况的一种反映，其表现形式各种各样，如：减少管理层次、减小规模、适应性、团队工作、高绩效工作系统、战略性业务组织、授权等。组织结构调整后，管理思想和风格也要相应地改变，如：给员工更多的自主权，以便更快更好地满足客户的需求；给员工更多的参与管理的机会，促进他们对工作的投入，提高他们的工作满意感；给员工更多的支持和指导，不断提高他们的胜任特征等，而所有这一切都必须通过建立绩效管理系统，才能得以实现。

（四）绩效管理能够有效地避免冲突

当员工认识到绩效管理是一种帮助而不是责备的过程时，他们会更加积极合作和坦诚相处。绩效管理不是讨论绩效低下的问题，而是讨论员工的工作成就、成功和进步，这是员工和经理的共同愿望。有关绩效的讨论不应仅仅局限于经理评判员工，应该鼓励员工自我评价以及相互交流双方对绩效的看法。发生冲突的情况常常是因为经理在问题变得严重之前没有及时处理，问题发现得越早，越有利于问题的解决，经理的角色是通过观察发现问题，去帮助他们评价、改进自己的工作，共同找出答案。如果经理把绩效管理看成是双方的一种合作过程，将会减少冲突，增强合作。员工将会因为对工作及工作职责有更好的理解而受益，如果他们知道自己的工作职责范围，他们将会尽情地发挥自己的智慧和潜力。所以，绩效管理是激发员工积极工作的管理投资。

（五）绩效管理可以节约管理者的时间成本

绩效管理可以使员工明确自己的工作任务和目标，他们会知道领导希望他们做什么，可以做什么样的决策，必须把工作做到什么样的地步，何时需要领导指导。通过赋予员工必要的知识来帮助他们进行合理的自我决策，减少员工之间因职责不明而产生的误解。通过帮助员工找到错误和低效率原因的手段来减少错误和差错，通过找出通向成功的障碍，以免日后付出更大的代价，领导就不必介入所有正在从事的各种事务中进行过细管理，从而节省时间去做自己应该做的事情。从这一认识出发，我们可以认为绩效管理是一种为防止问题发生而进行的时间投资。

第三节　组织绩效管理的意义

绩效管理是任何一个组织所需要的管理工具，尽管表现形式不尽相同。绩效管理也是经理们管理下属员工的主要工具。绩效管理越来越不是自发的行为，而是管理变革、法律环境强制要求的自觉行为。绩效管理有下述意义。

一、有效推进战略实施与组织变革

这也是它的首要作用。当我们经常探讨如何提高组织执行力的时候，我们常常忽视一个事实：绩效管理是提高执行力的核心工具。被衡量的才是你所获得的是许多管理学者心中的格言。绩效管理程序把我们的战略转化为实际的定性目标和定量目标，这些目标被自上而下地层层分解，转化为各级部门和员工实际的行动计划，使整个组织成员的目标与组织目标保持一致，而不是偏离目标。我们通过经常性的考评来推动目标转化为实际的结果。

绩效目标是最好的指挥棒，设定什么样的目标就会把组织引导到相应的方向。如果一个企业重视销售收入，销售收入就成为绩效考评的重点，全体员工都会围绕它去运作。学校重视升学率，升学目标就成为教师和学生共同努力的方向。组织在变革的过程中特别要善用绩效管理的导向作用，中化公司从 20 世纪末年开始推行风险管控，把逾期应收账款和不良贷款与利润的比例列入绩效考评指标，仅仅 4 年时间就将这一比例从 100% 以下降低到 1.5%。所以，绩效管理是推进组织实现战略目标重要而有效的工具。

二、绩效管理是一个好的预警系统

绩效管理通过自下而上、周期性地提交绩效报告，通过各级管理者的定期评估，清楚地反映了整个组织重要的经营管理活动，实现组织对绩效目标的监控实施，一旦发现问题就可以及时发出信号，避免问题严重化。管理者可以更好地控制预期发展，因为他们提前获得了重要的信息。

三、促进有效的沟通、辅导与授权

组织中的员工存在很多的烦恼，无论是在被上司管理方面还是在管理下属方面。作为员工，老板需要我们做什么？对我们的工作是否满意？满意的标准是什么？如果不满意，我们该如何改进？老板所说的要越优秀越好究竟要做到什么程度？这些员工都不清楚。而作为老板，我们也因为下属不能领会要求而成天无所事事，或者总是不能达到自己要求的工作标准而苦恼，我们不知道是否应该对他讲"你最近的表现不能令人满意"，我们也不敢轻易授权，害怕局面失去控制。

绩效管理很重要的作用就是要使主管与员工之间就如下问题进行沟通：（1）确定对员工的期望：员工的工作责任、目标、结果应当是什么样的？通过什么标准来衡量？（2）获得员工工作进度的信息，提供给员工有关他们绩效的反馈：主管是否满意员工的绩效进度、结果以及实现绩效的手段、过程？（3）获得员工对资源和困难的需求信息，主管向员工提供改进绩效的建议和方法的支持。

这样的沟通方式改变了以往纯粹的自上而下发布命令和检查成果的做法，它要求管理者与被管理者双方定期就其工作行为与结果进行沟通，被管理者主动报告自己的工作，管理者对被管理者的工作进行评价、反馈、辅导，管理者要对被管理者的实现目标的能力进行培训、开发，对其职业发展进行辅导与激励，这客观上为管理者与被管理者之间提供了一个十分实用的、规范而简捷的沟通平台，这种沟通使监督和授权得以平衡，使授权成为可能。

四、塑造契约化管理的高绩效企业文化

通过制定公开的绩效评价制度，明确由谁、通过什么标准、按照什么样的目标顺序来对工作进行评价，使员工可以明晰企业的游戏规则。通过明确的绩效标准对员工的业绩进行对照考评可以形成公正评价的氛围，通过建立在业绩基础上的分配机制促进分配的公平性。上述这些，构成组织透明的文化氛围，帮助组织形成公开、公正、公平的价值观。这种价值观的形成便于组织建立起心理契约，形成契约化的管理氛围。

在设定绩效目标的过程中，员工参与设定自己的业绩目标，客观上起到了自我激励、自我约束、提高自我实现感的作用。这对于组织形成追求高绩效的氛围，塑造高绩效的文化具有重要的意义。

有的组织绩效管理体系不仅提倡结果导向，同时关注绩效结果形成的过程，在其绩效报告中不仅包括工作结果要求，也包括了在达成目标的过程中要遵循企业规定的行为方式，在价值观和行为表现方面对员工提出了要求，便于形成组织自己的文化特征。

五、价值分配与人力资源管理决策的基础

绩效管理也是组织价值分配体系的重要基础。绩效管理不仅决定了组织创造什么样的价值，也决定了组织价值如何分配。通过绩效管理，对员工的产出实施考评，可以为员工的管理决策，如职位升降、辞退、转岗、薪酬等提供了必要的依据，同时也解决了员工的培训、职业规划等问题，有助于员工个人的职业生涯发展，更好地促进了公司和部门的人力资源开发。这也是绩效管理成为人力资源管理各个环节中最核心环节的原因。

六、核心目的是提升组织绩效、实现组织目标

绩效管理的实施诚然可以实现上述种种目标，但是，我们应当看出，无论是管理者对下属的辅导，还是将薪酬、职位与业绩挂钩，其核心目的都是要通过提高员工的绩效水平来提高组织的绩效，实现绩效目标。在实施绩效管理的过程中，因为管理成本过高而放弃量化程度高的方法，或者因为定性指标标准界定不清晰等原因发生诸多的问题是很常见的，而这些往往导致员工对评价结果的质疑。追求细节的完美是经理们最容易犯的错误，也是经理们常常困惑不已而经常质疑于绩效管理部门的理由。简单的也许是最好的，作为直线主管人员不可能花费很多时间去掌握和执行一套很复杂的工具。绝不能让细节的东西

冲击核心目标——提高员工、团队、企业的绩效——只要达到这个目标，细节的地方不妨从宽考虑、从长计议，逐步地去完善改进，决不能因噎废食。

当然，绩效管理也带来了组织里并不直接创造利润的部门和人员，比如绩效管理委员会或者专门的分析评价部门和人员，也带来了很多看似与经营无关的工作，包括招致直线经理批评的各种表格，为绩效而进行的会议、会谈和培训。绩效管理也不是如大家所描绘的那样，总能带来积极的作用，如因为方法不当等种种原因可能会带来降低绩效的现象，这些都是我们需要关注的。

绩效管理是人力资源管理的核心。成功实施绩效管理，不但能帮助企业提高管理效率，帮助管理者提升管理水平，而且能够通过有效的目标分解和逐步逐层绩效任务落实，实现组织的战略目标，提升每个员工的绩效。

因此，绩效管理决不是单一层面的对员工的年终绩效考核，它涉及在充分沟通基础上对组织战略目标分解而制订的绩效计划，根据绩效计划开展绩效实施和管理，进行绩效考核、绩效反馈与面谈、绩效结果的应用等。

第二章　企业组织绩效计划

第一节　绩效计划的概述

一、绩效计划的内涵

计划是重要的管理职能之一，全面了解计划的内涵对理解绩效计划具有重要的意义。计划是指对未来的预想及使其变为现实的有效方法的设计，是对未来进行预测并制定行动方案，简言之，计划就是制定目标和编制方案。计划既是制定目标的过程，也是这一过程预期达成的目标。既涉及目标（做什么），也涉及达到目标的方法（怎么做）。计划的目的和作用在于给出了行动的方向、减少变化的冲击、减少浪费和冗余、设立标准以利于控制等。现代组织处于急剧变化的环境中，组织发展所面临的宏观、微观环境无时无刻不在变化，组织要想生存和发展，比以往任何时候都需要系统性、前瞻性的思考。管理者必须具有远见并为未来做好准备，否则就会陷入难以预见和无法挽救的困境之中。

绩效计划作为一种重要的计划形式，具有一般计划的功能的特点。绩效管理系统通过绩效计划来连接战略和运营，使管理中的计划职能得以实现。绩效计划作为绩效管理的首要环节，也是谋划绩效管理的关键环节，在绩效管理系统中具有非常重要的作用。绩效计划是指当新的绩效周期开始的时候，管理者和下属依据组织战略规划和年度工作计划，通过绩效计划面谈，共同确定组织、部门以及个人的工作任务，并签订绩效目标协议的过程。对绩效计划内涵的深入理解，需要从以下几个方面进行全面把握。

（一）实现组织的战略目标是绩效计划的目的

绩效计划的目的是将组织的战略目标转化为组织层面、部门层面、个人层面的绩效目的，使每个员工的工作行为和结果都能够有效促进组织绩效的持续改进和提升。因此，绩效计划的目的就是确保部门和每个员工的绩效目标与组织的战略目标协调一致。

（二）绩效计划面谈是绩效计划的重要环节

绩效计划是管理者与下属就绩效计划的问题所进行的双向的、全面的和持续的沟通过程。通过绩效计划面谈，管理者与下属就绩效目标、指标和评价标准进行充分的沟通，形成共识并共同确定行动计划。绩效计划面谈是一个双向沟通和全员参与的过程，管理者和下属需要对此进行深入的了解。

1. 绩效计划面谈是管理者与下属双向沟通的过程

传统的目标制定过程通常是由最高管理者制定总目标，然后依据组织结构层层分解，是一个单向的制定过程。而绩效管理中的绩效计划强调互动式沟通，需要管理者和下属共同参与绩效目标、指标、目标值和行动方案的讨论和确定。也就是说，在这个过程中管理者和下属双方都负有责任。在这个双向沟通的过程中，管理者需要向下属解释和说明如下几个问题：组织整体目标是什么；为了完成这样的目标，本部门的目标是什么；为了实现组织整体目标和部门目标，对下属的期望是什么；对下属的工作制定什么样的标准；应如何确定完成工作的期限。下属需要向管理者说明的问题则主要包括：自己对工作目标和如何完成工作的认识；自己对工作的疑惑和不理解之处；自己对工作的计划和打算；在完成工作的过程中可能遇到的问题和需要的帮助等。

2. 绩效计划面谈是全员参与的过程

在绩效沟通过程中，人力资源管理专业人员、管理者和员工需要全面参与，在这个过程中，三者的职责不一样。

人力资源管理专业人员的主要责任是帮助相关人员制定绩效计划。人力资源管理专业人员应提供政策框架，开发相关的培训材料，指导管理者和下属进行绩效计划工作，并且解决管理者和下属之间的冲突，确保绩效计划工作围绕如何更好地实现组织目标顺利地进行。在许多组织中，人力资源管理专业人员与管理者共同设计一个符合组织需要的绩效管理框架，以指导管理者与下属针对每个职位的情况制定具体的绩效计划。总的来说，人力资源管理专业人员的责任就是向管理者（又是包括普通员工）提供必要的指导和帮助，以确保组织的绩效计划系统中的绩效结果和绩效标准保持稳定性、协同性，从而保证组织绩效管理系统的战略一致性。

制定绩效计划要求掌握相关的职位信息，而直线经理最了解每个职位的工作职责和绩效周期内应完成的各项工作，由他们与下属协商并制定绩效计划最能保障计划更符合现实情况，更具有灵活性，更利于部门内部人员之间的合作。直线经理在这个过程中扮演着十分重要的角色，并且是部门绩效计划工作的责任人。

员工参与是绩效计划得以有效实施的保证。目标设置理论认为，员工参与制定计划有助于提高员工的工作绩效。社会心理学家认为，人们对于自己亲自参与作出的选择投入度更高，从而提升了目标的可执行性，有利于目标的实现。这就要求管理者在制定绩效目标和绩效标准时，尽可能地让员工参与进来，制定具有挑战性的目标，通过员工目标的实现来实现组织目标。另外，绩效计划不仅要确定员工的绩效目标，更重要的是要让员工了解如何才能更好地实现目标，了解组织内的绩效信息沟通渠道，了解如何才能够得到管理者或相关人员的帮助等。从这个意义上讲，绩效计划面谈更离不开员工的参与。

（三）确定绩效目标、绩效指标和绩效评价标准是绩效计划的主体内容

绩效计划的主体内容是在充分沟通的基础上，管理者和下属确定在一个绩效周期内应该"做什么"的问题。"做什么"在绩效计划中具体体现为确定绩效目标、绩效指标和绩效评价标准。还需要通过沟通，确保组织战略目标能分解到部门目标和个人目标，最终实现组织战略目标在个人目标上落地。这要求通过制定绩效计划，为实现化战略为行为创造基础和条件。

（四）签订绩效协议是绩效计划的最终表现形式

大量研究发现，人们坚持或改变某种态度的可能性主要取决于两种因素：一是他在形成这种态度时的卷入程度，即是否参与了态度形成的过程；二是他是否为此进行了公开表态，即做出正式承诺。因此，人们对于自己亲自参与做出的选择投入程度更大，从而增加了行动的可执行性和实现目标的可能性。在绩效计划阶段，通过沟通，管理者和下属对绩效目标达成共识，签订正式的绩效计划协议，就是让下属对自己的绩效计划内容做出很强的公开承诺，促使他们履行自己的工作计划；同时，管理者也通过向自己的下属做出承诺，提供必要的支持、帮助和指导，从而实现管理者和下属上下一条心，共同推动组织目标的达成。

绩效协议就是关于工作目标和标准的契约。管理者与下属根据组织和部门目标的共同制定并修正个人绩效目标以及实现目标所需的步骤。绩效协议的内容主要包括绩效目标、绩效指标、目标值、指标权重和行动方案等。管理者和下属经过充分沟通，对绩效协议的内容达成共识，经过双方确认之后，签订了绩效协议，这就标志着绩效计划工作的完成。

二、绩效计划的类型

明确绩效计划的分类是理解绩效计划概念外延的有效途径。根据不同的分类标准，可以将绩效计划分为不同的类别。根据绩效层次的差别，可以将绩效计划分为组织绩效计划、部门绩效计划、个人绩效计划；根据不同人员在组织系统内人员岗位层次的不同，可以将绩效计划分为高层管理者绩效计划、部门管理者团队领导绩效计划、一般员工绩效计划；根据绩效周期的差别，可以将绩效计划分为任期绩效计划、年度绩效计划、半年度绩效计划、季度绩效计划、月度绩效计划、周计划甚至日计划等。各类绩效计划并不是独立的，而是相互影响、相互渗透、相互融合的。绩效管理实践中最普遍的分类方式仍然是组织绩效计划、部门绩效计划、个人绩效计划。

1. 组织绩效计划

组织绩效计划是对组织战略目标的分解和细化，组织绩效目标通常都是战略性的目标。组织绩效目标和绩效指标是整个价值计划体系的指挥棒和风向标，决定着绩效计划体系的方向和重点。

2. 部门绩效计划

部门绩效计划的核心是从组织绩效计划分解和承接来的部门绩效目标，是在一个绩效周期之内部门必须完成的部门各项工作任务的具体化。同时，部门绩效计划还需反映与部门职责相关的工作任务。

3. 个人绩效计划

从广义上讲，个人绩效计划包含组织内所有人员的绩效计划，即高层管理者绩效计划、部门管理者绩效计划和员工绩效计划。高层管理者绩效计划直接来源组织绩效计划，是对组织绩效目标的承接；员工绩效计划是对部门绩效计划的分解和承接，同时也反映个人岗位职责的具体要求。从狭义上讲，个人绩效计划就是指员工绩效计划。

三、制定绩效计划的原则

在制定绩效计划的过程中，无论是制定组织绩效计划、部门绩效计划还是个人绩效计划，都应该遵循一些基本原则。

1. 战略性原则

在制定绩效计划体系时，必须坚持战略性原则，即要求在组织使命、核心价值观和愿景的指导下，依据战略目标和经营计划制定组织绩效计划，然后通过目标的分解和承接，制定出部门绩效计划和个人绩效计划。

2. 协同性原则

绩效计划体系是以绩效目标为纽带形成的全面协同系统。在纵向上，业务部门和支持部门也需要相互协同，特别是支持系统需要向业务部门达成绩效目标提供全面的支持。

3. 参与性原则

在制定绩效计划的过程中，管理者与下属必须进行充分的沟通，确保组织战略目标能够被组织所有员工正确地理解。同时，管理者还需要认真倾听下属的意见，妥善处理各方利益，确保绩效计划制定得更加科学合理。总之，通过全员参与绩效沟通，确保管理者和下属都对绩效计划中的绩效目标、绩效指标、绩效标准、行动方案等内容达成共识，以保障在签订绩效协议的时候，做出充分的承诺。

4. SMART 原则

在绩效计划的制定中，特别是在设置绩效目标和绩效指标时，需要遵循 SMART 原则。

第二节　绩效计划的内容

一、绩效目标

绩效目标是绩效计划的关键内容，是连接组织战略与绩效管理系统的纽带，是制定绩效指标、绩效评价标准和行动方案的起点和基础。

（一）绩效目标的内涵

绩效目标是绩效主体在绩效周期内需要完成的各项工作。具体明确的绩效目标是实现组织纵向和横向协同的基础，也是实现组织、部门和个人协调一致的纽带和关键。目前对绩效目标的理解主要有两种：一种是将绩效目标理解为"绩效指标加上目标值"，比如"完成年度销售额 300 万元"；另一种则是将绩效目标理解为绩效的行为对象，具体表现为一个动宾词组，比如"增加团体客户总量"和"开发并维持战略伙伴关系"等。理解绩效目标的内涵还需重视以下内容：

1. 绩效目标的来源

绩效目标的来源主要有两类。首先，绩效目标来源于对组织战略的分解和细化。客户价值主张决定组织的竞争战略的选择，合理构建和妥善传递的客户价值主张是战略性绩效管理的精髓和核心。通过战略的分解与细化，形成组织绩效目标、部门绩效目标和个人绩效目标来引导每个员工都按照组织要求的方向去努力，从而确保组织战略的顺利实现。其次，绩效目标来源于职位职责。职位职责描述了一个职位在组织中扮演的角色，即这个职位对组织有什么样的贡献或产出。职位职责相对比较稳定，除非该职位本身发生根本性变化。

2. 绩效目标的差别

使用不同的绩效管理工具，对绩效目标的理解有较大差别。在目标管理中，绩效目标通常采用"绩效指标加上目标值"的表述形式。在关键绩效指标中，没有明确提出绩效目标的概念，不同层次的绩效计划是通过指标分解建立起相互联系的。在平衡计分卡中，主张将绩效目标和绩效指标分开，绩效目标具体表现为一个动宾词组，在不同层次的绩效计划体系中，通过绩效目标的承接与分解建立关系，在一个绩效计划之内，强调绩效目标是一个具有因果关系的逻辑体系。

（二）绩效目标的类型

在管理实践中，比较常见的分类方式是依据绩效层次的不同将绩效目标分为组织绩效目标、部门绩效目标和个人绩效目标。此外，还有以下几种常见的分类方式。

第一，按照绩效周期的长短，可以将绩效目标分为短期绩效目标、中期绩效目标和长期绩效目标。短期绩效目标通常是在几天，几周或几个月内完成的绩效目标；中期目标是指半年或一年，甚至一年多内完成的绩效目标；而长期绩效目标则是指完成时间更长一些，可能要 2 ~ 3 年，甚至更长时间，或者指需要划分为几个关键性阶段的绩效目标。

第二，根据绩效目标的来源，可以将绩效目标分为战略性绩效目标和一般绩效目标。战略性绩效目标来源于组织战略目标的分解，强调激发组织内所有人的创造力，激励所有人为之采取新思维、新方法或新思路，为了实现组织战略目标而群策群力、协同合作和共同奋斗。一般绩效目标则来源于组织系统内具体职责的要求，指维持组织正常运行必须履行的日常工作。

此外，在以平衡计分卡为基础的战绩效管理实践中，还可以根据绩效目标协同方式的不同进行分类。按照纵向协同的要求，可以将绩效目标分为承接目标、分解目标和独有目标；按照横向协同的要求，可以把绩效目标划分为几个共享目标、分享目标和独有目标。

（三）绩效目标的制定

制定绩效计划最重要的内容就是制定绩效目标。在制定绩效目标的过程中，管理者需要特别重视以下几个方面。

1. 绩效目标制定的基本步骤

绩效目标的制定过程通常包含如下几个步骤：

第一步，成立一个由高层领导参与的战略规划小组，负责拟定和描述组织的愿景，在高层领导之间达成共识后，确定组织的战略目标。对一个成熟的组织来说，则是直接根据组织的愿景和战略，结合组织的年度工作计划，制定组织的绩效目标。

第二步，每位高层领导与其分管部门的管理者组成小组，提出各部门的目标，然后基于部门目标和部门工作计划，制定部门绩效目标。在制定部门绩效目标时，管理者需要注意部门绩效目标和绩效目标的纵向协同和不同部门之间的横向协同。

第三步，部门管理者和员工就部门目标分解和实现方式进行充分沟通，形成每个人的绩效目标。在这一过程中，上级需要统筹协调每个人的工作内容，保证本部门的目标能够实现。同时也要避免像传统的目标制定那样仅仅是从上到下的制定过程，应该在制定各级目标时保证每个员工都有充分的发言权，并鼓励下级人员积极参与绩效目标的制定。通过保证基层员工的绩效目标与部门绩效目标的协同性和一致性，来确保个人、部门和组织目标的协同性和一致性，进而保证通过绩效系统，化组织战略为每个员工的日常行动。

2. 绩效目标制定的基本原则

在绩效管理实践中，绩效目标的制定通常应该遵循以下五条基本原则，简称 SAMRT 原则，其具体含义如下：

（1）绩效目标应该是明确具体的

"S"（specific）指的是应尽可能地细化、具体化绩效目标。组织绩效目标和部门绩效目标必须细化和具体化到每个人的绩效目标上即必须落实到具体的岗位和人员，或能对应到具体的个人。而每个人的情况又各不相同，比如岗位、权责、资源条件和经验能力等不同，因此绩效目标应该明确、集体地体现每位员工的具体工作。只有将这种要求尽可能表达得明确具体，才能够更好地激发员工实现这一目标，并引导员工全面地实现管理者对他的绩效期望。比如，某客户经理的绩效目标为"3 天内解决客户的投诉"，而不是"尽快解决客户投诉问题"；人力资源部培训主管的绩效目标是"第一季度 20% 的时间用于培训新员工"，而不是"要利用淡季进行员工培训"等。如果使用平衡计分卡管理工具，则需要将目标、指标各目标值结合起来考察。

（2）绩效目标应该是可衡量的

"M"（measurable）是指目标能够衡量，即可以将员工实际的绩效表现与绩效目标相比较，也就是说，绩效目标员工提供一种可供比较的标准。设定绩效目标，是为了激发每个人的潜力，为实现组织目标而共同努力，因此，目标必须可以衡量，才能为人们的行为提供及时有效的反馈，在绩效衡量评价的时候才能进行量化。绩效目标的可衡量特征与绩效评价指标和绩效标准的可衡量特征是密切相关的，这三者的可衡量特征决定了绩效评价和反馈在绩效管理中的可能性。比如，客户经理的绩效目标为"提高客户满意度"，衡量该目标的绩效指标之一是"回复客户投诉率"，绩效标准则是"24h 内答复投诉问题"。需要指出的是，可衡量并不一定要绝对量化。

（3）绩效目标应该是可达到的

"A"（attainable）是指目标通过努力就能够实现。目标通常是比现实能力范围稍高一点的要求，强调"蹦一蹦，够得着"。因此，在绩效目标制定过程中，管理者和下属需要充分沟通，共同制定具有很强可行性的绩效目标。如果管理者为了追求高绩效，盲目利用行政手段和权力，强加给下属很高的绩效目标，就可能造成下属心理上的抗拒，并且在目标不能达成的时候首先想到的是推卸责任，而不是付出艰苦卓绝的努力去实现目标。因此管理者在制定目标的时候，需要考虑目标的可实现性。实际上，所谓目标切实可行，不仅强调不应该制定过高的不切实际的目标，还强调应该根据员工的工作潜力制定具有一定挑战性，但是通过努力可以实现的目标。过高的目标会使员工失去信心和动力，而目标太低又无法使员工发挥出应有的水平。切实可行是在两者之间找到一个最佳的平衡点，即员工通过努力可以达到的可行的绩效水平。

（4）绩效目标应该与质量有关联

"R"（relevant）指绩效目标体系要与组织战略目标相关联，个人绩效目标要与组织绩效目标和部门绩效目标相关联。与质量相关联原则要求在制定绩效目标时，应对组织战略有清晰明确的界定，同时在分解和承接过程中，要避免错误推理而制造出看似漂亮，但对组织战略没有贡献甚至适得其反的绩效目标。

（5）绩效目标还应该有时限性

"T"（time - based）就是指完成目标需要有时间限制。这种时间限制实际上是对目标实现方式的一种引导，要求根据工作任务的权重、事情的轻重缓急，确定完成绩效目标的最后期限，以及项目进度安排，并据此对绩效目标进行有效的监控，以便在出现问题的时候能及时对下属进行绩效辅导。比如，上半年实现大客户增长率5%，这个目标确定的时间限制就是6月30日。绩效目标的时间限制通常是与绩效周期联系在一起的，不同的绩效目标完成的绩效周期不一样。在目标确定的情况下，管理者的要求和下属的工作能力等方面的情况是确定时间限制的最重要因素。对于被授予较大权限的员工来说，制定他们的绩效目标时行为引导可能会少一些，但时间限制在任何情况下都是必不可少的。另外，我们往往会根据需要制定分阶段的分目标，不论是整个绩效计划的总目标，还是分阶段的分目标，都应受到时间的限制。

3. 绩效目标制定的关键点

在制定绩效目标的过程中，为了确保绩效目标的科学性和可操作性，绩效目标制定者还需要把握如下几个关键点。

（1）进行充分的绩效沟通

在制定绩效目标的过程中，管理者和下属需要进行充分、平等、全面的沟通。充分的沟通要求以确保下属的参与为重点，即确保下属有机会参与到制定绩效目标的过程中，提升下属对绩效目标的承诺程度和工作投入程度，从而提升目标达成的可能性。很多组织在绩效目标制定过程中，缺乏充分的沟通，而采取上级给下级分派任务的方式，由组织的最高管理层制定组织的战略及目标，然后逐层分解到组织的各个层级。最高领导层的目标经常是一种充满激情的陈述，使用的往往是泛泛的描述性语言，而下面每一个层级在接收信息时必然加入自己的理解，经过层层过滤，到一线人员所做的往往是与战略毫不相关的事，甚至是朝相反的方向进行。在缺乏沟通的绩效管理实践中，这种现象非常普遍。

（2）确保绩效目标的动态调整

绩效目标的制定通常遵循"先建立后完善"的原则。在绩效目标建立的过程中，在严格遵循SMART原则的基础上，先确定至关重要的绩效目标，同时避免将绩效目标与日常工作计划等同。如果绩效目标过少，则说明可能有重要的目标被忽略；如果目标过多，则可能造成工作繁杂，没有重点，或者是工作职责相互交叉和重叠。在建立了绩效目标之后，管理者和下属进行持续沟通，对已经制定的绩效目标及时进行修正和完善。

绩效目标是根据每个绩效周期的现状确定的，而现实情况不断变化，因此，管理者应注意对目标进行及时的动态调整。特别是在制定了分阶段目标的情况下，这种调整应更频繁。如果下属轻易地达到了上一阶段的目标，就应该分析其中是否有特殊的原因，并通过目标的调整来适应情况的变化。如果目标明显不可实现，也应该在分析原因之后适当地下调。

（3）管理者需要提高对绩效目标的认识

第一，不能将需要达到的目标和切实可行的目标混淆。管理者可能面对来自其上级或客户的压力，这些压力对部门绩效目标常常有较大的影响，部门绩效目标又需要落实到部门内个人绩效目标上。在这种情况下，管理者提出的绩效目标就可能会超越下属的能力与资源的限制。如果下属没有最后的决定权或缺乏充分沟通，常常面对超出自身能力的绩效目标，就会充满挫折感，致使工作的努力程度降低。第二，需要清楚所有绩效目标都必须为组织战略目标服务，保障目标体系在纵向上注意协同性和一致性，在绩效周期的长短上注意长、中、短兼顾，在重要性上注意重点突出。第三，不可将所有需要解决的问题都包含在绩效目标之中。管理者必须清楚绩效管理不是万能的，不能医治百病，更不能代替一切，绩效管理只有与组织的各种制度规范、组织文化、管理实践以及外部环境结合起来，才能充分发挥绩效管理系统的作用。

二、绩效指标

在确定绩效目标之后，一项非常关键的工作就是如何衡量这些目标是否达成。把绩效目标转化为可衡量的指标，是绩效计划的又一项具有较高技术含量的工作，在绩效管理系统中，对员工行为的引导很大程度上就体现在绩效指标的选择和设计上，绩效监控和绩效评价就是对绩效指标的监控和评价，因此，绩效指标设置的科学与否很大程度上影响着整个绩效管理系统的成败。

（一）绩效指标的内涵

指标是指衡量目标的单位或方法，是指目标预期达到的指数、规格、标准。绩效指标是用来衡量绩效目标达成的标尺，即通过绩效指标的具体评价来衡量绩效目标的实现程度。由于绩效指标直接面向绩效评价，因此绩效指标也叫绩效评价指标或绩效考核指标。

所谓评价指标，就是评价因子或评价项目。在评价过程中，人们要对评价对象的各个方面或各个要素进行评估，而指向这些方面或要素的概念就是评价指标。只有通过评价指标，评价工作才具有可操作性。总的评价结果的优劣往往需要通过各个评价指标的评价结果综合体现。比如，企业的组织绩效可以从经济效益、市场地位、客户关系、与政府的关系、员工关系及能力发展、股东关系等方面的指标，来衡量和监控企业对有关各方面的负责程度以及目标各方面的达成程度。个人绩效目标也同样需要多重绩效指标，比如销售人员的绩效目标就可以从销售额、回款率、顾客满意度等指标来进行监控和衡量。

在绩效管理过程中，绩效指标扮演着双重角色，既是"晴雨表"又是"指标棒"。既用于衡量实际绩效状况，又对管理决策和员工行为产生指引作用。可以说，组织成员对绩效评价指标的准确理解和一致认识直接关系到绩效管理的最终成效。为此，许多组织不仅根据所在行业、组织特性、经营业务和管理状况等情况建立自己的指标库，而且为每一个指标制作了指标卡，以便统一认识和规范操作。通常，指标卡包括指标描述和指标衡量两个组成部分，每个部分包括若干栏目，如表2-1所示。指标描述的作用在于确保组织成员对指标形成一致的理解，具体包括指标名称、责任部门/人、所在层面、衡量目标、指标解释和计算公式等栏目。指标衡量的作用在于说明如何对指标实施绩效评价，具体包括评价周期、评价主体、数据来源、绩效基数、目标值、计算单位和评分标准及其等级描述等栏目。

表2-1　指标卡模板

指标名称		责任部门/人			
所在层面		衡量目标			
指标解释					
计算公式					
指标衡量					
评价周期		评价主体		数据来源	
绩效基数		目标值		计算单位	
评分标准	等级描述				分值
	S：				90分以上
	A：				80~89分
	B：				70~79分
	C：				60~69分
	D：				59分以下
备注					

（二）绩效指标的类型

为了更好地设计绩效管理系统中的评价指标，制定科学的绩效计划，我们应该熟悉绩效指标的具体分类，并将各类绩效指标纳入绩效评价系统之中。

1. 工作业绩评价指标和工作态度评价指标

所谓工作业绩，就是工作行为所产生的结果。业绩的考核结果直接反映了绩效管理的最终目的——提高企业的整体绩效，以实现既定的目标。组织成功的关键要素决定了绩效评价中需要确定的关键绩效结果。这种关键绩效结果规定了在评价员工绩效时应着重强调的工作业绩指标。这些指标可能表现为该职位的关键工作职责或一个阶段性的项目，也可能是年度的综合业绩。在设计工作业绩指标时，通常的做法是，将业绩具体表现为完成工作的数量指标、质量指标、工作效率指标以及成本费用指标，一般可以分为以下几种：

（1）数量指标

指那些直接显示绩效成果的数字化标准，包括产品的销售量、销售额、利润额、市场占有率、生产产品的数量、裁减员工的数目，也包括比例性的指标等，如销售增长率、税前利润率。

（2）质量指标

指绩效成果内在的、质的数字化标准，包括产品合格率、不同等级产品的分布率、逾期应付账款率、库存率、现金周转率、独特性、准确性，等等。

（3）成本指标

反映了实现直接绩效成果的代价，包括人工成本、产品成本、销售成本、管理费用等，有时会区分单项工作核算，如招聘成本、培训成本等。

（4）时间进度指标

要求责任人在特定的时间内达到特定的进度，如 7 月 1 日前完成销售收入的 50%，10 月 1 日前完成大坝的主体结构施工等。对于一些日常性的工作，不能用"全年、日常"作为时间标准，而应当是完成每一次动作需要的时间。比如收发员的职责是按时收发信件和报纸，他的时限不是全年或者每天这样的词语，而是"每天 8∶30 以前将所有信件报纸分发到人"。

（5）频率指标

主要用在行为产出，也有的用在产品产出。通常是要求在一定的时间内，员工实施该行为的次数，如"每 30 分钟巡视一遍保洁区，保证出现的垃圾及时得到清理"，"每周与客户联络一次，发现有关最新需求和服务问题"。

（6）客户满意度指标

指绩效产出满足客户需求的程度，包括客户满意度、客户流失率、投诉率、客户服务周期等，也可以设定员工满意率等内部客户的满意度指标。

（7）工作态度评价指标

在组织中常常可以看到这样的现象：一个能力很强的人出工不出力，未能实现较高的工作业绩；而一个能力一般的员工兢兢业业，却做出了十分突出的工作业绩。这两种不同的工作态度产生了截然不同的工作结果。因此，工作态度在一定程度上决定了一个员工的实际工作业绩。为了对员工的行为进行引导从而达到绩效管理的目的，在绩效评价中应引入对工作态度进行评价的指标。

2. 硬指标和软指标

要全面评价一个企业的经营活动，需要考虑以下三个方面的问题：第一，是否实现组织目标以及实现程度。第二，由若干个短期指标衡量的短期经营业绩，这些指标通常代表经营的成果，可以由其自身的数值加以判断。将它们综合为一组指标后，可以体现组织的最终经营情况。第三，许多的属性、低层次子指标群反映了当前的经营状况，并预示着迄今所取得的进展和实现最终目标或结果的可能性。

位于塔顶的是组织的长期总体目标，代表了组织效能的"最终标准"。一般而言，除非由历史学家去做结论，否则最终目标是无法衡量的。但是，最终标准是评价那些直接衡量组织经营业绩的次级标准的基础。

位于金字塔中部的是组织的经营成果，代表了组织效能的"中间标准"。这些标准是影响短期经营效益的要素或参数，其内容不超出最终标准的范围，可以称作"输出性"或"结果性"标准。这些标准的度量值本身是正式企业所要追求的成果，在它们之间可以进行比较、衡量和舍去。将它们以某种方式加权组合起来，其总和就决定了最终标准的取值。对于营利性组织来说，这一层次的典型指标或变量包括销售额、生产效率、增长率、利润等，可能还包括行为学方面的一些软指标，比如员工满意度等。而对于非营利组织来说，这些中间标准可能主要是行为学方面的。

位于塔底的是对组织当前的活动进行评价的标准，即"基础标准"。这些标准是经过理论分析或根据实践经验确定的，反映了顺利和充分实现上述各项中间标准所必需的前提。在这些标准当中，有一部分是将一个组织描述成一个系统的变量，有一部分则代表与中间标准相关的分目标、子目标或实现中间标准所必需的手段。属于这一层次的标准很多，它们形成了一个复杂的关系网站。在这个关系网中，包括因果关系、互相作用关系和互相休整关系，总也有一些标准是根本无法评价的，它们的作用只是减少这个关系网中的不可控变化。对于营利性组织来说，这一层面上的硬指标可能包括次品数量、短期利润、生产进度、设备停工时间、加班时间等；这一层面上的软指标可能包括员工士气、企业信誉、内部沟通的有效性、缺勤率、员工流动率、群体内聚力、顾客忠诚度等。

（1）硬指标

所谓硬指标，指的是那些可以以统计数据为基础，把统计数据作为主要评价信息，建立评价数学模型，以数学手段求得评价结果，并以数量表示评价结果的评价指标。

使用硬指标进行绩效评价能够摆脱个人经验和主观意识的影响，具有相当的客观性和可靠性。在处理硬指标的评价结果时，如果需要完成复杂或者多变的计算过程，还可以借助电子计算机等工具来进行，以有效提高评价的可能性和时效性。

（2）软指标

软指标指的是主要通过人的主观评价得出评价结果的评价指标。在行为科学中，人们用专家评价来指代这种主观评价的过程。所谓专家评价，就是由评价者对系统的输出做出主观的分析，直接对评价对象进行打分或做出模糊评判（如很好、好、一般、不太好或不好）。这种评价指标完全依赖于评价者的知识和经验来做出判断和评价，容易受各种主观因素的影响。所以，软指标的评价通常由多个评价主体共同进行，有时甚至由一个特定的集体共同得出一个评价结论，以实现相互补充，从而产生一个比较完善的结论。

之所以将软指标评价称为专家评价，是因为这种主观评价在客观上要求评价者必须对评价对象所从事的工作相当了解，能够通过不完整的数据资料，在利用大量感性资料的基础上看到事物的本质，做出准确的评价。

运用软指标的优点在于，这类指标不受统计数据的限制，可以充分发挥人的智慧和经验，在这个主观评价的过程中往往能够综合更多的因素，考虑问题更加全面，从而避免或减少统计数据可能产生的片面性和局限性。另外，当评价所需的数据很不充分、不可靠或评价指标难以量化的时候，软评价能做出更有效的判断。因此，能够更广泛地运用于评价各种类型的员工。随着科学的发展和模糊数学的应用，软指标评价技术得到了迅猛发展。通过评价软指标并对评价结果进行科学的统计分析，我们能够将软指标评价结果与硬指标评价结果共同运用于各种判断和推断，以提高绩效评价结果的科学性和实用性。

当然，软指标同时也具有不可忽略的弱点。对软指标进行评价的结果容易受评价者主观意识的影响和经验的局限，其客观性和准确性在很大程度上取决于评价者的素质。对软指标进行评价得出的评价结果往往缺乏稳定性，尤其在民主氛围不佳的环境中，个人的主观判断经常造成严重的不公平，引起评价对象对评价结果的强烈不满。

在实际评价工作中，往往不是单纯使用硬指标或软指标进行评价，而是将两类指标加以综合应用，以弥补各自的不足。在数据比较充足的情况下，以硬指标为主，辅以软指标进行评价；在数据缺乏的情况下，则以软指标为主，辅以硬指标进行评价。在绩效评价中，对于硬指标的评价往往也需要一个定性分析的过程，而对于软指标评价的结果也要应用于模糊数学进行量化的换算过程。因此，我们在建立指标体系的时候，应尽量将指标量化，收集相关的统计资料，以提高评价结果的精确度。同时，还要考虑评价对象的具体情况，将硬指标与软指标的评价技术有效地结合起来使用。

绩效评价更多地使用软指标的评价方法，人的主观判断在很大程度上影响着绩效评价的结果。需要注意的是，软指标与非量化指标并非同一个概念。软指标与硬指标的区分强调的是评价方式上的区别，而量化指标与非量化指标的区分强调的则是评价结论的表现方式上的区别。我们可以进一步认为，绩效评价更多地使用软评价的方式来对各种量化指标与非量化指标进行评价。至于量化指标与非量化指标的区分，由于从字面上就能够容易理解，在此不予赘述。

（三）绩效指标体系的基础

绩效指标体系的构建是一项具有很强技术性和挑战性的工作，管理者需要为此做全面的准备。

1. 绩效指标体系设计的指导思想

（1）始终坚持系统思考

系统思考渗透在绩效管理的方方面面，坚持系统思考对设计科学合理的绩效指标体系有重要的指导作用。每个组织在设计其绩效评价指标体系时，通常都是从建立绩效指标库开始的。该指标库实际上就是对组织的绩效目标或关键成功要素进行分解所形成的一个由一定数量的绩效评价指标构成的集合。之后，就可以在这个指标库的基础上，针对所评价职位的特点进行进一步的选择，从而确定与各个职位相对应的评价指标，以形成一个与职位设置相对应的绩效评价指标体系。

（2）坚持绩效评价内容和评价目的的一致性

根据目标一致性理论，绩效管理活动中，特别是绩效评价之中，绩效指标、绩效目标和绩效评价目的三者之间需要保持目标一致。三者之间的一致性具体表现在如下三个方面：

首先，绩效指标与绩效目标的一致性。这种一致性具体反映在两个方面。一是绩效指标体系与绩效目标内容的一致性，即绩效指标的内容应能反映绩效目标。绩效指标体系的内容能够引导绩效主体产生符合运行目标的输出，进而促进绩效主体实现其系统运行目标。二是绩效指标的内容完整地反映绩效目标。由于绩效目标通常是一个多层次的综合体，因此绩效指标与绩效目标的一致性不仅表现在每一个绩效指标都应该反映相应的绩效目标，还表现在绩效指标能否全面地反映整体性的绩效目标和各个层面上的绩效目标。

其次，绩效指标与绩效评价目的的一致性。绩效指标体系是一组既相互独立又相互关联、能够完整地反映绩效目标的评价要素，而绩效评价的目的实际上就是为了促进绩效目标的实现。因此，绩效评价的目的同样也会影响绩效指标的选择，绩效指标应充分体现绩效评价目的对绩效指标的要求。当绩效评价目的发生变化时，绩效指标也相应地发生变化。例如，绩效评估结果可能用于为薪酬管理提供依据，也可能用于为员工的职位升迁等提供依据。当绩效评价的结果与薪酬密切挂钩时，评价指标应更多地强调对员工工作业绩的评价，而作为员工升迁的依据，绩效评价的结果应能够反映员工的工作潜力。

最后，绩效评价的目的与绩效目标的一致性。绩效指标既要与绩效目标相一致，又要与绩效评价的目的相一致。这就对绩效评价的目的与绩效目标的一致性提出了要求。否则，在设计绩效指标时，就会由于难以与二者同时保持一致而陷入困境。绩效评价是一种手段，而不是目的。绩效评价是为了更好地促进绩效主体实现绩效目标，因此，绩效目标必然要服从绩效评价的目的。

2. 绩效指标的基本要求

绩效指标是绩效计划的重要内容，在设计绩效指标的时候，需要遵循如下几个基本要求：

（1）独立性

独立性指的是绩效指标之间的界限应清楚明晰，不会发生含义上的重复。这要求各个评价指标尽管有相互作用或相互影响、相互交叉的内容，但一定要有独立的内容，含义和界定。绩效指标名称的措辞要讲究，使每一个指标的内容界限清楚，避免产生歧义。在必要的时候可通过具体、明确的定义给出可操作性的定义，避免指标之间出现重复。例如，"沟通协调能力"和"组织协调能力"中都有"协调"一词，但实际上应用的人员类型是不同的，这两种协调能力的含义也是不同的。"沟通协调能力"一般可以运用于评价普通员工，而对于拥有一定数量下属的中层管理人员，则可以通过评价他们的"组织协调能力"来评价他们在部门协调和员工协调中的工作情况。如果在同样的人员身上同时评价这两种协调能力，就容易引起混淆，降低评价的可靠性和准确性。

（2）可测性

评价指标之所以需要测量和可以测量，最基本的特征就是该评价指标指向的变量具有变异性。具体来说，评价能够产生不同的评价结果。只有这样，绩效评价指标的标志和标度才具有存在的意义，评价指标才可能是可以测量的。另外，在确定绩效评价指标时，还要考虑到评价中可能遇到的种种现实问题，确定获取所需信息的渠道以及是否有相应的评价者能够对该指标做出评价等。评价指标本身的特征和该指标在评价过程中的现实可行性共同决定了评价指标的可测性。

（3）针对性

评价指标应针对某个特定的绩效目标，并反映相应的绩效标准；应根据部门职责或岗位职能所要求的各项工作内容及相应的绩效目标和标准来设定每一个绩效评价指标。

3. 绩效指标的选择依据

在确定绩效指标的过程中，需要关注如下几个选择指标的基本依据：

（1）绩效评价的目的

绩效指标的制定和监控最终都需要落地在绩效评价中，只有在评价中受到重视的指标才能对员工行为产生良好的导向作用。绩效评价的目的是通过对绩效指标的评价来促进绩效目标的实现，从而助推组织战略目标的实现。在绩效管理实践中，每个部门或岗位的具体工作内容涉及的指标往往很多，对绩效指标的监控和评价不可能面面俱到。因此，绩效评价的目的是选择绩效指标的一个非常重要的依据。

（2）工作内容和绩效标准

每个部门或岗位的工作内容在组织系统中已经有相对明确的规定，每个组织的总目标都会分解到具体的部门，再进一步分工到每一个员工。组织、部门和个人的工作内容（绩效任务）及绩效标准事先都应该有明确的规定，以确保工作的顺利进行和工作目标的实现。因此，绩效指标应该体现这些工作内容和目标，从数量、质量、时间上赋予绩效指标特定的内涵，使绩效指标的名称、定义与工作内容相符，指标的标度与绩效标准相符。这样的绩效指标方能准确地引导员工的行为，使员工的行为与组织的目标一致。

（3）获取绩效信息的便利程度

绩效信息对绩效指标的选择样式有非常重要的影响。为了保障绩效监控和绩效评价工作的顺利开展，我们应能够方便地获取与绩效指标相关的统计资料或其他信息。因此，所需信息的来源必须稳定可靠，获取信息的方式应简单可行。绩效管理的根本目的不是进行控制，而是提升个人、部门和组织的绩效，为组织战略目标的实现服务。因此，绩效监控必须方便易行，绩效评价必须有据可依，绩效管理必须避免主观随意性，绩效评价的结果易于被评价对象接受。然而，这一切都是建立在获得丰富、全面、准确的绩效信息基础上。获取绩效信息的难易程度并不是直接可以判断的，在绩效管理体系的设计过程中，需要不断地在小范围内试行，不断地进行调整。如果信息来源渠道不可靠或者相关资料呈现矛盾状态，就应对绩效指标加以调整，最终使评价指标能够方便、准确地得到评价。例如，通常对员工的工作业绩都是从数量、质量、效率和费用节约四个方面进行评价。但是，对不同的职位而言，取得这四个方面的信息并不都是可行的。有时，我们可能会发现员工所从事的工作是不可量化的。这时，员工的工作业绩更多地反映在工作质量、与同事协作的情况以及各种特殊事件等方面。这种对绩效指标的调整正是基于使绩效监控和评价更切实可行而进行的。

（四）绩效指标体系的设计

绩效指标的设计是一项系统性的工作，要求指标的设计者必须系统全面地认识绩效指标，使用科学的方法，选择合适的路径，并为每一个绩效指标赋予合适的权重。

1. 绩效指标的设计方法

设计绩效指标体系的主要工作之一就是依据准确全面地衡量绩效目标的要求，在坚持相关基本原则的基础上，采用科学的方法设计合适的绩效指标。常见的设计绩效指标的方法主要有以下几种：

（1）工作分析法

科学的管理必须建立在详尽分析的基础之上。工作分析是人力资源管理的基本职能，是对工作本身最基本的分析过程。工作分析是确定完成各项工作所需履行的责任和具备的知识及技能的系统工程。工作分析的主要内容由两部分组成：一是职位说明，二是任职资格。职位说明包括：工作性质、职责、进行工作所需的各种资料、工作的物理环境、社会环境、与其他工作相联系的程度等及与工作本身有关的信息。对人员的要求包括：员工为了完成本工作应具备的智力、体力、专业知识、工作经验、技能等相关要求。

在制定绩效指标的过程中进行的工作分析，最重要的就是分析从事某一职位工作的员工需要具备哪些能力和条件，职责与完成工作任务应以什么指标来评价，指出这些能力和条件及评价指标中哪些比较重要，哪些相对不那么重要，并对不同的指标完成情况进行定义。这种定义就构成了绩效评价指标的评价尺度。

（2）个案研究法

个案研究法是指对个体、群体或组织在较长时间里连续进行调查研究，并从典型个案中推导出普遍规律的研究方法。例如，根据测评的目的和对象，选择若干具有典型代表性的人物或事件作为调研对象，通过对他们的系统观察和访谈来分析、确定评定要素。

常见的个案研究法有典型人物（事件）研究与资料研究两大类。典型人物研究是以典型人物的工作情境、行为表现、工作绩效为直接对象，通过对他们的系统观察和分析研究来归纳总结出他们所代表群体的评定要素。资料研究是以表现典型人物或事件的文字材料为研究对象，通过对这些资料的总结、对比和分析，最后归纳出评定要素。

（3）专题访谈法

专题访谈法是指研究者通过面对面的谈话，用口头沟通的方式直接获取有关信息的研究方法。例如，通过与企业各部门主管、人力资源部门人员、某职位人员等进行访谈获取绩效指标。专题访谈的内容主要围绕下述三个问题展开：

你认为担任该职位的员工最基本的要求是什么？

该职位的工作的主要特点是什么？

检验该职位的工作成效的主要指标是什么？

研究者通过分析汇总访谈所得的资料，可以获取极其宝贵的材料。专题访谈法有个别访谈法和群体访谈法两种。个别访谈轻松、随便、活跃，可快速获取信息。群体访谈以座谈会的形式进行，具有集思广益、团结民主等优点。

（4）经验总结法

众多专家通过总结经验，提炼出规律性的研究方法，称为经验总结法。一般又可分为个人总结法和集体总结法两种。个人总结法是请人力资源专家或人力资源专门人员回顾自已过去的工作，通过分析最成功或最不成功的人力资源决策来总结经验，并在此基础上设计出评价员工绩效的指标目录。集体总结法是请若干人力资源专家或企业内有关部门的主管（6~10人）集体回顾过去的工作，采用头脑风暴的方式分析绩效优秀者和绩效一般者的差异，列出长期以来评价某类人员的常用指标，在此基础上提出绩效指标。

2. 绩效指标体系的设计

在具体的设计绩效指标体系的管理活动中，管理者需要根据绩效指标的基础知识、基本理念和思想，设计出符合组织具体要求的绩效指标体系，以确保组织、部门和个人三个层次的绩效指标体系能有效地支撑组织战略目标的实现。虽然管理实践各不相同，但是了解绩效指标设计中的具体原则和绩效指标体系的设计路径却是绩效指标体系设计工作中需要高度重视的两个问题。

（1）绩效指标体系的设计原则

绩效指标体系通常是由一组既独立又相互关联，既能衡量绩效目标又能表达绩效监控和评价目的的系列指标。绩效指标体系呈现出层次分明的结构。一方面，绩效指标包括组织、部门和个人绩效指标三个层次；另一方面，针对每一个职位的绩效指标也呈现出层次分明的结构。通常，员工的绩效指标包括工作业绩和工作态度两个维度，每一个维度都包含若干个具体的评价指标，从而也形成了一个层次分明的结构。为了使各个指标更好地整合起来，以实现评价的目的，在设计绩效指标体系时，需要遵循一些基本的设计原则，其中最常见的原则有如下两条。

第一，坚持"定量指标为主，定性指标为辅"的原则。通常情况下，不论组织层面的绩效计划的制定，还是部门和个人层面的绩效计划的制定，为了确定清晰的标度，我们主张更多地使用定量绩效指标，从而提高绩效监控的有效性和针对性，同时也提高绩效评价的客观准确性。因此，坚持绩效指标设计时的量化原则，是绩效指标设计的实践中的首要原则。SMART原则在绩效指标的设计过程中就非常实用，严格遵循SMART原则对提高绩效指标设计的质量和效率具有重要的意义。但是，并不是所有绩效都能量化或都容易量化。对于来源于战略目标分解的绩效指标坚持量化是必需的，但是很多来源于具体职责规定的绩效指标难以量化。因此，绩效指标还需要一定的定性指标作为补充。例如，根据不同职位的工作性质，人们往往会发现将所有评价指标量化并不可行，这时我们就需要考虑设计定性指标；当然，对于定性的评价指标，也可以运用一些数学工具进行恰当的处理，使定性指标得以量化，从而使评价的结果更精确。

第二，坚持"少而精"的原则。这一原则指的是绩效指标需要反映绩效管理的根本目的，但不一定面面俱到。也就是说，在设计绩效指标体系时，应避免不必要的复杂化。结构简单的绩效指标体系便于对关键绩效指标进行监控，也能有效地缩短绩效信息的收集、处理过程乃至整个评价过程，提高绩效评价的工作效率，从而有利于绩效目标的达成。同时，绩效指标简单明了，重点突出，有利于掌握绩效管理技术，了解绩效管理系统的精髓，提高绩效沟通质量和绩效管理的可接受性。所以在制定绩效指标或者从绩效指标库中选择绩效指标时，需要制定或选取最有代表性和特征的项目，从而简化绩效监控和评价的过程。

（2）绩效指标体系的设计路径

设计绩效指标的一个重要标准就是评价对象所承担的工作内容和绩效标准，这种工作内容和绩效标准的区别很明显地反映在个人的职位职能上。在制定处于组织中不同层级和职位的个人绩效指标时，我们需要使用不同的绩效指标和权重。在设计绩效指标的实践中，通常首先设计组织绩效指标和部门绩效指标，然后通过承接和分解，分别获得组织高层管理者和部门管理者的绩效指标。具体来讲，绩效指标体系的设计路径有如下两种：

路径一：针对不同层级的目标设定相应的绩效指标。

管理层级是设计绩效指标体系纵向框塑的依据。不管采用何种类型的组织结构，管理层级是必然存在的，只不过层级数量有所差异而已。一般来说，企业可以划分为组织、部门和个体三个层级，相应的个体也可区分为高层管理者、中基层管理者和普通员工。由于不同层级的主体在纵向上存在职责和权限的分工，因此各自的绩效目标或者绩效目标的侧重点也相应存在差异。但是，由于组织、部门和个体以及不同层级的人员是通过绩效目标之间的承接和分解来实现牵引、支持和配合的，因此各自的绩效目标大多存在一定的逻辑关系。

绩效指标是用以衡量绩效目标实现的手段，它的设计和组合是以目标为导向的。因此，基于绩效目标在纵向上的逻辑链，我们可以建立起具有一定关联的绩效指标体系。当处于不同层级的主体设定了相同的绩效目标时，他们就有了共同的衡量指标；当下级目标是对上级目标进行分解时，则需要根据目标细化的程度设置各自的衡量指标，但是这些指标所评价的内容综合起来应该能够大体上反映上级目标的绩效状况。当然，不同层级的主体总归有自己的特殊任务，需要独立完成自己特有的目标。相应地，这些目标的指标一般也是个性化的，与其他指标没有必然的联系。由此，我们可以从纵向上对指标体系进行归类，区分上下级的绩效指标是共同的、有关联的，还是独有的指标。

路径二：针对不同职位的特点选择不同的绩效指标。

职位类别是设计绩效指标体系横向框架的依据。在我国，由于没有建立起严格的职位职能分类标准，不同的企业对于职位职能的分类存在不同的看法。常见的职位类型包括：生产类、工程技术类、销售类、研发类、行政事务类、职能管理类、政工类等。常见的职能等级包括：经理、部长、主管、主办、操作工人等。但不论采用什么样的称谓，最重要的是在企业的职位体系中对这些不同的称谓进行严格的定义和区分，为人力资源管理的各方面工作提供一个准确的、可操作的职位平台。

按职位职能标准进行绩效管理的前提就是在企业中建立健全这样一个明确的职位系列。在分层分类评价时，不一定要严格按照这个职位系列来进行。通常，我们会对比较复杂的职位系列进行一定的合并。分层评价的层次究竟应该如何确定并没有明确的规定，具体的分类方式应该根据企业规模，特别是管理幅度和管理层级来确定。

3. 绩效指标的权重设计

绩效指标的权重是指在衡量绩效目标的达成情况过程中，各项指标的相对重要程度。在设计绩效指标体系过程中，不同的指标权重对员工行为具有牵引作用，确定各项指标的权重是一项非常重要的工作，也是一项具有较高技术要求的工作。决定绩效指标权重的因素很多，其中最主要的因素包括以下三类：

首先，绩效评价的目的是影响指标权重的最重要的因素。前面曾谈到，以绩效评价为核心环节的绩效管理是人力资源管理职能系统的核心模块。因此，绩效评价的结果往往运用于不同的人力资源管理目的。显然，针对不同的评价目的，应该对绩效评价中各个评价指标赋予不同的权重。但是，关于权重的这种规定并不需要明确到每个绩效指标。通常的做法是，将绩效指标分为工作业绩指标和工作态度指标这两个大类（也就是通常所说的两个评价维度），然后根据不同的评价目的，规定这两个评价维度分别占多大的比重。

其次，评价对象的特征决定了某个评价指标对于该对象整体工作绩效的影响程度。例如，责任感是评价员工工作态度时常用的一个指标。但是对于不同种类的员工来说，责任感这一评价指标的重要程度各不相同。对于保安人员来说，责任感可能是工作态度指标中权重最大的指标，而对于其他类型的员工，责任感的权重可能就不那么大。

最后，组织文化倡导的行为或特征也会反映在绩效评价指标的选择和权重上。例如，以客户为中心的文化较为重视运营绩效和短期绩效，而创新型文化更为关注战略绩效和长期绩效，因此在指标选择和权重分配上两者会各有侧重。

在综合分析指标权重的影响因素之后，就需要对每个绩效指标设定相应的权重系数。通常情况下，指标权重设定工作是在统筹考虑各种影响因素的基础上，采用科学的设计方法设计具体的权重系数。

三、绩效标准

绩效标准又称为绩效评价标准，描述的是绩效指标需要完成到什么程度，反映组织对该绩效指标的绩效期望水平。在设计绩效指标时，需要为每个指标确定相应的绩效标准，便于管理者在绩效监控和绩效评价中判断绩效指标的完成情况。

在绩效管理实践中，指标值在确定的时候要分为定性和定量两类指标分别进行标准设定。在设定标准的时候，首先要确定基准值，如果我们的评估体制是五个层次的话，那么处于中间层次的标准就应当视为基本标准，也就是在正常情况下多数人员都可以达到的水平。超出基准值就称为卓越绩效标准。

第三节　绩效计划的制定

制定绩效计划分为绩效计划的准备、绩效计划的制定、绩效协议的审核和签订三个步骤。

一、绩效计划的准备

绩效计划的制定是一个管理者和下属双向沟通的过程，绩效计划的准备阶段的主要工作是交流信息和动员员工，使各层次的绩效计划为实现组织的战略目标服务。绩效计划的准备工作主要包括组织信息、部门信息、个人信息以及绩效沟通四个方面的准备。

（一）组织信息的准备

充分的组织信息的准备是战略绩效管理成功实施的重要保障，其核心就是让组织内部所有人员熟悉组织的使命、核心价值观、愿景和战略，使其日常行为与组织战略保持一致。组织信息的相关内容一旦确定，一般需要及时传递给所有成员。传递这些信息的方式很多，除组织专门的培训之外，还可以通过每年的总结大会，部门或业务单元的传达会，高层领导的走访，或者通过各种文件、通知，组织的内部网以及内部刊物等。

（二）部门信息的准备

部门绩效信息主要是指制定部门绩效计划所必需的各种信息。第一，需要准备部门战略规划相关材料。部门战略要反映组织的使命、核心价值观和愿景，对组织的战略有直接的支撑作用，与组织文化保持一致。第二，需要准备部门职责相关材料。尽管部门职责所规定的很多事项都不是战略性的，但却是部门执行战略所必需的，各部门在制定计划的时候也必须通盘考虑这些因素。第三，需要准备部门上一绩效周期的绩效情况。绩效计划的制定是一个连续的循环过程，新绩效周期的计划都是在已有的上一绩效周期完成情况基础上制定的。第四，需要准备部门人力资源配置的基本情况。在制定部门绩效计划的时候，就应该考虑到部门的分工，以便为每一个绩效目标的达成做好准备。

（三）个人信息的准备

除了组织信息和部门信息之外，绩效计划的制定对个人信息的准备也有很高的要求。个人信息的准备主要包括所任职位的工作分析和前一周期的绩效反馈。工作分析用于说明为达成某一工作的预期绩效所需要的行动要求。从工作分析入手，可以使员工更好地了解自己所在的职位，明确自身职位在组织职位系统中的地位和作用，并把职位与部门目标和个人目标联系在一起。新绩效周期开始时，环境和目标可能改变，个人的职位要求也可能调整，需要重新思考和定位，并且旧的职位说明书很可能已经过时，管理者需要将最新的要求和信息准确地传递给员工。同样，上一绩效周期的反馈也是很重要的信息，虽然在绩效周期结束时已经有过反馈，但是在制定新的绩效计划的时候，还需要再次明确上一绩效周期绩效完成的情况，管理者必须对高绩效员工给予肯定，对造成绩效不佳的原因进行深入分析，提出绩效改进的建议并协助制定绩效改进的方法，从而使其不断提高工作绩效。

（四）绩效沟通的准备

这里讲的绩效沟通，主要是指为了制定具有科学性和可操作性的绩效计划，在组织内部进行的各种形式的沟通面谈。制定绩效计划是一个充分沟通的过程，也是管理者与下属就绩效计划的内容达成一致，并通过绩效协议做出绩效承诺的过程。绩效沟通的准备主要从沟通形式和沟通内容入手。绩效沟通的形式需要根据绩效管理的实际需要确定，可以召开全员动员大会，还可以进行一对一的绩效计划面谈。

不同发展阶段组织的沟通内容也不同。比如，对首次实行规范的绩效管理的组织，在制定绩效计划的时候，通常需要让所有人员明确如下问题：（1）绩效管理的主要目的是什么？（2）绩效管理对员工、部门以及组织有什么好处？（3）员工个人绩效、部门绩效与组织绩效的关系是什么？如何保持一致？（4）绩效管理系统中，重要环节和关键决策有哪些？（5）如何才能在组织内部建立起高绩效文化？

对于已经建立健全完善的绩效管理系统的组织，其沟通内容则可以直接聚焦绩效计划本身。需要在良好的沟通环境和氛围下，集中沟通如下几个方面的内容：（1）高层管理者需要提供组织信息，主要是战略目标和行动计划相关信息。（2）中层管理需要传达组织信息，并提供全面、翔实的部门信息，特别是部门的关键业务领域、重点任务和主要计划等相关信息。（3）选定绩效管理工具，并在此基础上进行沟通。（4）管理者向下属提供系统全面的绩效反馈信息。（5）员工提供初步的绩效计划和行动方案，包括与绩效执行过程中可能遇到的困难和需要的帮助等相关信息。（6）为了确保绩效计划兼具科学性、实效性和可操作性，管理者和下属还需要在计划制定之前收集其他信息。

二、绩效计划的制定

绩效计划制定工作具有重要的意义和作用，绩效计划的质量决定了整个绩效管理系统的成败。在绩效计划制定过程中，需要考虑绩效计划能否有效执行，是否便于有效的监控，是否面向绩效评价，以及计划成功执行后，结果能否成功应用等。绩效计划制定过程就是一个持续沟通的过程，其主要成果就是在充分沟通的基础上，制定切实可行的绩效计划，并保障个人绩效计划和部门绩效计划对组织绩效计划的有效支持，最终为实现组织战略目标服务。绩效计划的制定是绩效计划工作的核心步骤。

三、绩效协议的审核和签订

绩效协议的审核和签订阶段是对初步拟定的绩效计划的再审核和确认的阶段。这个阶段的时限可以根据绩效计划的复杂程度或者层次不同确定具体期限。一般组织绩效计划和部门绩效计划审核期限更长、反复修订次数更多，个人绩效计划审核修订的时间较短。

绩效协议审核阶段主要是针对绩效计划拟定过程中的未尽事宜进行增补或修订，是对细节的进一步确认。管理者和下属都有义务对完善初步的绩效计划作出努力，需要对一些细节问题深入思考、反复推敲和最后确认：（1）在本绩效周期内，主要工作内容和职责是否明确？（2）应达到何种工作效果？（3）这些结果可以从哪些方面去衡量？评判标准是什么？（4）各个绩效指标的权重分配是否科学？各类目标主次是否明确？对战略实现非常重要的目标是否受到足够的重视？（5）在本绩效周期内，绩效目标是否需要分段完成？对目标完成过程中存在的困难和挑战的估计是否充分？领导应该提供的帮助是否足够？（6）下属在完成工作任务时拥有哪些权利？决策权限如何？（7）管理者和下属对绩效计划执行过程中的沟通程序是否清楚？如何防止出现偏差？（8）为了完成工作任务，下属是否有必要接受某一方面的培训或通过自我开发的手段掌握某种技能？

在经过严密的审核之后，管理者和下属都在绩效协议上签字确认。绩效协议的签订标志着绩效计划的完成。绩效协议的签订，不仅仅是书面协议的签订，也代表了管理者和下属在心理上做出的一种承诺。

四、常见的四种企业战略通用模板

（一）总成本最低战略的通用模板

从财务层面来看，遵循总成本最低战略的公司以生产率战略为主，强调通过降低客户购买和使用产品与服务的总成本来吸引目标客户和扩大客户份额。从客户层面来看，遵循总成本最低战略的公司的价值主张是为追求物美价廉的客户提供质量稳定的、及时的、低价格的产品和服务。从内部业务流程层面来看，遵循总成本最低战略的公司将运营管理流程作为关键业务流程，同时要求客户管理和产品创新等其他流程在目标设置上始终围绕总成本控制这一战略中心。在运营管理方面，公司必须和卓越的供应商保持良好合作，通过高效的运营流程将供应商的输入稳定、快速、优质地转换为有效输出，并通过低成本的渠道及时准确地将产品和服务分销给客户。而且，公司应擅长风险管控，以使可用性最大化和客户损失最小化。在客户管理方面，公司应聚焦于为客户提供便利，从运营角度改善售后服务以及了解客户消费偏好。在创新方面，公司应将创新的焦点放在流程上，而不是投入大量的资金进行产品创新，但是必须能够复制产品领先者的创新。在法规和社会方面，公司应致力于减少员工和社区的危险，防止引起成本提高的事故和环境问题。从学习与成长层面来看，遵循总成本最低战略的公司在人力资本开发和建设上应该对员工进行全面质量管理、六西格玛、适时管理和作业成本法等方面的知识培训，使他们获得降低成本、缩短周转期和提高质量的能力和知识。在信息资本开发和建设上应该加强客户易于订购的购买体验并通过电子交换技术降低交易成本，以及为员工及时准确地提供有关成本、质量、时间和客户的数据。在组织资本开发和建设上应该将重点放在局部流程学习和最佳实践共享上，以便在整个组织内传播最有效率的单元或个体的成功经验。

（二）产品领先战略的通用模板

从财务层面来看，遵循产品领先战略的公司以收入增长战略为主，主张通过为前卫客户提供比竞争对手更为优越和领先的产品来增加收入。从客户层面来看，遵循产品领先战略的公司的价值主张是通过为前卫客户提供令他们满意的产品和服务来突破现有业绩边界。从内部业务流程层面来看，遵循产品领先战略的公司将创新流程作为关键业务流程，公司必须在预测客户需要和为优秀产品与服务发现新机会方面表现突出。而且，在产品开发过程中，公司必须在一个方面维持最佳平衡：基础研究创造新的科技突破；在新产品平台引入这些突破；通过递增的但仍然创新的衍生产品来提升现有平台的产品。不仅如此，公司还必须拥有产品快速打入市场的优秀能力，同时精于专利申请和品牌管理以保持产品领先地位。在运营管理方面，产品领先公司不应追求成本最低，而应坚定对新产品持续开发，保证市场渗透不受生产能力的约束，其运营流程必须保持高度灵活，以便开展产品试验和根据市场反馈对产品特性进行调整。在客户管理方面，产品领先公司主要关注两个方面：其一是确定前卫客户并从中捕捉有关产品设计的新思想；其二是向客户推介产品的新特征和功能。在法规和社会方面，产品领先公司必须关注新产品的安全性，以及对员工和客户的健康及环境的负面影响。同时，公司还必须维持良好的政府关系，缩短新产品和服务获取批准的周期。从学习与成长层面来看，遵循产品领先战略的公司在人力资本开发和建设上应该注重培养掌握基础科学和专业技术的专家，并进行交叉学和多功能团队之间的能力整合。在信息资本开发和建设上应善于运用先进技术来实施产品设计和商业生产。在组织资本开发和建设上应该致力于塑造包容的文化，为创新和变革营造良好的氛围。

（三）全面客户解决方案的通用模板

从财务层面来看，采用全面客户解决方案战略的公司主张建立与客户的长期关系，意在通过获取和保留客户产生更高的长期利润。从客户层面来看，采用全面客户解决方案战略的公司的价值主张是通过提供最好的解决方案，提供客户化的、满足客户需求的产品和服务来建立与客户的长期关系。从内部业务流程层面来看，采用全面客户解决方案战略的公司将客户管理流程作为关键业务流程，强调充分理解客户价值主张，与客户建立牢固、可信的关系，并把既有的产品和方案融入个别的客户化方案，最终帮助客户获得成功。在运营管理方面，公司关注的焦点同样不是成本最低，而是能够有效支持为客户提供一个更为广阔的产品和服务线。这就要求捆绑供应商的产品和服务，捆绑公司自己的产品和服务，以及通过无缝的分销渠道把供应商和公司自己的捆绑式产品和服务传递给客户。在创新方面，公司的重点是借助客户调查找到为客户创造价值的新方法。在法规和社会方面，公司应将重点放在获取法律批准上，以扫清横跨传统行业的障碍来提供服务。从学习与成长层面来看，采用全面客户解决方案战略的公司在人力资本开发和建设上强调员工应该对目标客户及其偏好具有高度的敏感性，并拥有为目标客户提供不同产品和服务的技能和知识。在信息资本开发和建设上应关注客户数据和分析能力，以获得更多关于客户偏好和购买品种的资料。在组织资本开发和建设上强调培育客户中心型文化，以便员工理解客户的重要性和与客户保持长期关系的价值。

（四）系统锁定战略的通用模板

从财务层面来看，采用系统锁定战略的公司力图通过为客户创造较高的转换成本，产生长期的可持续性价值。这类公司更强调收入增长而不是生产率，因为从成功实施锁定战略获取高利润和高市场份额的机会远远超过从降低成本中获取的利润。成功的关键在于利用低价吸引客户和辅助厂商以快速扩大市场份额。从客户层面来看，奉行锁定战略的公司的客户类型有二：一为客户；二为辅助厂商。对于客户来说，这类公司主要通过快速的客户获得、持久的客户保持和深化客户关系来创造和维持锁定优势，同时要求建立一系列加强锁定的计划来保持和扩大公司与既有客户的业务范围，以提高客户业务份额。此外，对于客户来说，公司还必须确定吸引和保持专有标准客户的价值主张，包括两个方面：其一，标准是易于使用的；其二，标准被广泛使用。对于辅助厂商来说，公司所拥有的大规模的、已形成的终端客户群也是辅助厂商的潜在客户，因此它们希望有一个可以接触这些终端客户群的便利的分销渠道，同时辅助厂商也看重广泛使用的标准平台。从内部业务流程层面来看，奉行锁定战略的公司必须具有强有力的创新流程。公司首先必须开发作为锁定战略基础的专有产品和保护标准；然后应该寻找方法来拓宽核心产品的运用，从而吸引更多的客户和辅助厂商；最后应该找到办法来阻止未授权产品的使用，以保障产品收益。

在运营管理方面，采用锁定战略的公司应该有能力开发专有产品和服务，而且确保产品和服务平台易于客户和辅助厂商使用，还要在质量和成本上进行持续创新以便在保持较低入门价的同时能够获利，或者至少限制在新客户初始销售额上的损失。与其他战略类型的通用模板不同，锁定战略需要对辅助厂商进行管理，而这类流程的重点在于吸引和保留辅助厂商。在客户管理方面，公司一方面希望通过降低转换成本来吸引新客户；另一方面希望为既有客户设置高转换成本。在法规和社会方面，公司必须注意两个关键的法规目标：第一，必须保护公司专有产品免遭竞争者模仿和使用，免遭未授权客户、辅助厂商和供应商使用；第二，必须防止对客户进行产品和服务的不合法强迫捆绑销售，以免引起法律诉讼。此外，公司应当将社区投资直接用于支持公司专有技术的行为。从学习与成长层面来看，采用系统锁定战略的公司在人力资本开发和建设上必须致力于建设一支具有技术专长的科学家和工程师队伍，注重培养员工的客户意识并提高其满足客户和辅助厂商需求的能力；在信息资本开发和建设上必须建立一个便于客户和辅助厂商使用的平台；在组织资本开发和建设上应致力于建设以客户和辅助厂商为中心的文化。

第三章 企业组织绩效薪酬

第一节 绩效薪酬的依据

所谓绩效薪酬，是指组织对员工完成绩效标准或者超额完成绩效标准的行为所支付的薪酬。组织实施绩效薪酬的基本假定是，薪酬能够引导员工按照组织期望的方式行事。激励理论为绩效薪酬提供了理论依据。长期以来的管理实践为完善绩效薪酬积累了经验。绩效薪酬的设计，要以绩效考核为基础，还要兼顾效率、公平和合法三个原则。

一、理论观点

行为科学家对薪酬的激励作用做了大量的研究。激励理论可分为内容理论、过程理论、目标理论三类。内容理论认为需求影响人的动机，满足员工需求的报酬能够激励他们提高绩效。过程理论认为人被激励的过程很重要，当努力与绩效之间的联系强度、绩效与报酬之间的联系强度足够大时，报酬才会具有激励效果。目标理论强调绩效目标设定的激励作用，指出把具体的、富于挑战性的、有反馈的绩效目标与报酬联系起来，对员工提高绩效有较强的激励作用。

（一）马斯洛的需求层次理论

马斯洛的需求层次理论认为，人的行为受到内在需求的激励。人的需求分为五个层次。第一个层次是生理需求，如食物、住所等基本需求。第二个层次是安全需求，如避免危险的需求。第三个层次是社会需求，如对亲情、友情、社会关怀的需求。第四个层次是自尊需求，如对自信、自立、成就、地位、被人赏识、被人赞赏的需求。第五个层次是自我实现需求，如实现自己的理想、完善自我的需求。人的需求按照从第一层次到第五层次的顺序排列。只有当较低层次的需求得到满足后，才可能引发较高层次的需求。根据马斯洛的需求层次理论，薪酬首先要能够满足人的基本需求，其次薪酬如果与成就、被人赞赏、自我实现等较高层次的需求相联系，就能够引导员工按照组织期望的方式行事。

（二）赫兹伯格的双因素理论

赫兹伯格的双因素理论认为，员工行为受到两种不同因素的激励：一种是保健因素，如工资、工作环境等；另一种是激励因素，如丰富的工作内容、挑战性的任务、提供成就感的工作机会、工作晋升等。保健因素满足员工较低层次的需求，如果保健因素不够，员工会感到不满意，因此，要使保健因素满足员工的基本需求。然而，保健因素得到满足后，即使很多，也不会让员工产生满足高层次需求的效果。只有与工作本身相关的激励因素才会满足员工较高层次的需求，从而对员工绩效产生激励效应。赫兹伯格的双因素理论给薪酬设计与管理的启示，是绩效薪酬不能仅仅依靠货币性薪酬形式，还要将其与工作本身相关的非货币性薪酬形式相结合。

（三）强化理论

强化理论认为，人的行为受报酬的强化，得到报酬的行为倾向于重复出现，没有得到报酬的行为则会减少出现频率，以至于消失。因此，要强化员工绩效与报酬之间的联系。一是要对员工的高绩效予以奖励，得不到奖励的高绩效是持续不下去的。二是要在高绩效出现之后及时地进行奖励，以取得最大的激励效应。

（四）期望理论

期望理论认为，员工的行为受三个因素的影响：第一个因素是期望，即员工对完成绩效目标的信心。第二个因素是绩效获奖估计（绩效与报酬之间的关联性），即员工对因为高绩效而获得奖励的可能性的预期。第三个因素是效价，即员工对报酬价值的评价。如果员工认为凭自己的努力能够取得高绩效，又相信高绩效可以获得较高奖励，并且这个奖励符合员工的价值评价，员工就会努力工作。期望理论强调绩效与报酬之间的联系，即员工对绩效、报酬以及它们的联系如何评价。因此，组织要提高员工对完成绩效目标的信心、对绩效获奖的预期，同时使薪酬符合员工的价值取向。一是要明确工作内容和目标，改善工作环境，为员工完成绩效目标提供培训和资源。二是要建立公平的绩效评价体系，让员工相信自己能够影响绩效目标，并且高绩效会得到正确评价。三是要使薪酬的数额能够反映绩效的价值。

（五）公平理论

公平理论认为，员工的行为受薪酬中带来的公平感的影响。公平感取决于员工所获得的报酬与贡献的比值和他人相比是高还是低。员工用以比较的对象可能是组织内部相同岗位的员工，也可能是组织外部相同岗位的员工，还可能是不同时期的自己。如果员工认为自己所获得的报酬贡献比值比他人的低，就会感觉不公平，从而通过降低努力程度、要求提高报酬等方式找回平衡。公平理论给薪酬设计与管理的启示是，员工不仅重视薪酬的绝对水平，而且重视薪酬的相对水平。因此，薪酬制度必须兼顾内部一致性（公平性）和外部竞争性（公平性）。组织要对员工绩效做出客观、公正的评价，并给予相应的奖励，使员工的报酬与贡献比值能够保持平衡或大于状态。

（六）代理理论

代理理论认为，组织与员工之间的关系本质上是委托人与代理人之间的关系。由于信息不对称，委托人监督代理人完成工作的过程就要付出成本。如果监督成本很低，组织就可以根据员工完成工作过程的状况来支付报酬。如果监督成本很高，组织就应该根据员工完成工作结果的状况来支付报酬。因为如果不这样，员工就可能偷懒，降低工作质量。但是，在按员工的工作结果支付薪酬时，要考虑员工的风险规避性，即在一定范围内，员工宁可要较低水平的稳定的报酬，而不愿意要较高水平的有风险的报酬。因此，要设置较高的薪酬水平，使之能够补偿员工承担的风险。

（七）目标设置理论

目标设置理论认为，员工的行为受目标的具体性、挑战性和绩效反馈三个因素的影响。目标越是具体、明确、富有挑战性、提供反馈，就越能指引员工努力工作。如果目标的实现与报酬相结合，员工就会受到激励。目标设置理论表明，绩效薪酬要以绩效目标的实现为前提，绩效目标要富有挑战性并且具体、明确。另外，绩效薪酬的金额要与实现绩效目标的难度相匹配。

二、管理实践

为了提高生产率，构建组织的竞争优势，组织越来越重视薪酬的激励效果，把薪酬与绩效挂钩，在实践中创造了形式多样的绩效薪酬。

（一）绩效薪酬的形式

从时间维度上，绩效薪酬可划分为短期绩效薪酬和长期绩效薪酬两种形式。短期绩效薪酬是指绩效衡量周期在一年以内的绩效薪酬；长期绩效薪酬是指绩效衡量周期超过一年的绩效薪酬。短期绩效薪酬中，又有与员工个人绩效挂钩的绩效薪酬和与组织整体或部门绩效挂钩的绩效薪酬之分。另外，有的绩效薪酬计入基本薪酬，有的绩效薪酬不计入基本薪酬。

（二）绩效薪酬的激励效应

总体来讲，认为绩效薪酬有激励效应的观点占多数。但是也有不同意见，如认为绩效不仅与薪酬有关，还受其他因素的影响，如新设备、新材料、社会技术进步、需求增长、垄断地位、价格联盟等。认为绩效薪酬有激励效应的研究，基本上没有考虑这些因素。这种意见实际上提出了社会科学研究的基本问题，即难以把所有的社会现象全部囊括在分析系统中，造就类似自然科学的研究模式，即准确地描述出所有投入要素和转化过程，就得出可以再现的客观结果。上述的研究缺少其他要素的考虑，或者是有意识地进行了舍弃，这是时代的局限，也是社会科学研究的无奈之举。

三、绩效薪酬与绩效评价

绩效薪酬建立在对员工绩效状况评价的基础上。如果不能客观、公正、准确、全面地测量员工的绩效，组织就无法知道员工的实际绩效水平，也就不能发挥绩效薪酬的作用。因此，客观、公正、准确、全面的绩效评价体系至关重要。

（一）绩效薪酬和绩效评价的关系

绩效评价是实施绩效薪酬的基础。不论是个人绩效薪酬还是集体绩效薪酬，都必须对绩效做出测量。组织要明确、具体地定义出绩效的内容，选择客观、公正、准确、全面的绩效评价方法和评价尺度，对绩效评价过程实施监控，把绩效评价结果反馈给员工。只有当绩效评价是客观、公正、准确、全面、公正的，绩效薪酬才能够真正强化员工的积极行为。绩效评价还是组织了解绩效薪酬效果的依据。如果能测量出员工的绩效，组织就能对不同员工之间的绩效以及同一员工在不同时期的绩效进行比较，就能知道绩效薪酬是否发挥了作用。

（二）绩效评价系统的标准

所谓有效的绩效评价系统，是指能准确、全面、客观、公正地测量员工绩效的绩效评价系统。有效的绩效评价系统必须满足敏感性、可靠性、准确性、实用性和可接受性五个标准。敏感性是指绩效评价能够对高绩效和低绩效做出区分。可靠性是指评价的一致性，不同评价者对同一员工的评价应该基本相同。准确性是指评价内容应该涵盖所有工作要素，要与组织目标建立一致的联系。实用性是指绩效评价系统的收益要大于成本。可接受性是指绩效评价系统得到管理人员和员工支持的程度。

四、绩效薪酬的设计原则

效率、公平、合法是指导绩效薪酬设计的三个重要原则。

（一）效率原则

效率原则包括三个方面：

第一，绩效薪酬要符合组织战略要求，能够支持组织整体目标的实现。绩效薪酬还要与人力资源的战略和目标紧密联系，与人力资源战略中的其他计划保持一致性，但要避免功能重复。如果其他计划中已有培训某种行为的激励措施，对这种行为就没有必要通过薪酬来奖励了。

第二，绩效薪酬必须能够适用于组织内部的不同部门。一方面，绩效薪酬要有统一的标准；另一方面，绩效薪酬还应该有适当的变通性。为了有效地贯彻绩效薪酬计划，应该向实施该计划的部门负责人明确授权，允许他们在评价绩效时可以根据具体情况在备选的绩效指标中选择指标。

第三，绩效薪酬的操作要满足一系列标准。例如，绩效目标必须具体、明确；员工应该对绩效薪酬的依据、实施方法有所了解；组织应该明确界定绩效薪酬的实施对象；组织应该有专业资金来支持绩效薪酬的持续实施。

（二）公平原则

组织在设计绩效薪酬时，一方面要确保绩效评价的客观性、公正性，另一方面要避免报酬差距过大可能带来的不公平影响。做好与员工的沟通，建立缓解和解决员工不满的制度。

（三）合法原则

合法原则是指绩效薪酬体系要符合法律、法规的要求。包括绩效薪酬在内的薪酬水平必须能够保障员工的基本生活需求；对低绩效员工的处理要符合劳动法的规定。

第二节　短期绩效薪酬

短期绩效薪酬把薪酬与员工的短期（一般在一年以内）绩效相联系，它的依据可以是员工个人的绩效，也可以是员工小组、部门甚至整个组织的绩效。个人短期绩效薪酬的常见形式有绩效加薪、一次性奖金、特殊绩效奖金、计件工资、佣金等。组织短期绩效薪酬的常见形式有收益分享计划、利润分享计划、综合评价计划三种形式。

一、个人短期绩效薪酬

个人短期绩效薪酬的常见形式有绩效加薪、一次性奖金、特殊绩效奖金、计件工资、佣金等。

（一）绩效加薪

1. 绩效加薪的特征

绩效加薪，根据员工绩效评价等级决定基本薪酬的增加额度。绩效加薪一般用于每年一度的基本薪酬调整。在年度末，组织根据员工的绩效评价等级以及事先公示的基本薪酬调整规则来确定第二年度员工的基本薪酬。员工的绩效评价等级越高，基本薪酬的增加额度就越大。绩效加薪有两个重要特点：一是绩效加薪注重对个人绩效差异的评价。确定员工绩效加薪的依据是绩效评价等级，通常它是由直接上司根据员工的表现状况做出的。二是绩效加薪计入基本薪酬，是第二年度基本薪酬增加的基础，因此对组织的劳动力成本具有长期影响。

2. 绩效加薪的设计原则与方法

绩效加薪要把握好三个原则：一是个人公正原则，即绩效加薪必须体现员工个人绩效差异，员工的绩效越高，加薪额度就越大。二是组织一致性原则，即绩效加薪必须增强组织内部一致性，不要造成薪酬差距过大，高薪酬等级的薪酬增长率要适当低于低薪酬等级的薪酬增长率。三是外部竞争性原则。如果想以绩效加薪为手段吸引人才，就要设定高于市场薪酬水平的绩效加薪额度，即绩效加薪必须与市场薪酬水平基本保持一致。

在实践中，组织通常采取两种方法来确定绩效加薪：一是以绩效评价等级和内部相对薪酬水平为依据；二是以绩效评价等级和外部相对薪酬水平为依据。在使用这些方法时要用到绩效加薪矩阵这个工具。所谓绩效加薪矩阵，是指按照绩效评价等级和内部或外部相对薪酬水平来表示基本薪酬增加率分布状况的表格。这个表格的竖列表示绩效评价等级（或内部或外部薪酬水平），横行表示内部或外部薪酬水平（或绩效评价等级），表中数字表示基本薪酬增长率。

下面介绍绩效加薪矩阵的具体用法。

以绩效评价等级和内部相对薪酬水平为基础的绩效加薪矩阵：

表3-1是以绩效评价等级和内部相对薪酬水平为基础的绩效加薪矩阵。该表格的竖列表示薪酬水平在薪酬比较范围中的相对位置，这里把薪酬比较范围分成四等分："最低值～一分位"表示薪酬水平处在薪酬变动范围中的一分位以下的位置，这个水平的员工占10%；"一分位～中间值"表示薪酬水平处在薪酬变动范围中的一分位到中间值的位置，这个水平的员工占35%；"中间值～三分位"表示薪酬水平处在薪酬变动范围中的中间值到三分位的位置，这个水平的员工占45%；"三分位～最高值"表示薪酬水平处在薪酬变动范围中的三分位到最高值的位置，这个水平的员工占10%。

表3-1 以绩效评价等级和内部相对薪酬水平为基础的绩效加薪矩阵

薪酬水平 评价等级	超常 （1%）	优秀 （25%）	良好 （60%）	尚有改进余地 （14%）	不佳 （0）
三分位～最高值	5%	3%	1%	0	0
中间值～三分位	7%	5%	2%	0	0
一分位～中间值	8%	6%	4%	1%	0
最低值～一分位	9%	7%	5%	2%	0

表3-1的横行从左到右写着五个绩效评价等级：超常（占1%），优秀（占25%），良好（占60%），尚有改进余地（占14%），不佳（占0）。表中的数字表示基本薪酬的增长率。例如，绩效评价等级为超常、薪酬水平在"三分位～最高值"的基本薪酬增长率是5%，绩效评价等级为良好、薪酬水平在"三分位～最高值"的基本薪酬增长率是1%。

在按绩效评价等级和内部相对薪酬水平确定基本薪酬增长率时，要遵守以下原则：

第一，绩效评价等级越高，基本薪酬增长率就越高。例如，不论薪酬水平在哪个位置，基本薪酬增长率都是按照以下顺序排列："超常"级的增长率＞"优秀"级的增长率＞"良好"级的增长率＞"尚有改进余地"级的增长率＞"不佳"级的增长率。

第二，薪酬水平的位置越低，基本薪酬增长率就越高。如同为优秀等级的员工，基本薪酬增长率按照以下顺序排列："最低值～一分位"的增长率＞"一分位～中间值"的增长率＞"中间值～三分位"的增长率＞"三分位～最高值"的增长率。这样做可以避免出现较大的薪酬差距。

第三，薪酬水平接近中间值的员工的基本薪酬增长率，同该员工所在薪酬水平等级的中间值的增长率基本保持一致。这样做可以保证薪酬水平在劳动力市场具有竞争力。

第四，基本薪酬增长率不能超过组织支付能力的范围。按照以上原则确定了各绩效评价等级以及各内部薪酬水平的基本薪酬增长率之后，要计算出总体基本薪酬增长率，把它和组织事先确定的劳动力成本增长率、用于加薪的薪酬基金的增长率进行比较。如果总体基本薪酬增长率不超过劳动力成本增长率以及用于加薪的薪酬基金的增长率，就没有问题。如果总体基本薪酬增长率超过了劳动力成本增长率以及用于加薪的薪酬基金的增长率，就要适当降低基本薪酬增长率，或者减少处在较高绩效评价等级的人数，直至满足组织支付能力的条件。总体基本薪酬增长率的计算方法是先把每个绩效评价等级的人数比率都乘以每个薪酬水平的人数比率，然后进行加总。

3. 绩效加薪的实施要点

要使绩效加薪有效，首先，要提高绩效评价的公正性和准确性。如果绩效评价的结果被认为不公正或者不准确，绩效评价就会挫败员工的积极性，在员工之间引发矛盾，受到员工的抵制，造成绩效薪酬不能顺利实施。为了提高绩效评价的公正性和准确性，组织有必要从多方面收集员工的绩效信息，如采取360。评价法，对绩效评价人员进行评价技术培训，以减少绩效评价的主观误差。其次，要确保绩效评价程序的公正性。如制定具体、明确的绩效评价标准，建立员工沟通渠道，设置专人答疑解惑，加深员工对绩效评价的理解，吸收员工参与绩效评价，建立员工申诉与处理机制等。最后，要使加薪幅度能够反映员工绩效的差异，如果加薪额度太小，就不能起到激励高绩效员工的作用。

（一）一次性奖金

一次性奖金和绩效加薪一样都以员工的绩效评价等级为依据，但一次性奖金不计入基本薪酬。第一年的奖金不会影响第二年以及以后各年的基本薪酬。有的组织向员工发放年终奖，它属于一次性奖金。

一次性奖金的最大优点是，既具有绩效加薪的激励作用，又不会像绩效加薪那样造成基本薪酬的增加。下面将举例说明。

假设某企业打算向员工支付奖金，支付期限为 5 年。企业现有两种支付办法：一种是按照每年基本薪酬的 5% 支付奖金，也就是绩效加薪；另一种是每年支付相当于起始年基本薪酬的 5% 的金额的一次性奖金。又假设员工起始年的基本薪酬为 50000 元，第一年上述两种方法的奖金额度都是 2500 元，新增成本总额也都是 250 元，但是，按照绩效加薪办法得到的基本薪酬增加到 52500 元。第二年，一次性奖金仍然是 2500 元，相对应的基本薪酬仍然是 50000 元，相对应的新增成本总额是 5000 元，但是，绩效加薪增加到 2625 元，相对应的基本薪酬增加到 55125 元，相对应的新增成本总额增加到 5125 元。5 年之后，一次性奖金所对应的基本薪酬仍然是 50000 元，相对应的新增成本总额是 12500 元，而绩效加薪所对应的基本薪酬增加到 63814 元，比一次性奖金的基本薪酬高出 13814 元。见表 3 - 2。由此可见，一次性奖金的成本要远低于绩效加薪的成本。

表 3 - 2 　一次性奖金与绩效加薪在 5 年中的成本变化情况

单位：元

	绩效加薪	一次性奖金
起始年的基本薪酬	50000	50000
第一年的奖金额度绩效加薪：按基本薪酬的 5% 计算一次性奖金：相当于基本薪酬的 5%	2500	2500
第一年的基本薪酬	52500	50000
第一年的新增成本总额	2500	2500
第二年的奖金额度绩效加薪：按基本薪酬的 5% 计算一次性奖金：相当于基本薪酬的 5%	2625	2500
第二年的基本薪酬	55125	50000
第二年的新增成本总额	5125（2500 + 2625）	5000（2500 + 2500）
5 年之后……		
第五年的奖金额度绩效加薪：按基本薪酬的 5% 计算一次性奖金：相当于基本薪酬的 5%	3039	2500
第五年的基本薪酬	63814	50000
第五年的新增成本总额	13814	12500（2500 × 5）

一次性奖金虽然有利于控制劳动力成本，但是，如果长期用一次性奖金来代替绩效加薪，员工的基本薪酬长期得不到提高，也会引起员工的不满。例如，在很多企业退休金和某些福利是与基本薪酬挂钩的，基本薪酬不增加，就意味着员工只能得到较少的退休金和福利。因此，有的企业把一次性奖金和退休金、福利联系起来，如把一次性奖金计入退休金的确定基数中。

（三）特殊绩效奖金

特殊绩效奖金是组织针对员工的特殊贡献所提供的奖金。因为绩效加薪、一次性奖金都面向全体员工，所以在奖励额度等方面会有一定限制，如奖励额度不足以补偿员工所做出的超级绩效（如重大发明创造）。因此，为了奖励员工所做出的特殊贡献，有必要专门设置奖项。常见的特殊绩效奖项有专利奖、提案奖、特殊成就奖等。

专利奖是组织奖励员工创造性劳动的一种形式。专利奖的奖金额度一般根据申请专利、发行专利和专利给企业带来商业价值三种情况而定。

员工的建议是组织改善经营、产品和服务的重要因素，提案奖就是针对员工所提出的具有重大价值的建议而设置的奖项。

特殊成就奖是对员工的特殊贡献而设置的奖项。奖金数额，一是取决于员工特殊贡献的价值，二是取决于组织的支付能力。IBM公司设置了技术贡献奖，该奖专门用来奖励那些对公司具有特殊意义的杰出贡献行为。奖励对象主要是技术人员。公司奖每年颁发一次，每位获奖者得到至少10000美元以上的奖金。

（四）计件工资

计件工资一般用于工人。它把工人的工资与事先设定好的产量标准相联系，根据工人完成产量标准的情况来确定。计件工资的产量标准，一般由工业工程师或受过专业培训的人力资源管理人员通过时间研究和岗位分析来确定。计件工资在操作层面上有四种形式。

1. 直接计件工资制度

首先确定时间周期的产量单位，然后计算出单位小时产量，再除以标准小时工资率，得到单位小时工资率，最后根据工人完成的实际产量计算出他的应得工资。例如，根据时间研究得到单位小时产量为10个，又知最低保障工资（达不到标准时支付的工资）为15元/小时，计算单位小时工资率得到1.5元/个，工人的应得工资有以下三种情况：

（1）当工人的产量等于或小于10个时，应得工资=15元。

（2）当工人的产量为20个时，应得工资=20个×1.5元/个=30元。

（3）当工人的产量为30个时，应得工资=30个×1.5元/个=45元。

直接计件工资制度简单明了、易于操作。它主要被用于短周期生产的工资计算。

2. 标准工时制度

首先确定一个标准技术水平工人完成单位产量所需要的时间，然后确定完成该产量的标准小时工资率。例如，假设工人完成某项任务需要5个小时，又知工人的标准小时工资率是20元/时，那么，容易算出工人的应得工资是100元（5小时×20元/小时）。如果某工人完成该项任务只用了4小时，此时仍然需要按照标准小时工资率来计算应得工资，那么该工人应得工资是 80 元（4 小时 x20 元/小时）。标准工时制度多用于长周期、复杂生产的工资计算。

3. 差额计件工资制度

差额计件工资制度是根据工人不同的实际产量水平不同的比率计算工资的制度。它包括泰勒计划和梅里克计划两种形式。

泰勒计划中有两个计件工资率：一是当工人的实际产量大于给定时间周期的标准单位产量时使用的工资率，它高于正常工资率；二是当工人的实际产量小于给定时间周期的标准产量时使用的工资率，它低于正常工资率。

梅里克计划中有三个计件工资率：一是当工人的实际产量大于标准产量时使用的工资率，它处于较高水平；二是当工人的实际产量为标准产量的 83% ~ 100% 时使用的工资率，它处于中等水平；三是当工人的实际产量低于标准产量的 83% 时的工资率，它处于较低水平。

4. 可变计件工资制度

可变计件工资制度是以完成单位产量所需要的时间为依据的工资制度，它和标准工时制度的区别在于，计件工资率根据工人完成产量的时间长短有所变化。可变计件工资制度有哈尔西 50 – 50 平分法、罗恩计划、甘特计划三种形式。

哈尔西 50 – 50 平分法的做法是：首先确定完成单位产量所需要的标准时间，然后根据工人的实际工作时间确定他的应得工资。如果实际工作时间低于标准时间，由此带来的成本节约在雇主和工人之间平分。

罗恩计划的做法是：首先确定完成单位产量所需要的标准时间，然后根据工人的实际工作时间确定他的应得工资。如果实际工作时间低于标准时间，工人将获得高于小时工资率某个比率的奖金。

甘特计划的做法是：首先确定完成单位产量所需要的标准时间，然后根据工人的实际工作时间确定他的应得工资。如果实际工作时间高于标准时间，工人将得到一个保底工资率；如果实际工作时间等于或低于标准时间，工人将得到的工资被锁定在所节余时间 120% 的水平上。

（五）佣金

佣金通常用于销售人员的薪酬支付，它相当于销售额等绩效指标的某个百分比。例如，某化妆品公司销售人员的佣金按照销售额的 5% 计算，如果销售人员卖出 20000 元的产品，他就可得 1000 元的佣金。佣金比例一般根据绩效价值以及工作任务的难度来决定。例如，销售产品的价格越高，销售量越大，销售产品的难度越大，佣金比例就越高。

佣金有两个突出的优点：一是员工的薪酬与员工的绩效紧密联系，激励目标明确，激励效果明显；二是操作简单，管理成本较小。因此，佣金是一种很好的实战型激励手段。但是，佣金也存在局限性。一方面，佣金有风险，不能保证稳定的薪酬收入。另一方面，佣金的激励目标集中在销售额等指标，容易导致员工忽视其他一些重要的、但对销售额等没有直接关系的指标，如只关注短期销售额的增长，忽视了培养长期客户和开发潜在客户。因此，组织在使用佣金制度时要注意这些问题。

使用佣金的薪酬形式有两种：一种是纯佣金制；另一种是底薪制，即基本薪酬加佣金制。

1. 纯佣金制

纯佣金制是指员工的薪酬全部由佣金构成的制度。在设计纯佣金制时，需要考虑以下问题：（1）员工的绩效能够准确计算，有相应的量化指标，否则，佣金缺乏依据。（2）员工绩效和员工努力之间的关联度较高，受外部环境因素的影响较小，否则，测量出来的绩效不是员工绩效的真实水平。（3）员工的绩效能够按月或季度衡量，否则，员工在短期内没有薪酬收入。（4）工作任务对员工的技能要求不高。组织不需要对技能支付报酬。（5）工作任务比较单一，如销售的产品种类、价值比较相似。

纯佣金制比较适合于产品标准化程度较高、市场需求较大、客户分散、工作任务难度不大的行业，其中在保险、保健品、化妆品等行业运用较多。

2. 底薪制

底薪制分为两种形式：基本薪酬加直接佣金制、基本薪酬加间接佣金制。

基本薪酬加直接佣金制是指员工领取一个固定的基本薪酬（底薪），然后按照绩效状况领取佣金的制度。这里的直接佣金，按照绩效指标的某个百分比计算得出。例如，销售人员每年的基本薪酬是 4 万元，然后按照完成销售目标的状况提取佣金。如果实际完成绩效目标的百分比在 100% 以内，则按较低佣金比例提取佣金；如果实际完成绩效目标的百分比超过 100%，则按较高佣金比例提取佣金。

基本薪酬加间接佣金制，也是保证员工有一个固定的基本薪酬，然后按照员工的绩效状况支付佣金，但是，佣金不是直接按照绩效指标的某个百分比来计算，而是先把绩效指标转换成一定的点值，然后根据点值的多少来计算。

基本薪酬加佣金制有四个优点：一是提供最低薪酬保障，减少了因市场环境因素引起的薪酬损失，有利于留住人才；二是有利于符合最低工资标准；三是绩效导向明确，有利于激励员工提高业绩；四是可以把重要的非销售行为和基本薪酬结合起来，有利于减少员工轻视非销售行为的短期行为，如鼓励员工开发潜在的客户，而不是仅仅注重当前的销售成绩。因此，采取基本薪酬加佣金制的组织较多。

二、组织短期绩效薪酬

组织短期绩效薪酬（以下简称组织绩效薪酬）是以组织绩效为依据的薪酬。这里的组织可以是作业组，也可以是部门甚至整个组织。组织绩效指标可以是成本、销售量，也可以是利润率、投资回报率、资产回报率等。组织绩效薪酬有收益分享计划、利润分享计划、综合评价计划三种形式。各种组织绩效薪酬都是以提高利润、提高生产率或降低成本为目标。这些计划的管理理念是，每个员工都有责任和机会提高利润、提高生产率或降低成本，也有权利和机会分享组织从提高利润、提高生产率或降低成本中获得的盈利。

组织绩效薪酬能够弥补个人绩效薪酬的一些局限性，它适合于协作较多、个人绩效测量困难、集体主义文化特征显著的组织。第一，如果产出是协作的结果，组织绩效薪酬就是支持组织协作的最合适的激励手段。第二，如果个人绩效的测量相对困难，而组织绩效的测量相对容易，组织绩效薪酬就是促进员工努力工作的最可行的激励手段。第三，如果组织提倡集体主义，有浓厚的合作氛围，实施组织绩效薪酬就有良好的基础。

（一）收益分享计划

收益分享计划是组织和员工分享由生产率提高、成本降低和质量提高所带来的收益的制度。通常情况下，组织先设定一个绩效指标，这个绩效指标不是利润这样的组织层面的绩效指标，而是员工所属部门层面的、与生产率相关的绩效指标，如生产率、劳动力成本比例、质量改进等。组织还要根据过去的财务数据、经营状况、外部环境、劳资关系、治理结构等因素来确定一个绩效目标和收益分享公式。然后，根据员工所在部门改进绩效目标的状况从增益中提取一定比例金额作为分享增益总额。最后按员工基本薪酬比例分配奖金。

收益分享计划最早始于 20 世纪 30 年代美国的"斯坎伦"计划，后来经过发展又有了"卢卡"计划、生产率改进计划等，现在它已发展成为一种成熟的组织开发制度。该计划要求组织必须在其他管理工作上加以配合，如组建团队、制提案建议制度等，以鼓励员工表达意思和影响决策，吸收员工的知识来促进绩效的改善。

1. 斯坎伦计划

（1）斯坎伦计划概要

斯坎伦计划是以 20 世纪 30 年代中期美国俄亥俄州帝国钢铁工厂的工会领袖约瑟夫·斯坎伦的名字命名的计划。当时正值美国经济萧条时期，为了使关闭的工厂重新开工，斯坎伦提出了一个劳资合作计划。这个计划认为，如果企业和员工合作，就可以降低生产成本。为了促进合作，应该让员工和企业分享成本降低所带来的收益。

斯坎伦计划有四个要点：第一，以劳动力成本总额占产品销售总额的比值（劳动力成本比例）作为绩效指标。第二，奖金与劳动力成本比例的降低状况相联系。第三，建立由管理人员和员工组成的生产委员会，负责执行斯坎伦计划。第四，建立审查委员会负责监督计划的执行。下面着重介绍斯坎伦计划中的奖金设计方式。

（2）斯坎伦计划中的奖金设计步骤

斯坎伦计划规定，事先通过劳资协议确定一个绩效目标，如果员工所在部门的绩效超过了那个绩效目标，提取超过部分一定百分比的金额，作为奖金分配给员工。斯坎伦计划的绩效指标是劳动力成本比例，它的计算公式是

劳动力成本比例 ＝ 劳动力成本总额 ÷ 产值总额

斯坎伦计划中的奖金设计步骤可归纳为五步：

第一步，确定作为收益分享基础的绩效指标——劳动力成本比例。

第二步，确定绩效目标。这可以根据历史相关数据计算。

第三步，计算当期绩效增加总额（成本节约总额）。这通过对当期实际绩效和绩效目

标进行比较得出。

第四步，计算员工可分配收益的最终余额。从成本节约总额中减去提留部分和组织分享份额。

第五步，计算员工的奖金。把工资额和工资占工资总额的比例相乘得到奖金。

2. 卢卡计划

（1）卢卡计划概要

卢卡计划和斯坎伦计划有相似的管理理念，它强调劳资的合作性。但是，卢卡计划的绩效指标和斯坎伦计划的绩效指标不同。卢卡计划使用劳动分配率，它的计算公式是

劳动分配率＝劳动力成本总额÷附加价值

附加价值是指产品销售总额与原材料费、零部件购买费、燃料费以及外包加工费的差。劳动力成本总额是指用于雇用员工的所有费用。有的企业还使用经济生产率，它是单位劳动力成本投入所带来的附加价值，实际上相当于劳动分配率的倒数。卢卡计划之所以把劳动分配率作为绩效指标，据说是因为制造业的劳动分配率有长期稳定的性质。

（2）卢卡计划中的奖金设计步骤

第一步，确定作为收益分享基础的绩效指标——劳动分配率。

第二步，确定绩效目标。这可以根据历史相关数据计算。

第三步，计算当期绩效增加总额（成本节约总额）。这通过对当期实际绩效和绩效目标进行比较得出。

第四步，计算员工可分配收益的最终余额。从绩效增加总额中减去提留部分和组织分享份额。

第五步，计算员工的奖金。把工资额和工资占工资总额的比例相乘得到奖金。

（二）利润分享计划

利润分享计划是指以盈利状况作为员工所在部门或整个组织绩效的衡量指标，以超过目标盈利的部分作为奖金基数，以现金或公司股票形式，在全体员工之间进行分配的制度。常见的盈利指标有利润、总资产收益率、股东资本回报率等。

利润分享计划有三种类型：第一种类型是当期支付计划。该计划规定，全体员工根据事先规定好的利润分享方法和比例，以现金或公司股票形式，分享当期利润。第二种类型是延期支付计划。按照这个计划，组织不在当期分配奖金，而是把用于分配的部分存入退休金或养老金计划，等员工退休后以退休金或养老金的形式分配给员工。第三种类型则是上述两种类型的组合，兼有两种类型的特点。利润分享计划的绩效衡量周期通常为三个月、半年或一年。

1. 利润分享计划的特点

从组织角度看，利润分享计划有增进组织认同和有效控制成本两个突出的优良性质。首先，利润分享计划有利于员工从经营者的角度重新认识工作。利润分享计划把组织层面的财务指标作为决定员工奖金的依据，促使员工更加关心组织的发展，努力工作，减少浪费，增加利润。其次，利润分享计划有利于组织控制劳动力成本。在利润分享计划中，奖

金不计入基本薪酬，并且其数额根据组织盈利好坏变动。有盈利就有奖金，没有盈利就没有奖金。因此，当经营状况不好、盈利水平下降时，组织不会在激励员工方面产生费用。

但是，利润分享计划在激励效果上也有其局限性。在利润分享计划下，组织的经营状况不好，员工就没有奖金可分配。但组织经营状况的恶化有时是受外部环境的影响，与员工个人的努力程度无关。在这种情况下，员工得不到激励，就会降低努力水平，这会给组织带来负面影响。

另外，利润分享计划通常采取以下两种分配奖金的方法：一是按照员工基本薪酬的一定百分比分配奖金，基本薪酬高的员工获得较多的奖金；二是按照相同的利润分享份额分配奖金，每个员工获得的奖金数额一样。这两种方法都不能有效体现出员工个人努力程度的差异。

由于利润分享计划的局限性，所以，很多组织只是把它作为激励体系的一个组成部分，和其他激励手段结合起来使用。

2. 利润分享计划中的奖金设计步骤

利润分享计划中的奖金设计可归纳为五个步骤：

第一步，确定利润分享计划的实施对象、实施周期。确定奖金分配对象包括哪些员工，以及奖金分配的周期、奖金分配的时机等。

第二步，确定利润分享计划的盈利指标。依据组织历史数据和经营战略重点确定使用哪些盈利指标。

第三步，确定利润分享方法，包括目标盈利水平和奖金提留比例、奖金分配比例等。

第四步，确定奖金分配方法。确定员工分享份额的计算方法。

第五步，根据盈利状况计算员工的应得奖金数额。

（三）综合评价计划

收益分享计划和利润分享计划都是根据定量绩效指标分配奖金的制度。但事实上很多对组织目标的实现有重要价值的方面没有可以量化的指标。

1. 综合评价计划的特点

综合评价计划是把收益分享计划和利润分享计划结合起来的奖金分配计划。但是，它在绩效衡量的内容上比收益分享计划和利润分享计划更加全面。收益分享计划把生产率、成本指标作为绩效指标，利润分享计划把利润等财务指标作为绩效指标，而在综合评价计划中，绩效指标包括组织认为重要的所有方面，如生产率、成本、利润、质量、客户满意度、组织学习与成长等。因此，综合评价计划对员工行为的激励也是全方位的，它引导员工关心组织认为重要的各个方面，如员工既关心财务指标的改善，也关心质量指标的改善；既关心生产成本的节约，也关心客户满意度的提升等。

另外，综合评价计划在绩效衡量的层面上也比收益分享计划和利润分享计划更加全面。收益分享计划主要衡量员工所在部门的绩效，它的目的是希望员工团结合作，提高部门绩效。利润分享计划主要衡量整个组织的绩效，它的目的是希望员工不要只关心自己或自己所在部门的绩效，而要关心组织整体的发展，要有"大局"意识。但综合评价计划既衡量组织层面的绩效，也衡量员工所在部门的绩效，如学习与成长状况，因此，它能够兼顾组织绩效和部门绩效的实现。

综合评价计划有一个基于核心业务流程的绩效指标组合。这个组合在不同组织有不同内涵，但大多数都包括财务指标、质量指标、客户指标、学习与成长指标四个方面。财务指标有利润、资本收益、净资产收益率、单位时间产量、原材料利用效率、零部件采购费用、人工成本、次品率等。质量指标有产品质量等。客户指标有客户满意度、客户投诉率等。学习与成长指标有员工自愿离职率、人均培训时间等。有的组织还把生产计划执行状况、安全事故发生率、企业社会形象等作为绩效指标。

综合评价计划强调全员参与。综合评价计划的理念是每个员工都能为组织绩效做出贡献。因此，它以全体员工为对象，要求全体员工参与该计划。

综合评价计划由综合评价委员会负责执行。该委员会由高层管理人员、人力资源职能部门人员和各部门员工组成。委员会负责制定计划目标，指导和培训员工运用计划，评价计划的实施效果。

2. 综合评价计划中的奖金设计步骤

第一步，界定核心业务流程的关键绩效指标，并选出适当数量的（3～5个）指标作为绩效指标。

第二步，确定各绩效指标在整个绩效评价中的权重、各绩效指标的目标奖金额。根据各指标对组织未来经营绩效产生的影响的大小来决定各绩效指标的权重；根据组织对综合评价计划的预算和各绩效指标的权重来决定各绩效指标的目标奖金额。

第三步，设置各绩效指标的目标水平并决定相应的奖金分配方法。为每个绩效指标设置3～5个关键目标水平，确定对应每个关键目标水平的部门奖金分配方法。第四步，确定员工个人的奖金分配方法。

三、短期绩效薪酬的优缺点

（一）个人短期绩效薪酬的优缺点

很多研究表明，个人短期绩效薪酬促进员工竞争，对提高工作绩效具有明显效果，并且由于除了绩效加薪以外的大多数个人绩效薪酬不影响基本薪酬，因此不会造成基本薪酬的膨胀和劳动力成本的刚性上涨。

但是个人短期绩效薪酬存在以下局限性：①一些情况下工作成果难以量化，如工作包含较多的知识成分、工作实施以团队为单位、工作内容经常变化等。②很难让员工认可成果计量标准，并且容易导致设计者与员工之间的关系紧张。③绩效薪酬导致员工过分关注个人而忽视集体，对集体合作带来消极影响。④绩效薪酬需要经常更新成果计量标准，维护成本较高。⑤绩效薪酬对提高工作能力以及灵活使用劳动力没有太大帮助。因此，个人短期绩效薪酬适合在那些工作以个人为单位，工作内容简单、重复并且容易测量，以及工作性质稳定的情况下使用。

1. 绩效加薪的优缺点

绩效加薪是调整员工基本薪酬时使用最多的方法。绩效加薪注重对个人绩效差异的评价，因此，它具有提高员工绩效、激励高绩效员工长期工作的作用。但是，很多研究显示，在大多数组织绩效加薪的激励作用都很小，没有发现绩效加薪与绩效之间的清晰关系。

绩效加薪之所以不成功有五个方面的原因：

第一，绩效考核体系存在偏差。绩效考核主要由上司来决定，容易受到主观因素的影响。常有绩效考核体系被视为不公正的、不合理的意见。绩效考核者多为员工的上司，他们因没有接受过绩效考核方面的培训，容易犯各种错误而使考核不能体现员工的真实绩效。

第二，绩效加薪无法适用于团队工作方式。目前，越来越多的组织以团队为单位开展工作。由于工作成果是团队的合作结果，员工个人对成果的贡献难以衡量，因此以个人绩效为基础的绩效加薪无法有效运作。

第三，绩效加薪在实施过程中存在沟通不畅的问题。大部分组织在薪酬制度上采取秘密主义政策。员工不清楚薪酬制度实际运行的具体情况，以至于产生错误想法，认为薪酬与工作绩效之间的关系不大。

第四，绩效加薪的幅度不能对员工产生足够的激励作用。研究表明，对员工能够产生足够激励作用的绩效加薪幅度应该为 $1.8\% \sim 11.5\%$。这说明，很多年来大多数员工都没有得到一个能够引起他们重视的、有意义的绩效加薪。

另外，绩效加薪一般不能超过一定预算，而预算又由于经营状况的好坏时多时少。当经营状况好时，预算增多，每个员工都能得到较多的加薪，因此大家都比较满意。但当经营状况不好时，预算减少，绩效加薪又要照顾到所有员工，因此就会出现加薪平均化的现象，即低绩效员工的加薪相对多，而高绩效员工的加薪相对少，高绩效员工就会感到不满意。高绩效员工与普通绩效员工的绩效加薪差距不大，从而影响高绩效员工的工作积极性。

第五，绩效加薪导致劳动力成本上涨。因为绩效加薪要被累计到基本薪酬中，所以，当期的绩效加薪就是以后基本薪酬增加的基础，长年累计下去，基本薪酬就会像"滚雪球"一样上涨。又因为保险、养老金以及其他福利大多以基本薪酬为基础，所以，组织的福利费用最终也会因此而上涨。结果将加重组织的负担，对其竞争力带来影响。

对于绩效加薪的负面效果，在过去没有引起组织的足够重视，但目前组织已普遍认识到绩效加薪所带来的问题，并采取了一系列措施来解决这些问题。例如，一些企业为了解决绩效加薪所造成的劳动力成本上涨的问题，下调了基本薪酬的水平，或者开发和使用了一些不会成为基本薪酬一部分的绩效奖励，以代替绩效加薪，如利润分享计划、所有权计划、一次性奖金等，并且增加了这部分绩效奖励占总报酬的比重。还有一些企业保留了绩效加薪制度，但对绩效考核体系采取了改革措施，如在考核过程中增加了来自同事、下属、顾客的绩效反馈信息，增加了对考核者的业务培训，提高了工资决策的公开性和透明性等。

2. 其他个人短期绩效薪酬的优缺点

一次性奖金、特殊绩效奖金、计件工资、佣金等个人短期绩效薪酬和绩效加薪相比，有三个突出的优点：一是这些个人短期绩效薪酬不计入基本薪酬，因此不会引起劳动力成本的长期上涨。二是这些个人短期绩效薪酬一般以客观的绩效指标为依据，能够比较准确、全面地体现员工的工作表现，让员工信服而使其受到激励。三是这些个人短期绩效薪酬操作简单，管理成本较小，是性价比较高的激励工具。

但是，这些个人短期绩效薪酬也存在问题。一是个人短期绩效薪酬容易使员工过分关注个人绩效，忽视了一些对组织重要的、但对员工个人绩效没有直接关系的方面。二是个人短期绩效薪酬可能导致员工收入不稳定，降低员工的安全感。个人短期绩效薪酬还可能拉大员工之间的收入差距，导致员工的公平感下降。因此，组织在选择绩效薪酬时要充分考虑每个绩效薪酬存在的问题，把个人短期绩效薪酬和其他薪酬适当结合起来使用。

（二）组织绩效薪酬的优缺点

1. 收益分享计划的优缺点

收益分享计划有十分明显的优势。它通过奖金把员工利益和组织利益联系起来，并强调组织的发展有赖于员工个体和组织的贡献。因此，它既鼓励员工个人奋斗，也鼓励员工个人追求集体目标。另外，收益分享计划还在吸收员工的知识、鼓励员工积极参与管理方面具有独特的优势。

但是，也需要注意到，收益分享计划本身所具有的一些特点，使得它只适用于特定的组织文化、管理体制以及工作结构。首先，收益分享计划很难对高绩效员工有吸引力。因为收益分享计划以组织绩效为基础来奖励员工，奖励方式比较平均化，所以很难留住高绩效员工。其次，收益分享计划的奖金增加来源单纯与部门收益挂钩，不以组织支付能力为依据，因此可能导致组织利润下降，但员工奖金照样增加，不利于控制整个组织的劳动力成本。最后，收益分享计划还可能导致部门主义滋生，部门内部十分团结，但部门之间合作性差。

由于收益分享计划所具有的问题，它的使用范围目前局限在那些生产规模小的企业或部门，生产过程和生产成本由员工控制、员工与管理者之间相互信任、员工能充分掌握生产技术、工作采取团队方式、员工参与管理较积极的企业。但可以肯定的是，世界上很多著名企业，如通用电气、摩托罗拉、洛克威尔、林肯电器、康明斯发动机公司等都在其下属部门实施了收益分享计划，并且取得了显著效果。

2. 利润分享计划的优缺点

利润分享计划的最大优点是它不会造成劳动成本上涨。因为只有在经营状况良好时，组织才可能实施利润分享。因此，利润分享计划可以防止劳动力成本增长过快。

但是，利润分享计划也有其重要的缺陷，即有可能将组织在市场上的风险转嫁给员工，而员工是反对组织这样做的。杜邦公司纤维事业部在 20 世纪 80 年代决定引进利润分享计划。在该计划下，员工的工资由事业部的利润决定。如果该事业部达到年度利润目标，员工可以得到相当于其工资的 6% 的奖金，平均工资与杜邦公司其他部门员工的一样；如果该事业部超额达成目标（150%），员工可以得到相当于其工资的 18% 的奖金，平均工资比杜邦公司其他部门员工的高 12%；但如果该事业部只达成目标的 80%，员工就只能得到相当于其工资的 3% 的奖金，平均工资比杜邦公司其他部门员工的低 4%。该利润分享计划实施后，第一年利润目标达到了，员工拿到了不低的奖金。但是，第二年利润下降了 26%，员工不仅没有得到利润分享，而且其平均工资比其他部门员工的还要低 4%。第三年，该利润分享计划由于员工反对而被迫中止。这说明员工只想从绩效中获得奖金，而不想承担与其关系不大的市场风险。因此，要想成功运用利润分享计划，制定与员工密切相关的绩效指标是关键。

3. 综合评价计划的优缺点

综合评价计划能够使薪酬制度与组织战略紧密连接，使薪酬制度更好地支持战略目标的成功实施。综合评价计划强调根据组织战略和竞争要求选择关键性的绩效指标。组织需要根据不同的市场环境、不同的产品以及不同的竞争条件来确定自己的绩效指标组合。同时，综合评价计划强调组织整体绩效的全面改善，它所关注的绩效指标包括财务、客户、流程、质量和员工学习与成长等方面，覆盖面很广，既考虑了组织方面，又照顾到了客户、员工和股东方面；既有短期目标，又有长期目标；既包含有形指标，又牵涉无形指标。因此，综合评价计划可以更全面地衡量员工的贡献，更公平地支付薪酬。

综合评价计划还可以避免一些在使用较少指标进行绩效和薪酬管理时产生的两难问题。例如，单纯依靠利润分享计划和收益分享计划可能有助于员工合作以及提高他们对部门或企业整体利益的关心，但同时又有可能降低个人的积极性。由于综合评价计划具有综合各种绩效薪酬长处，并且可以避免各种绩效薪酬短处的优点，因此未来将有更多的组织使用综合评价计划。

但是，综合评价计划不单纯是一个管理薪酬的工具，还是一个管理组织战略、管理组织绩效的工具。它所涉及的管理问题十分重大，也十分全面，需要组织从上到下、全力以赴地参与和配合。因此，综合评价计划在操作上有很高的要求，成本也比较大。

第三节　长期绩效薪酬

长期绩效薪酬是指薪酬衡量周期超过一年的绩效薪酬。它一般以股票或股权作为激励员工的手段，是员工分享组织所有权和未来收益权的一种形式。长期绩效薪酬的常见类型有员工持股计划、股权激励计划和延期薪酬计划。

一、员工持股计划

员工持股计划是根据组织绩效的实现状况向员工提供本组织股票所有权的一种长期激励计划。在员工持股计划中，组织和员工达成协议，将部分股票所有权转让给员工。组织或提供股票，或提供用于购买股权的资金，或担保托管机构向银行贷款购买股权，员工不需要支出资金，或只需支出部分资金，但员工购买的股票存放在托管机构，由其负责管理。当员工退休或离开组织时，按照规定得到相应的股票或现金。

（一）员工持股计划的作用

从组织角度来看，员工持股计划可以促使员工关心组织的长期绩效，建立与保留高素质的员工队伍。它可以帮助组织积累资本和筹措资金，享受政府的税收优惠政策，为非公众持股公司提供内部交易市场，防止恶意收购。员工持股计划和退休金计划结合起来，可以为员工提供安全保障。

从员工角度来看，员工持股计划不仅向员工提供股票交易机会，而且还提供财富积累的机会。员工通过参与持股计划获得了对重大决策的发言权。员工在股票分配之前不需要付任何税。在国外，员工还可以把持有的股票转入个人退休账户，因此可以推迟到股票分配之后再付税。

但是，员工持股计划不论对于组织还是员工都是有成本的。员工持股计划会稀释股票价值和所有权权益，该计划的实施需要资金支持。此外，在很多情况下员工的工作表现与股票价值之间没有直接联系，因此，员工持股计划的激励效果比较有限。股票价值可能因为组织经营不善等原因而贬值，因此员工需要承担相应的风险损失。

（二）员工持股计划的类型

员工持股计划有两种类型：一是非杠杆型（股票分红型）员工持股计划；二是杠杆型员工持股计划。

非杠杆型员工持股计划是指由组织直接提供股票或购买股票的资金的员工持股计划。在该计划中，组织每年向员工持股信托基金等托管机构注入股票或购买股票的资金，员工不需要做任何支出。信托基金负责持有员工股票，并定期向员工汇报股票数量和价值等信息。当员工退休或离开组织时，按照规定得到相应的股票。

杠杆型员工持股计划是由组织担保、托管机构向银行贷款购买股票的员工持股计划。它与非杠杆型员工持股计划的重要区别是购买股票的资金来源不同：杠杆型员工持股计划的资金来源于银行贷款，而非杠杆型员工持股计划的资金来源于组织提供。因此，托管机构必须向银行偿还本金和利息。在杠杆型员工持股计划中，由组织担保，由托管机构出面向银行贷款购买本组织的部分股票。被购买的股票存放在员工持股信托基金，由该基金负责管理。组织每年向信托基金支付一定数额的股票分红，信托基金用从组织分得的红利偿还银行贷款的本金和利息。随着贷款的偿还，股票被逐步转入员工的账户。当贷款还清后，股票正式归员工所有。

（三）员工持股计划的主要内容

在员工持股计划中要设计如下内容。

1. 员工持股资格

持股员工应该具备什么条件？员工持股资格根据员工的服务年限、岗位性质来决定。大多数组织规定只要为组织服务一年以上的员工就有持股资格，但也有组织把持股人限定在专业技术人员、管理人员的范围。

2. 员工持股份额

员工持股份额以员工的基本薪酬为依据，兼顾员工对组织的贡献以及员工对组织未来发展的影响来决定。一般来讲，高层管理人员、关键专业技术人员、关键业务人员比普通员工享受更大的份额。

3. 员工持股计划的资金来源

员工持股计划的资金来源有组织提供、银行贷款和个人自筹三种形式。在我国主要以员工自筹资金和组织提供部分低息贷款为主。在国外主要以组织捐赠和银行贷款为主。

4. 员工持股计划的托管

有两种托管形式：一种是把员工的股票交给内部的托管机构管理，如员工持股委员会；另一种是把员工的股票交给外部的托管机构管理，如员工持股信托基金。

5. 员工股票所有权的取得和出售

在我国，员工在持股 5～7 年后取得百分之百的所有权。员工出售股份或股票要符合规定的时间和条件。

6. 员工的决策参与权

上市公司持股的员工享有与其他股东相同的投票权，未上市公司持股的员工对于公司的重大决策享有发言权。

二、股权激励计划

股权激励计划是组织向员工授予股权的制度。股权激励计划有三种类型：一是现股计划，即组织向员工直接赠与一定数量的公司股票，但对股票的来源、抛售等有限制，激励对象只有在达到一定条件时，才能够抛售股票。二是期股计划，是指组织授予员工在特定时间内以特定价格购买一定公司股份的股票期权（权利）的制度，激励对象到期必须行使权利。三是期权计划，是指组织授予员工在特定时间内以特定价格购买一定公司股份的股票期权（权利）的制度，激励对象到期可以放弃该种权利。

我国《上市公司股权激励管理办法》规定，股权激励有两种形式：限制性股票和股票期权。限制性股票是指上市公司赠与员工一定数量的股票，但对股票来源、抛售等有特殊限定。这里的限制性股票属于现股计划。股票期权是指上市公司授予激励对象在未来一定期限

内以预先确定的价格和条件购买本公司一定数量股份的权利。激励对象可以在规定的期间以预先确定的价格和条件购买上市公司一定数量的股份，也可以放弃这种权利。这里的股票期权属于期权计划。

限制性股票和股票期权是我国目前最常见的股权激励方式。关于限制性股票，《上市公司股权激励管理办法》规定：要确定激励对象获授股票的业绩条件和禁售期限；要根据股票市价确定限制性股票授予价格。

对于股票期权的具体实施，《上市公司股权激励管理办法》做出了一些规定。

激励对象获得的股票期权不得转让、用于担保或偿还债务。

上市公司董事会可以根据股东大会审议批准的股票期权计划，决定一次性授出或分次授出股票期权，但累计授出的股票期权涉及的标的股票总额不得超过股票期权计划所涉及的标的股票总额。

股票期权授权日与获授股票期权首次可以行权日之间的间隔不得少于 1 年。股票期权

的有效期从授权日计算不得超过 10 年。

在股票期权有效期内，上市公司应当规定激励对象分期行权。股票期权有效期过后，已授出但尚未行权的股票期权不得行权。

上市公司在授予激励对象股票期权时，应当确定行权价格或行权价格的确定方法。行权价格不应低于下列价格较高者：①股权激励计划草案摘要公布前一个交易日的公司标的股票收盘价；②股票激励计划草案摘要公布前 30 个交易日内的公司标的股票平均收盘价。

上市公司因标的股票除权、除息或其他原因需要调整行权价格或股票期权数量的，可以按照股票期权计划规定的原则和方式进行调整。

上市公司依据前款调整行权价格或股票期权数量的，应当由董事会做出决议并经股东大会审议批准，或者由股东大会授权董事会决定。律师应当就上述调整是否符合《上市公司股权激励管理办法》、公司章程和股票期权计划的规定向董事会出具专业意见。

三、延期薪酬计划

延期薪酬计划是指把员工的一部分薪酬延迟到未来特定时期支付的制度。延期薪酬计划有两种类型：

第一种类型与退休计划结合起来，把员工的一部分薪酬存入延迟薪酬账户，等到员工退休后支付，同时公司向员工支付相当于延迟获得薪酬的一定百分比的回报。施乐、朗讯科技、美国电话电讯等企业都对高级管理人员实施了延期薪酬计划，这些公司向高级管理人员保证支付高于市场水平的回报率。采用延期薪酬计划的企业认为该计划能留住有能力的管理人员。但有调查表明，延期薪酬计划背后"暗藏玄机"，有的企业把高级管理人员的薪酬和奖金全部存入延迟薪酬账户，并且提供高于市场回报水平的回报率，为高级管理人员和企业逃避税收、积累财富提供了机会，但给企业形成了一笔巨大的、不断增长的债务，且很少向股东披露。

第二种类型是对员工的一部分薪酬采取延迟支付形式，并对支付条件做出特殊规定。在我国，延期薪酬计划主要针对高级管理人员，目的是为了制约高级管理人员追求短期利益、过度开展风险业务的行为。

四、长期绩效薪酬的优缺点

长期绩效薪酬是指以组织所有权和未来收益权为媒介对员工进行激励的手段。长期绩效薪酬有以下优点：

对于组织来讲，第一，它能够促使员工关心组织的财务价值，引导员工提高绩效。第二，它能够吸引和留住高绩效员工。尤其是当股票不能被无条件地出售时，员工持股计划、股权激励计划、延期薪酬计划能"锁住"一大批员工。第三，长期绩效薪酬不计入员工的基本薪酬，并且都有期限，因此不会长期影响组织的劳动力成本。第四，长期绩效薪酬计划在有的国家可以得到减免税收的优惠。第五，长期绩效薪酬计划有资本积累和资金筹集功能。第六，让员工持有本组织股份有利于防止恶意收购。

从员工角度来看，长期绩效薪酬能够体现员工对组织的贡献，满足员工参与管理的需求。员工持股计划、股权激励计划还向员工提供了股票投资机会，为其提高收入、积累财富创造了条件。另外，通常情况下，大多数长期绩效薪酬计划不要求员工支出资金或者只需支出部分资金，员工在股票分配之前也不需要付税，但在规定的股票出售时间能够享受股票价格上涨带来的收益。在国外，员工还可以把持有的股票转入个人退休账户，并且不需要付税，从而建立起更加充裕的退休保障制度。

长期绩效薪酬的局限性首先体现为激励效果不突出。对于普通员工来讲，他的工作表现和组织整体绩效尤其是股票之间不一定有直接紧密的联系。并且，在员工持股计划、股权激励计划中，员工要到出售股票时才能获得实际的经济收益，所以员工个人的工作表现与奖励之间的联系不如短期绩效薪酬紧密，激励效果可能不如短期绩效薪酬突出。

另外，长期绩效薪酬在让员工持有组织所有权和未来收益权的同时，也让员工承担了组织的风险。股票价格波动受市场影响较大，这是员工不能控制的。但是，当股票价值因为市场原因或者组织经营不善而贬值时，员工要承担相应的风险损失。风险太大，就会影响员工的组织认同度和工作积极性。

此外，长期绩效薪酬对于组织来讲也有成本。员工持股计划会稀释股票价值和所有权权益，因此，组织要设法获得股东的同意。

无论哪种类型的长期绩效薪酬，实质上都把支付奖金的时间推退到未来特定时期，从这一点来看，在短期内组织没有资金支出，相反还可得到减免税的优惠，但是奖金最终还是要支付的，并且有的奖金（如延期薪酬计划中的奖金）经过长期积累不是一笔小数，因此，组织在设计长期绩效薪酬时要充分考虑这些潜在成本。

第四章　企业组织绩效考核

第一节　绝对考核法

所谓绝对考核法，是指按事先规定的考核标准，通常是职务职能标准、工作标准，或按工作要求制定的标准，进行考核评议的一种考核方法。绝对考核法主要包括量表考核法、评语法、等级择一法、减点评价法、正负评价法、综合评分法等。

一、量表考核法

量表考核法是绩效评定中最为古老而又最流行的方法。这种方法要求评定者对被评人在一系列与工作相关的特征上做出程度评定（打分）。与工作相关的特征有很多，不可能全部都考核，企业所考核的这些特征是需要对员工重点加以考核的内容，如各种工作能力、上下级关系处理、客户关系等，而且对于不同的考核对象所考核的内容也不尽相同。

（一）考核量表的形式与优缺点

考核量表的形式有多种，如表4-1所示。这种方法很容易理解，而且评定者能很快地完成评定。其不足在于评定者的偏见会影响评定结果；同时这种评定方法有趋中的倾向，评定者一般倾向于给出中间等级的评定，回避极端等级。另外，不同的评定者对各因素（如做决策、与下属的关系）的解释会不同。

表4-1　员工考核量表

评定项目	评定结果 *				
知识水平	5	4	3	2	1
工作能力					
计划能力					
人际关系					
逻辑判断能力					
语言能力					
决策能力					
领悟能力					

*：评定项目水平高低分5级，最高为5分，最低为1分。

（二）混合标准量表

"混合标准量表"测评精确度更高。设计时先分解出若干考核要素，为每一要素的好、中、差三等拟定出一条典型表现的语句，然后把它们打乱，混杂无序地排列在一起，使考核者不易觉察各陈述句是考核哪一要素或表示哪一等级的，从而使其主观成分难以掺入。考核者只需根据被考核者实际表现，与这些考核标准陈述句逐条对照评判：凡陈述句所描述的与被考核者相符，则在此句后面画一个"。"号；优于陈述句所描述的，则画一个"+"号；不及所述，则画一个号。最后便可根据所给符号，较准确地判断该员工在各要素上所应获得的分数。

例如，对某一办公室职员进行考核，假设考核要素只有3个，即工作效率、工作自信心、工作汇报质量。就此三个要素各拟出好、中、差三种表现的陈述句，混编如表4-2所示。

表4-2　混合标准量表

序号	典型绩效表现	评判符号
1 2 3 4 5 6	有正常自信，通常对工作有把握，只偶尔踌躇一下工作效率欠佳，完成任务时间长，有时不能按期完成口头及书面汇报有条理，考虑周到，很少需要另作补充的工作中有些畏缩，往往不果断，偶尔甚至对事情回避表态有时汇报无条理、不完整，因而价值不大，或需返工修改补充效率还算符合要求，一般能在适当时间内完成所给任务	
7 8 9	敏捷利索，总能满足计划进度，并能很快地适应新任务言行举止都表现出颇有自信，对各种情况能迅速地作出果断反应汇报内容多是有意义而有用，结构也较有条理，但往往需作补充报告	

不难看出，所谓"好"与"差"的事例都是极端性的。仔细分析，第7、6、2句分别是考核工作效率的好、中、差标准；第3、9、5句是考核工作汇报质量的好、中、差标准；第8、1、4句则是考核工作自信心的好、中、差标准。操作时，考核者即持此9条陈述句，对被考核者实际表现作逐条对照考核，对超过、符合或不及标准的，分别标以"+"、"·。"或"-"号。三种标准有7种可能的组合，如三条有关陈述句均获"-"，说明被考核者实际表现甚至不及"差"的典型表现，显然属于最差而应评以最低分（1分）；反之，三句都获"+"，则应获得最高分（7分）。此评分规则如图4-1所示。

可能的几种分数组合

```
好：  —   —   —   —   —   ○   +
中：  —   —   —   ○   +   +   +
差：  —   ○   +   +   +   +   +
得分： 1   2   3   4   5   6   7
```

图4-1　考核要素的评分规则

二、评语法

评语法是一种传统的考核方式。在评语法中，评定者可能需要对被评价者行为的长处和短处进行评判描述。一般来说，评定者可以对被评价者的绩效从各方面进行定性描述，通常没有固定的格式要求。

在我国，许多机关和企事业单位考核员工时经常使用评语法。评语法是对员工在一定时期内（通常为半年或一年）的工作绩效进行评述，评述形式有自我评价、上级评价和群众评议。由于这种评定方式比较灵活方便，所以在应用中很受欢迎，也确实对于干部职工改进工作绩效、加强民主监督起到了积极的作用。这种方法的一个显著特点是评定者可以对被评价者的绩效进行比较全面而深入的评价，并且可以对被评价者当前的工作行为和潜力给出富有实用价值的意见和建议。但是，由于评语没有固定的格式要求，使用这种方法评出的员工绩效也就很难进行横向比较，即使是同一个评定者所评定的不同人之间也很难去比较。

由于评语法的上述局限，有人在此基础上提出一种可称为"结构描述法"的绩效评定方法。这种方法继承了"评语法"的特点，但同时又针对其不足之处进行修正，主要是在评定中加入一个个"小标题"，使评定时能按一定的绩效内容进行。这样的评定结果就具有了一定的可比性。

三、等级择一法

所谓等级择一法，就是赋予评价各档次以相应的等级内涵，例如，可以将员工的工作成绩划分为五个不同的等级，分别赋予内涵：A 级工作成绩非常出色，从未出现过任何差错；B 级工作成绩优秀，几乎不出差错；C 级工作成绩没有达到标准，略有差错；D 级工作成绩较差，差错较多；E 级工作成绩特别差，经常出错。再如工作态度：A 级工作热情极高，责任心极强；B 级工作热情较高，责任心较强；C 级责任心一般，但很难说是认真负责的；D 级有时表现不负责任；E 级缺乏工作热情，凡事不负责任。根据这些规定的"等级内涵"，作出单项选择（见表 4 - 3）。

表 4 - 3　等级择一法

考核内容	考核要点	A	B	C	D	E
工作能力	与实务有关的知识、技巧掌握如何					
	对事物、指示、命令、问题、意识的理解力如何					
	计算能力、数学观念是否很强					
	文章、图表、言语的表现能力如何					
工作态度	与他人协作、服从纪律和命令的态度如何					
	事务的处理是否井井有条					
	是否表里如一而不刻意表现自我					
工作绩效	工作成绩月度、年度、近期、以往如何					

四、减点评价法

所谓减点评价法，就是以减分方式进行考核评价的方法。其步骤是首先确定考核要素或考核项目，再确定该要素的标准得分，最后根据是否达到标准以及达到标准的程度进行减分。如果完全达到标准，则减 0 分；完全没有达到标准，则把标准分全部减去（见表 4 -4）。

表 4 -4　减点评价法

考核要素	标 准 分	减　　分
是否不断地、充分地进行新资料的整理工作		
计算是否准确无误		
选择图表是否适当		
与其他部门联系是否及时、紧密		
……		
合计		

五、正负评价法

正负评价法的原理与减点评价法一样，只是评分方式不同，即采用正、负值进行评价（见 4 -5）。

表 4 -5　正负评价法

考核要素	考核要点	特别优秀	良好	一般	较差	特别差
工作的质	工作的过程与结果是否有错误					
工作的量	研究的工作量有多少					
工作态度	对工作是否负责任，是否认真、诚实					
研究精神	对工作是否具备积极的研究精神					
合计分	+ （ ）分　　 - （ ）分					

六、综合评分法

综合评分法是将考核因素综合分配给一定的分值，使每一个考核因素都有一个评价尺度，然后根据被考核者的实际情况和表现在各项考核因素上评分，最后汇总得出总分。这种考核方法使考核因素尽可能量化，减少人为因素引起的考核标准不统一的问题。而且，量化后的考核可以借助计算机来进行统计、汇总和分析，这样可以大大提高考核的效率和质量。表 4 -6 是一个综合考核表。

表 4 - 6　综合考核表

部门		姓名		职务		考核总分	
项目		分数		考核情况说明			
出勤	20	上	20				
		中	15				
		下	30				
能力	30	上	30				
		中	25				
		下	20				
绩效	30	上	30				
		中	25				
		下	20				
职业修养	20	上	20				
		中	15				
		下	10				
小组意见							
部门意见							
公司意见							

第二节　相对考核法

　　相对考核法是一种传统的考核方法，也是人们最习惯运用的方法。这类方法的最大优点是简便，因此往往有主观随意的倾向。为了克服主观偏见，可将其作一些技术上的处理，使之更能够运用于企业员工考核中，并与绝对考核法相结合，使之相辅相成，使员工考核工作更为完备。相对考核法主要包括排序法、配对比较法、强制正态分布法、人物比较法、行为锚定等级评价法、事实记录法、民意测验法、行为观察评价法等。

一、排序法

　　排序法是指企业对部门内的员工进行排序。这是绝对考核法，即按工作标准进行考核的辅助性手段；或作为一种调整手段，即帮助考核者进行调整，作为调整部门内考核结果达到平衡的手段。

（一）排序法的类型

排序法有两种评定方式：一种是"要素排列"，即评定者把被评定者先按照各种要素从高到低排列出来，然后再汇总在一起，从而得出全体员工的整体排序（如表4-7所示）；另一种是"交替排列"，此法要求评定者首先将所有被评定者列在一张纸上，然后从这个名单中选择出最好的人和最差的人，接着再选出第二个最好的人和第二个最差的人，按此方法继续，直至把整个名单排选完毕。由于从一批人中区分出最好的和最差的相对比较容易，所以在应用中"交替排列"方式更受人们的欢迎。

表4-7 排序法

员工 要素	工作 数量	工作 质量	知识 技能	协调性	积极性	信赖性	合计	综合 等级
A	3	3	2	3	2	2	15	3
B	1	2	1	2	3	3	12	2
C	7	6	7	7	7	6	40	7
D	2	1	3	1	1	1	9	1
E	5	4	6	4	6	5	30	5
F	6	7	5	5	4	7	34	6
G	4	5	4	6	5	4	28	4
总评								
考评者	考评 日期							

（二）排序法的优缺点

排序法是最为简单的绩效评定方法之一，经常被用来评定总体绩效。这种方法的明显优点表现为其简单性以及它强求评定者区分不同水平的绩效；不足之处主要是当被评人数比较多的时候（超过20人），要准确地把他们按等级排列不仅费时费力，而且效果也不一定好。同时，当许多雇员的绩效水平差距较小时，人为地把他们的绩效按等级排列反而会引起新的误差。另外，排序法不能反映不同等级人员之间的差距大小，跨部门、跨企业的绩效评定就更没有可比性。

二、配对比较法

这种方法要求评定者把所有的被评价者两两进行比较，最后把被评价者按绩效高低排列起来。这种方法使得评定者更容易操作，特别是当被评价者数量较多的时候也能比较可靠地排出相对等级。具体做法是先将被评价者的姓名都写在事先准备的一张一张的卡片上，以便每个人与其他所有的人进行——比较，评定者每次只需比较出每对被评价者中绩效更高的那一个即可。最后，只要把每个被评价者在每对比较中绩效更高的次数加起来，就可作为最终排序的基本参数依据。举个例子来说，在共有5个被评员工的情况下，每个员工将与其他 4 个员工逐一成对比较。假定乙的绩效被评为高于其他 4 个员工，这样，根据两两比较的结果就可以得到乙的绩效指数为 4 ÷ 4 = 1。如果乙的绩效被评为高于他的 2 个同事，而低于另外 2 个同事，那么我们说他的绩效指数为 2 ÷ 4 = 0.5。指数为 1 是最高值，只有高于所有其他同事的人才能达到这个值，而指数为 0 则表明绩效水平低于其他所有的人。最后，每个员工将根据其绩效指数排列顺序。指数越高，绩效水平也就越高。比较结果见表 4 - 8。

表 4 - 8　配对比较法

	甲	乙	丙	丁	戊
甲		+	+	—	—
乙	—		—	—	—
丙	—	+		+	—
丁	+	+	—		+
戊	+	+	+	—	
对比结果	中	最好	中	差	差

两两比较法的一个很大不足在于，当有大量员工需要评价时，这种方法显得很复杂和浪费时间。我们知道，当有 n 个被评价者时，评定需要配对比较 n（n - 1）÷ 2 次。如当需对 5 个员工进行评定时，评定者需要配对比较 5 × 4 ÷ 2 = 10（次），而当员工仅仅增加至 11 人时，则配对比较要增至 11 × 10 ÷ 2 = 55（次）。因此，这种方法一般适合于 10 人左右的部门进行绩效评价时使用。

三、强制正态分布法

强制正态分布法也称为"强制分布法""硬性分配法"，该方法是根据正态分布原理，即俗称的"中间大、两头小"的分布规律，预先确定评价等级以及各等级在总数中所占的百分比，然后按照被考核者绩效的优劣程度将其列入其中某一等级。强制正态分布法要求评价者按事先定好的比例把许多被评价者分成不同的等级。比如，你可能把被评价者的绩效分成：低绩效者占 10%、低于平均者占 20%、平均绩效者占 40%、高于平均者占 20%、高绩效者占 10%。这种方法常用于绝对考核之后的调整，即调整出优、良、中、差的分布。

（一）强制正态分布法的理论基础

员工的绩效是呈正态分布的，这种方法的特点是两端的人少，中间水平的人多。实践证明，人的许多心理特点都基本符合正态分布规律。上述比例分布正是根据正态分布估算出来的。应用正态分布法的一种操作方法是，把每一位被评员工的姓名写在一张张独立的卡片上，然后针对每一位被评者的特质（如工作态度、工作质量、积极性和创造性等），把每一位员工的卡片放入适合的类别中。这种评定方法需要有一定数量的被评价者，以保证在每类中都有一定数量的人，并占有相应的比例，否则要是人数太少，这种方法就不适用了。

（二）强制正态分布法的步骤

为了克服强制正态分布法的缺陷，同时也将员工的个人激励与集体激励很好地结合起来，可以使用团体考评制度以改进硬性分配的效果。实施这种考评方法的基本步骤如下：

第一步，确定 A、B、C、D 和 E 各个评定等级的奖金分配的点数，各个等级之间点数的差别应该具有充分的激励效果。

第二步，由每个部门的每个员工根据业绩考核的标准（如表 4-9 所示），对自己以外的所有其他员工进行百分制的评分。

表 4-9　强制正态分布法考核的参考标准

等级	不满意	欠佳	佳	优	特优
比率	低于 5%	5%~25%（15%）	25%~75%（60%）	75%~95%（15%）	高于 5%
评量分数	64 以下	65~74	75~85	86~94	95~100
参考标准	经常远低于标准有很多需要改进的地方	经常略低于标准平时表现不太理想	几乎能符合标准平时的表现称职	经常略高于标准常常有好的表现	经常高于标准甚多有很特殊表现

第三步，对称地去掉若干个最高分和最低分，求出每个员工的平均分。

第四步，将部门中所有员工的平均分加总，再除以部门的员工人数，计算出部门所有员工的业绩考评平均分。

第五步，用每位员工的平均分除以部门的平均分，就可以得到一个标准化的考评得分。那些标准分为 1（或接近）的员工应得到中等的考评，那些标准分明显大于 1 的员工应得到良甚至优的考评，而那些标准分明显低于 1 的员工应得到及格甚至不及格的考评。在某些企业中，为了强化管理人员的权威，可以将员工团体考评结果与管理人员的考评结果的加权平均值作为员工最终的考评结果。但是需要注意的是，管理人员的权重不应该过大。各个考评等级之间的数值界限可以由管理人员根据过去员工业绩考核结果的离散程度来确定。这种计算标准分的方法可以合理地确定被考核的员工的业绩考评结果的分布形式。

第六步，根据每位员工的考评等级所对应的奖金分配点数，计算部门的奖金总点数，然后结合可以分配的奖金总额，计算每个奖金点数对应的金额，并得出每位员工应该得到的奖金数额。其中，各个部门的奖金分配总额是根据各个部门的主要管理人员进行相互考评的结果来确定的。

为了鼓励每位员工力图客观准确地考评自己的同事，对同事的考评排列次序与最终结果的排列次序最接近的若干名员工应该得到提升考评等级等形式的奖励。另外，员工的考评结果不应在考评当期公开，同时，奖金发放也应秘密给付，以保证员工的情绪。但是各个部门的考评结果应该是公开的，以促进部门之间的良性竞争。

（三）强制正态分布法的优缺点

1．强制正态分布法的优点

（1）避免出现考核标准过分宽松的情况发生。

（2）避免出现考核标准过分严格的情况发生。

（3）避免出现考核结果全部趋中倾向的现象。

2．强制正态分布法的缺点

（1）如果员工的业绩水平事实上不遵从所设定分布样式，那么按照考评者的设想对员工进行硬性区别容易引起员工不满。

（2）只能把员工分为有限的几种类别，难以具体比较员工差别，也不能在诊断工作问题时提供准确可靠的信息。

（3）个别组织为了应对强制正态分布法，想出的办法就是"轮流坐庄"——老好人战略，这样不能体现强制正态分布法的真正用意。

四、人物比较法

人物比较法就是根据考核要求，从员工中选择具体人物来作为标准，再以该员工的工作表现和工作能力为基准，对其他员工进行考核评议。

人物比较法有两种形式：一种是综合人物比较法。具体做法是从上一期考核结果中寻找一位考核者最为熟悉，并且综合评价得分居中的被考核者，作为考核评价的基准人物，将这位基准人物与其他员工作比较，如果被考核者与这位基准人物一样或近似，则评价档次为"C"；略好于或略差于基准人物则分别为"B"和"D"；大大好于或大大差于基准人物，则分别为"A"或"E"（如表4-10所示）。

表4-10　人物比较法示例

被考核者姓名	考核要素：业务知识		基准人物姓名		
	A	B	C	D	E

另一种是分析人物比较法，即在对被考核者进行要素考核时，选出一位基准人物，以他的表现，如工作态度、工作能力、计划能力、协调能力和指导能力等作为标准，分别对其他被考核者进行逐项要素考核。评价档次的确定同上。

五、行为锚定等级评价法

行为锚定等级评价法（BARS）实质上是把量表评定法与关键事件法结合起来使用。

其目的主要是，通过建立与不同绩效水平相联系的行为锚定来对绩效维度加以具体的界定。比如，宾馆的客房服务员每天打扫客房都必须按一定程序和行为规范进行，被子怎么叠，桌子怎么擦，卫生间如何保洁都规定得清清楚楚，绩效评价的标准也是明确不变的。只要完成了这些工作内容和程序就算达到绩效标准，少一道程序或有一项工作达不到要求，就要扣分或受到相应处罚。在麦当劳、肯德基这样一些连锁企业中，对员工行为绩效的评价也常常采取这种方法。

它为每一职务的各考核要素都设计出一个评分量表，并有一些典型的行为描述性说明词与量表上的一定刻度（评分标准）相对应和联系（即所谓锚定），供操作中对被考核者实际表现评分时作参考依据。这些典型说明词数量毕竟有限（一般不会多于10条），不可能包括千变万化的员工实际表现，一般很难做到被考核者的实际表现恰好与说明词所描述的完全吻合。但有了量表上的这些典型行为锚定点，考核者在评分时便有了分寸感。这些代表从最劣到最佳典型绩效、有具体行为描述的锚定说明词，不但使被考核者能较深刻而信服地了解自身的现状，还可找到具体的改进目标。

行为锚定等级评价法是一种比较费时费力的方法，而且，对于不同的考核对象必须采取不同的行为锚定评分表。这就给这种方法的应用多增加了一些困难。

BARS通常是由公司领导、考核者及被考核者的代表、人力资源管理人员（有时还有外聘专家）共同民主制定。在设计行为锚定等级评价法之前，首先必须搜集大量的代表工作中的优秀和无效绩效的关键事件。然后再将这些关键事件划分为不同的绩效水平，那些被专家们认为能够清楚地代表某一特定绩效水平的关键事件将会被作为指导评价者的行为事例。管理者的任务就是根据每一个绩效维度来分别考察雇员的绩效，然后以行为锚定为指导来确定在每一绩效维度中的哪些关键事例是与雇员的情况最为相符的。这种评价就成为雇员在这一绩效维度上的得分。

行为锚定等级评价法既存在优点也存在缺点。优点是它可以通过提供一种精确、完整的绩效维度定义来提高评价者信度。缺点是它在信息回忆方面存在偏见，也就是说，那些与行为锚定最为近似的行为是最容易被回忆起来的。

六、实时记录法

事实记录法主要用于观察记录考核的事实依据。由于企业中考核观察期和考核实施期不同，所以在考核实施时，为避免单纯以近期发生的事实，或凭主观推测为依据进行考核评价，管理者有必要把整个考核观察期中发生的有关事实依据及时记录下来。事实记录法具体又包括能力记录法、态度记录法、成绩记录法、指导记录法和关键事件记录法。

（一）能力记录法

这是指由考核者对被考核者在日常工作中表现出来的工作能力使用"工作能力记录卡"（见表4-11）进行观察和记录。在记录过程中，把工作能力的优势和不足区分开来。

表 4 - 11　工作能力记录卡

姓名	部门		职务	观察期间	记录人员
项目 评价	优势			不足	
知识					
技能					
策划能力					
判断能力					
协调能力					
领导能力					

（二）态度记录法

这是指由考核者用"工作态度记录卡"（见表 4 - 12）记录被考核者在日常工作中所表现出来的有关工作态度的事实，借此作为工作态度考核的事实依据。考核者观察记录的事实必须是与职务工作有关的，并能反映考核要素和考核要点的要求。

表 4 - 12　工作态度记录卡

姓名					
所属部门					
观察期间					
事实记录月份		1 ~ 3 月	4 ~ 6 月	7 ~ 9 月	10 ~ 12 月
具体事实	1				
	2				
	3				
	4				
	5				
综合意见					

（三）成绩记录法

这是指由考核者用"工作成绩记录卡"（见表 4 - 13）观察并记录被考核者工作过程和工作结果的事实。表中"难易度"是指职务工作的难易度，在填表时只需填写 A、B、C、D、E 等字母即可。"熟练程度"分为三个层次，在填表时用小写字母 a、b、c 表示。

表4-13　工作成绩记录卡

姓名	所属部门		观察期间											
担任工作	难易度	熟练程度	工作过程						工作结果					
			1~2月	3~4月	5~6月	7~8月	10月	11~12月	1~2月	3~4月	5~6月	7~8月	9~10月	11~12月
缺勤	日													
迟到或早退	次													
串岗	次(15分钟以上计)													

(四) 指导记录法

这是指考核者把在何时何地对什么行为进行何种指导，用"指导记录卡"（见表4-14）记录下来，用于开发员工的能力。

表4-14　指导记录卡

姓名		所属部门	职务等级	指导期间	上级主管
日期	场所	职务工作中优缺点	肯定否定意见	今后目标与努力方向	
备注					

（五）关键事件记录法

1. 关键事件记录法的概念

所谓关键事件记录法，就是通过观察记录被考核者在工作中极为成功或极为失败的事件，来考察被考核者工作绩效的一种方法。关键事件记录法需要对每一位待考核的员工做一本"关键事件记录卡"，由考核者（通常是被考核者直接上级）随时记录（见表4－15）。由此可见，用于考核员工的关键事件是在高的工作绩效和低的工作绩效之间造成差别的工作行为。由于考核人把每个被考核对象在完成这些事件时的行为记录在案，这些记录就作为绩效评定时的一个以工作行为为基础的出发点。当然，不同评价对象的关键事件可能不能直接比较，所以事先应由人力资源管理专家准备一些标准化的关键事件。

表4－15　关键事件记录卡

员工姓名	职务		
工作单位			
考核期限	自年月至年月		
	优良行为		不良行为
日期	项目	日期	项目
10－25 10－21	对工作方法提供具体建议帮助同事完成交付任务	10－03 10－25	拒绝受训与同事吵架
总评			

需要注意的是，所记录的事件有些是好事，如某员工"耐心地倾听一位顾客的意见，回答了这个顾客的所有疑惑问题，然后给这个顾客退了货。他在处理整个事件过程中对顾客表现得非常有礼貌和热心，使顾客满意而归，问题得到比较圆满的解决"。对于工作过程中的失败事件也要做详细记录，如"20××年5月5日，甲与一名到商店来购买商品的顾客发生了争吵，导致顾客对商店投诉，影响了商店的信誉"。所记录的事件必须是较突出的、与工作绩效直接相关的事，而不是一般的、琐碎的、生活细节方面的事。所记载的也应是具体的事件与行为，不是对某种品质的批判，如"某人对工作认真负责。

关键事件记录法要求管理者将每一位雇员在工作中所表现出来的代表有效绩效与无效绩效的具体事例记录下来。下面所举的例子就是对一位家用电器维修人员的绩效进行评价时所用到的一个事件：一位顾客打来电话说其冰箱出现了不制冷和每隔几分钟就要发出一阵噪声的问题，这位维修人员在出发前就提前判断出了引起问题的原因所在，然后再检查自己的卡车是否备有维修所需要的必要零配件。当他发现自己的车上没有这些零配件的时候，他就到库存中去查找到了这些零配件，以保证在他第一次上门维修的时候就能把顾客的电冰箱修好，从而让顾客很快就能感到满意。这些事件可以被用来向雇员提供明确的反馈，让雇员清楚地知道自己哪些方面做得好、哪些方面做得不好。此外，这些事件还可以通过重点强调那些能够最好地支持组织战略的关键事件而与组织的战略紧密联系起来。然而，许多管理者都拒绝每天或每周对其下属员工的行为进行记录。并且，要对不同雇员进行比较通常也是很困难的，因为每一个事件对于每一位雇员来说都是特定的。

2. 关键事件记录法的优缺点

关键事件记录法的优点：针对性强，不易受主观因素的影响。此考核方法是对事件的记录，只是对具体员工素材的积累。根据这些事实，经过归纳、整理和总结可以得出可信的考评结果；从中可以看到被考评员工的长处和不足，如将此信息反馈给员工，因为有事实支持而易使被考评员工接受，有利于以后继续发扬优点，改进缺点，从中得到提高。

关键事件记录法的缺点：基层管理者工作量大，在考评过程中不能带有主观意识，但在实际过程中往往难以做到，实际过程中可以通过员工自己的周报、月报等的记录来做到。这种方法国内外许多大公司如海尔已普遍采用。

3. 关键事件记录法的 STAR 法

所谓 STAR 法，是由四个英文单词的第一个字母表示的一种方法；由于 STAR 英文翻译后是星星的意思，所以又叫"星星法"。星星就像一个十字形，分成四个角，记录的一个事件也要从四个方面来写：

（1）S 是 situation，情境

这件事情发生时的情境是怎么样的。

（2）T 是 target，目标

他为什么要做这件事。

（3）A 是 action，行动

他当时采取什么行动。

（4）R 是 result，结果

他采取这个行动获得了什么结果。

连起这四个角就叫 STAR。

4. 运用关键事件记录法的步骤

首先要识别岗位关键事件。运用关键事件分析法进行工作分析，其重点是对岗位关键事件的识别，这对调查人员提出了非常高的要求，一般非本行业、对专业技术了解不深的调查人员很难在很短时间内识别该岗位的关键事件是什么，如果在识别关键事件时出现偏差，将对调查的整个结果带来巨大的影响。

识别关键事件后，调查人员应记录以下方面的相关信息和资料：导致该关键事件发生的前提条件；导致该事件发生的直接和间接原因；关键事件的发生过程和背景；员工在关键事件中的行为表现；关键事件发生后的结果；员工控制和把握关键事件的能力如何。

将上述各项信息资料详细记录后，可以对这些信息资料作出分类，并归纳总结出该岗位的主要特征、具体控制要求和员工的工作表现情况。

采用关键事件记录法，应注意关键事件要具有岗位代表性。关键事件的数量不能强求，识别清楚后是多少就是多少。关键事件的表述要求言简意赅、清晰准确。对关键事件的调查次数不宜太少。

七、民意测验法

民意测验法有些类似 360 度绩效考核法，曾经大量运用于各国家事业部门，该法是把考核的内容分为若干项，制成考核表，每项后面空出五格：优、良、中、及格、差，然后将考核表格发至相当范围，首先由被考核者汇报工作，做出自我考核，然后由参加考评的人填好考核表，最后算出每个被考核者得分平均数，借以确定被考核者工作的档次。民意测验的参加范围，一般是被考核者的同事和直属下级，以及与其发生工作联系的其他人员。

此法的优点是群众性和民众性较好，缺点是主要从下而上地考察管理人员，缺乏由上而下地考察，由于群众素质的局限，会在掌握考核标准上带来偏差或非科学因素。在企业，此法一般作为绩效考核的辅助参考手段。

八、行为观察评价法

行为观察评价法与行为锚定等级评价法一样，也是从关键事件中发展而来的一种绩效评估方法。但是行为观察评价法与行为锚定等级评价法在两个基本方面有所不同：第一点不同是，行为观察评价法并不剔除那些不能代表有效绩效和无效绩效的大量非关键行为，相反，它采用了这些事件中的许多行为来更为具体地界定构成有效成绩（或者会被认为是无效绩效）的所有必要行为。比如说，行为观察评价法可能不仅仅利用 4 种行为来界定在某一特定绩效维度上所划分出来的四种不同绩效水平，而是利用 15 种行为。第二点不同是，行为观察评价法并不是评价哪一种行为更好地反映了雇员的绩效，而是要求管理者对雇员在评价期内表现出的每一种行为进行评价。最后再将所得的评价结果进行平均之后得出总体的绩效评价等级。

行为观察评价法的主要缺点在于：所需要的信息可能会超出大多数管理者所能够加工或记忆的信息量。一个行为观察评价体系可能会涉及 80 种或 80 种以上的行为，而管理者还必须记住每一位雇员在 6 个月或 12 个月这样长期的评价期间内所表现出的每一种行为发生频率。对于一位雇员的绩效评价来说，这种工作已经够繁琐的了，更何况管理者通常要对 10 个或 10 个以上雇员进行评价。

一项对行为观察评价法、行为锚定等级评价法和民意测验法所进行的对比发现，管理者和雇员都认为行为观察评价法在以下几个方面的优点是非常突出的：能够将高绩效者和低绩效者区分开来，能够维持客观性，便于提供反馈，便于确定培训需求，在管理者及其下属雇员中容易被使用。

行为观察评价法一般适用于评估那些难以同工作结果直接挂钩或缺少度量标准的工作，如服务性工作或机关管理工作。它的优点是员工可以清晰地知道组织对他的期望和行为标准，并且可以与组织的战略和价值观体系联系在一起，具有明确的导向作用。它的主要缺点在于：一是选择的行为评价标准常常是有限的，但影响绩效的因素可能很多。因此，要做到选择的行为作为评价标准是有效的，并且构成评价标准的行为是可以确认出来的。但在现实中，这种最好的行为可能并不存在或者有相当大的争议。二是行为观察评价法虽然可以与组织的战略重点联系在一起，但必须经常修正。绩效评估系统却要求保持稳定，以免员工无所适从。因此，行为观察评价法可能最为适合不太复杂的工作（对于这些工作来说，达到结果的最好方法是比较清楚的），而不太适合那些比较复杂的工作（对于这些工作而言，取得成功的途径和行为都是多种多样的）。

第三节　绩效考核的实施

一、员工考核的一般程序

（一）制订员工考核计划以及相应的考核办法及考核标准

首先由人力资源部门根据本企业不同部门的实际情况，制定一个科学合理的员工考核办法（包括考核量表的设计、标准的核定等）。考核标准以及考核办法制定得好坏将直接影响到员工考核的最终实施效果。

（二）考核者训练

员工考核应该公正地进行，因此必须对考核者加以训练。其直接目的是使考核者对员工考核计划和实施过程能正确理解并在全企业范围内采用统一的评价标准。

（三）员工自我考核

员工根据考核办法，按照考核表的要求，以本人的实绩与行为事实为依据对本人逐项进行"自我评估"。

（四）直接主管考核

直接主管收到员工的考核表后，以员工的实绩与行为事实为依据，按照考核表的要求，对员工逐项评分并写评语。

（五）综合考核

由业务部门或职能部门进行综合考核打分，考核结果由直接主管告知属下员工。

（六）考核面谈

由直接主管与员工面谈并提出改进意见。如员工本人不同意主管考核意见，可向上一级主管提出申诉并由上一级主管做出最终考核。员工应理解和服从考核结果。

（七）考核结果的归档

直接主管将属下的考核结果（员工考核表以及考核分数汇总表）送交人力资源部门存档，人力资源部对考核结果做出分类统计分析，报主管总经理签核，以备以后人事决策时使用。

员工考核过程可用图4-2的流程框图形式表示。

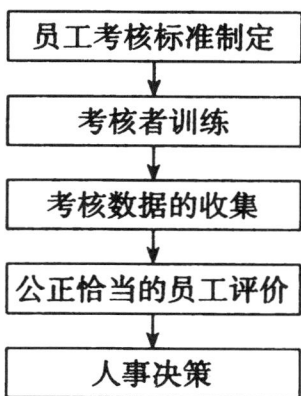

图4-2 员工考核流程框图

二、绩效考核主体的选择

在员工考核工作中，谁来考核绩效或者说谁是评价者是很重要的。这会直接影响到考核的结果以及员工对考核工作的认可程度。

绩效考核主体是指对员工的绩效进行考核的人员。企业常见的做法是采用"谁下达命令谁考核的原则"。具体来说，业务主管给员工下达指标，同时要考核员工的完成结果。但是，被考核者的考核内容是由一系列考核指标组成的，主体对不同考核指标并不能做到完全了解，如被考核者的沟通协调能力、协作性等，这些考核指标只有被考核者的同级知道得最清楚；如被考核者培育下属的能力等，这些考核指标只有被考核者的下级才最了解。所以，只让主体来对所有指标进行单独评价，那么评价的结果就很值得怀疑了。

为了保证绩效考核的客观公正，应当根据考核指标的性质来选择考核的分主体（分主体主要向考核主体反馈被考核者的绩效信息）。所选择的分主体应当是对考核指标最为了解的，如"协作性"由同事进行信息反馈，"培养下属的能力"由下级进行信息反馈，"服务的及时性"由客户进行信息反馈等。不同的指标又由不同的分主体来进行反馈，让考核主体对每一个指标都比较了解，然后对这些指标做出综合考核，加上人力资源部门的监督，在很大程度上会消除考核的片面性。一般来说，企业在考核过程中可以选择五种评价者来对考核对象进行考核。

（一）直接上级主管

由被考核者的直接上级领导来对下属进行员工考核。目前企业在考核中多数员工考核是采用由直接上级来负责。由于工作的关系，直接主管与下属接触的机会最多，因而最熟悉每个员工的工作绩效。而且，作为上级领导，他会从企业的整体目标考察每一个下属员工的绩效。由于上级负责工资、提升和处罚等方面的人事决策，因此也就最有可能将有效的工作绩效与所采取的人事行动联系起来。

需要指出的是，尽管在许多情况下直接上级是最好的考核人，但上一级很少直接观察下属的绩效的情况下，这种方式并不一定好。比如在教学工作的考核中，即便是教研室主任也不可能对每一位教师的教学工作做到全面掌握，因为他无法直接观察每一位教师的教学工作。

（二）同事

同事之间的相互考核在三种场合下经常使用：提名优秀职员、考核工作等级以及工作业绩排序。许多研究和实践都表明，由于在同一工作环境条件下，同事之间能有较多机会相互了解，这种考核法有较高的可靠性和有效性。但这种考核法仍然存在一定的问题，因为同事之间的友好程度以及他们对员工考核工作和考核结果的看法对整个考核过程会产生消极的或积极的影响。当人们知道同事给自己做了很差的评价时，将会影响到整个群体内部的人际关系，进而会对群体内部的和谐性、群体的满意度、群体的凝聚力以及以后的工作绩效产生不良影响。当然，在实践中一般都是将同事的考核和上级考核结合起来综合考虑。

（三）直接下级

当被评人（通常为管理者）有下级时，可以让直接下级对管理者进行考核。因为下级对上级管理者的授权、计划、组织和沟通等方面的能力都有切身体会。在一名管理者有许多下属的企业中，这种方法用得比较多。最为典型的是在学校中，让学生对教师的教学效果进行评价。需要注意的是，如果要使下级的评价真实、可靠，并有一定的作用，必须要有足够的信任和开放程度。国外的研究和实践表明，对于中层干部，下级对其工作绩效的考核与直接对他的考核之间有较好的一致性。

（四）自我考核

让每一个员工对自己的工作绩效进行考核有一定的积极意义。当人们有机会参加员工考核时，尤其是参加与个人切身利益密切相关的员工考核时，可以提高对个人的激励作用，也有利于个人在今后工作中的总结提高。当然，自我考核也存在一些问题，诸如容易更多地宽容自己和夸大绩效、回避缺点或不足、不同人的自我考核差异较小等。要提高自我评价的客观性，考核之前应该对员工做动员，一方面要使员工端正态度，另一方面要使员工明白自我考核应侧重于将自己的工作行为和结果与规定的工作要求、标准相比较，不要过分强调个人的技能与能力。

（五）客户评价

在那些要求与公众有许多交往的工作中，评价可由工作者的服务对象来进行。虽然客户不能完全了解工作目标和标准，但是他们能提供非常有用的信息。有时客户能将一个企业作为一个整体进行评价。不同的客户从不同的方面做出的评价可使企业了解不少情况，知道自己在公众中的形象。客户也可以对与之交往甚多的个人做评价。这样的信息可用于人事决策，也可以用于人事研究，还可以作为自我发展计划的基础。

在员工考核中，除了选择合适的方法外，考核者因素是个很重要的方面。实际上，每一种员工考核方法都有其长处，也有其短处。主要的问题常常不在于方法本身，而在于怎么使用它们和谁来使用它们。没有经过训练的员工考核者或者素质较低的员工考核者会严重影响员工考核方法的效果，所以，从一定程度上来讲，要形成有效的员工考核系统，考核者比考核方法更为重要。

考核指标中的主观指标会受到考核者个人因素的影响，不同的考核者在进行员工考核时可能会产生不同性质的偏差。比如：客户的考核往往不够全面、准确；自我考核容易夸大优点；同事的考核可能又会受到同事之间人际关系的影响。因此，在实际考核中要注意两个问题：首先，要根据员工考核的目的来选择适宜的方法，假如考核的目的是提高企业服务对象的满意度，那么客户考核显然是必要的；假如考核的目的是选拔人员，那么上级考核显然是不可缺的。其次，尽可能采用不同的考核者，多角度地对绩效进行考核，以减少由于某一类考核者考核所带来的偏差。

三、考核对象

（一）考核对象的分类

通常公司的绩效管理系统适用于全体员工，包括管理层和普通员工。

管理层的特点是，对公司生产经营结果负有决策责任，并具有较为综合的影响力。对应这样的特点，对管理人员的考核，应采用量化成分较多、约束力较强、独立性较高、以最终结果为导向的绩效考核方式。

普通员工的特点是，工作基本由上级安排和设定，依赖性较强，工作内容单纯，对生产经营结果只有单一的、小范围的影响。对应这样的特点，对普通员工的考核，应采用量化成分少、需要上下级随时充分沟通、主要以工作过程为导向的绩效考核方式。

管理层的工作职责又可分为生产经营直接管理职责和生产经营间接管理职责两大类。生产经营直接管理是指直接参与生产经营活动，做出的决策对企业效益与各项生产经营指标有直接影响。生产经营间接管理是指不直接参与生产经营活动，但从事诸如各项管理程序的政策制定、监督执行、协调管理及信息沟通等工作，其决策对企业效益与各项生产经营指标有间接影响。

（二）不属于考核对象的员工类型

被考核者原则上应是在考核期内在册的全体正式员工。从广义上说，考核对象是指企业所需考察的所有在职员工，但在具体考核过程中下列人员则不属于被考核对象：劳动合同规定的试用期未满的员工；在本单位连续工作时间不到一个考核期的员工；由于各种原因（如长期病休）而长期缺勤的员工以及因特殊原因不能参加考核或无法进行考核的员工。

四、绩效考核周期的确定

对员工进行考核的时间并没有统一的标准。典型的考核周期是季度、半年或一年，也可在一项特殊任务或项目完工之后进行。考核周期不宜太短，否则不但会白白浪费精力和时间，还给员工带来过多的不必要的干扰，造成心理负担。但周期过长，反馈太迟，不利于改进员工的绩效，并会使得大家感觉考核作用不大，可有可无，从而使考核流于形式。一般说来，半年考核一次较为适宜，把两个半年考核评分的平均值作为全年得分，并据此实行奖惩。当然，最好还是保持连续考察，注重记录关键事件，再结合定期考评。一般来讲，确定考核周期需要从以下四个方面考虑：

（一）所在行业的特征

产品生产周期长短不同，对考核周期也会产生影响。例如，生产和销售周期短的行业，一般一个月内就有好几批成品生产出来或销售出去，这样可以以月度为周期进行考核；而某些生产大型设备的行业，或者以提供项目服务为产品的企业，服务周期一般都比较长，其生产周期往往是跨月度、跨季度，甚至是跨年度的。因此，对于此类企业的考核周期，如果为月度显然是不合理的，其考核周期应该加长。

（二）职务职能类型

对中高层管理人员的考核周期，实际上就是对整个企业或部门经营与管理状况全面评估的过程。这种战略实施和改进计划的过程，不是可以通过短期就能取得成果的，其考核周期应适当放长，一般为半年或一年。

对于销售人员的考核最容易量化，因为其考核指标通常以销售额、回款率、市场占有率、客户满意度等硬指标衡量。因此，对销售人员的考核，应根据实际情况尽可能缩短，一般为月度或季度。

对于生产系统的基层员工，出于强调质量和交货期的重要性，强调的是短期的激励，因此一般应采用短的考核周期，同时加强薪酬管理，缩短发放的时间，以此来强化激励的效果；如果生产周期比较长，则可以延长考核周期，按照生产批次周期来进行考核。

对研发人员的考核指标，一般以任务完成率和项目效果评估，因此一般采用考核周期迁就研发指标周期的做法，即以研发的各个关键节点作为考核的周期，年底再根据各个关键节点和项目完成情况进行综合考评。另外，对研发人员的考核最忌讳急功近利，因为研发人员需要的是一个宽松、稳定的环境，而不应增加太多的管制。

行政与职能人员是考核工作的难点。针对行政人员工作的特点，重点应该考核工作的过程行为而非工作的结果，考核周期应该适当缩短，并采用随时监控的方式，记录业绩状况，该类人员的考核以月度考核为主。

（三）考核指标类型

对于业绩考核，一般采用关键业绩指标进行评估，能力和态度指标是支撑关键业绩指标得以实现的保证。工作业绩是工作产生的结果，如数量指标、质量指标、完成率、控制率等。因此，业绩类指标考核周期应该适当缩短，以使其将注意力集中于短期业绩指标。工作能力评估着眼于未来，但这些指标的改变往往不是短期内可以提高的。因此，对于能力指标的评估周期应该加长，一般以年度或半年度作为考核的周期。态度指标的考核周期应该缩短，因为工作态度往往直接影响到工作的产出，也就是业绩指标。因此，将态度指标考核周期缩短，有利于引导员工关注工作的态度与作风问题，从而确保业绩指标的实现。

（四）绩效管理实施时间

考核周期设置不宜过长也不宜过短。如果考核周期过长，一方面会带来严重的"近因效应"，从而给考核带来误差；另一方面会使员工失去对绩效考核的关注，最终影响考核的效果。如果考核周期太短，又会导致考核成本的加大，最直接的影响是各部门的工作量加大，同时由于工作内容可能跨越考核周期，导致许多工作表现无法进行评估。

五、绩效考核的实施步骤

1. 人力资源部负责编制考核实施方案，设计考核工具，拟订考核计划，对各级考核者进行培训，并提出处理考核结果的应对措施，以供绩效考核委员会决策。

2. 各级主管组织员工撰写述职报告并进行自评。

3. 所有员工对本人在考核期间内的工作业绩及行为表现（工作态度、工作能力）进行总结，核心是对照企业对自己的职责和目标要求进行自我评价。

4. 部门主管根据受评人日常工作目标完成程度、管理日志记录、考勤记录、统计资料、个人述职等，在对受评人各方面表现充分了解的基础上，负责进行客观、公正的考核评价，并指出对受评人的期望或工作建议，交给部门上级主管审核。如果一个员工有双重直接主管，由其主要业务直接主管负责协调另一业务直接主管对其进行考核。各级主管负责抽查间接下属的考核过程和结果。

5. 主管负责与下属进行绩效面谈。当直接主管和员工就绩效考核初步结果谈话结束后，员工可以保留自己的意见，但必须在考核表上签字。员工若对自己的考核结果有疑问，有权向上级主管或考核委员会进行反映或申诉。对于派出外地工作的员工，反馈面谈由该员工所在地的直接主管代为进行。

6. 人力资源部负责收集、汇总所有考核结果，编制考核结果一览表，报公司考核委员会审核。

7. 考核委员会听取各部门的分别汇报，对重点结果进行讨论和平衡，纠正考核中的偏差，确定最后的评价结果。

8. 人力资源部负责整理最终考核结果，进行结果兑现，分类建立员工绩效考核档案。

9. 各部门主管就绩效考核的最终结果与下属面谈沟通，对受评人的工作表现达成一致意见，肯定受评人的优点所在，同时指出有待改进的问题和方向，双方共同制订可行的绩效改进计划和个人发展计划，提高个人及组织绩效。

10. 人力资源部对本次绩效考核成效进行总结分析，并对以后的绩效考核提出新的改进意见和方案，规划新的人力资源发展计划。

第五章 企业组织绩效评价

第一节 绩效评价指标与标准

"不能评估就无法管理"，因此，首先需要对绩效进行评价，然后才能管理。绩效评价作为绩效管理系统中的核心内容，绩效评价指标与标准的识别和确定，又是绩效评价的基础部分。

一、绩效评价指标

绩效评价指标，通常指对绩效进行评价的维度，比如产品的数量、质量、成本等。绩效评价指标和标准共同构成绩效目标中的主要内容。绩效评价指标的设计、选择与组合，既要符合企业管理的要求，同时又要满足测量学要求。

（一）绩效评价指标的主要特征

设置的绩效评价指标应符合 SMART 原则即具体的（specific），能够被测量的（measurable）、能够获得的（attainable），与工作职责和组织目标相关的（relevant）以及有时间限制的（time – bound）五个方面。

一般来说，有效的绩效评价指标应该具备以下几个主要特征：

1. 与企业战略相一致

企业要求什么，员工就会追求什么。绩效评价指标就是这样的指挥棒。企业要求生产数量，员工就会很努力地追求数量；要求质量，就会追求质量。如果公司追求质量，那么它的绩效评估就要引入产品质量指标，以及控制产品质量的过程指标。如果公司追求顾客满意度，就要考核顾客满意指标，考核影响顾客满意的过程指标。绩效评价指标与企业战略相一致，强调的是绩效评价指标对企业所有员工的引导作用，从而使员工能够为企业的成功作出贡献。当企业的战略发生转移的时候，绩效评价指标应该及时调整，体现出战略转移之后对员工新的要求。

国内大多数企业的绩效评价指标并没有与企业战略结合在一起，还停留在传统人事管理的水平。即使从企业战略角度设计绩效评价指标的企业，其绩效评价指标往往在相当长的时间内保持不变，尽管企业的经营重点和经营策略都发生了较大的转移。这两种倾向导致企业对员工的要求与企业发展战略脱节，很大程度上影响了绩效管理的有效性。

2. 可操作性

所选择的绩效评价指标，要有可操作性，能够被衡量。绩效评价指标是否可以被衡量，有两个评判标准，第一是可以用数量表示，第二是可以用行为描述。两者只要符合其一，就可以衡量。不能用数量表示也无法用行为描述的指标，就没有可操作性，不可被衡量，应当舍弃。否则，管理者对下属进行评价，没有数量或者行为事件作为依据，只能做主观臆测。比如做很多工作都需要注意力集中，但是，注意力是内部心理状态，难以观察，无法验证，就不具有操作性，无法衡量。

3. 高效度

绩效评价指标包括的所有内容应该反映所要求绩效的所有方面，避免出现缺失或者污染。所谓缺失，是绩效评价指标没有完全反映工作绩效的所有方面，指标的选择不全面。绩效评价指标的污染，则是指绩效评价指标要求考核与工作无关的方面。比如某国有企业，对销售员的绩效主要根据销售量或者销售额进行评价，而忽略了货款回收，导致大量货款长期收不回来，企业资金周转困难。同样是这家企业，领导喜欢组织政治学习，把参与政治学习次数作为考核员工的一项重要指标。众所周知，参加政治学习次数与工作绩效并没有关系。政治学习花掉员工大量时间，甚至影响了正常工作。上述例子中的两种情况，前者属于绩效指标缺失，或者属于绩效指标污染。图 5－1 形象地说明了绩效指标缺失和污染的情形。

在图 5－1 中，A 代表应该考核的工作绩效评价指标内容，B 代表企业实际要求的绩效评价指标内容，交叉阴影部分是绩效评价指标的效度。A 中的空白处是缺失部分，B 中的空白处则是污染。交叉部分越大，绩效评价指标的效度越高，缺失和污染就越少。绩效评价指标的设计和组合，要尽量减少缺失和污染，提高效度。

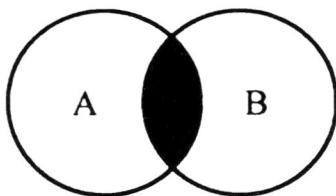

图 5－1　绩效评价指标的缺失与污染

4. 高信度

信度指绩效评价指标的一致性或稳定性程度。如果让两个评价者对同一员工的绩效进行评估，两个评估者均了解评估对象的工作特点、工作表现，而且严格按照要求进行评价，评价出的结果一样或者近似，则反映绩效评价指标的一致性高，即信度高。一般来说，数量化指标的一致性很好，而行为指标的一致性就相对差一些。

绩效评价指标在时间上的稳定性，是指在不同的时间点对绩效进行评价，评价结果应该相同或者接近。举例来说，生产工人在工具设备技术等条件稳定的情况下，产品数量这个指标就相当稳定，在不同的时间点进行评价，得到的结果都非常接近。实际上，在所有的绩效评价指标中，类似产品生产数量这样稳定不变的绩效评价指标只占一小部分，大部分绩效评价指标的时间稳定性并不好。绩效评价指。

标不稳定的原因在于，影响工作绩效的因素是持续变化的，而员工对变化无能为力。

以销售工作为例，每种产品的销售都有淡季和旺季，如果以淡季销售额或者旺季销售额作为全年销售业绩，都不合适。在绩效评价指标的表现随时间波动的情况下，要选择多个时间点进行评价，评价时间点的选择，要有代表性，能够代表绩效评价指标在所有时间的表现水平。

5. 可接受性

绩效评价指标的选择，在保证其效用的前提下，要力求简洁，便于操作和管理，容易被管理者接受。许多公司把绩效评价指标设计得很复杂，有长期的和短期的、有财务性的与非财务性的、有战略性的和运营性的、有个人的和组织的等，无所不包。为了应付许多挑战，采用各种指标引导员工行为，这种做法可以理解。但是，需要设法保持绩效评价指标的简明性，限制指标的数量，防止面面俱到。保持绩效评价指标简明性的基本思路是抓住关键价值驱动因素，设计关键绩效指标。

绩效评价指标还应当被员工接受。员工是否接受绩效评价指标受两个方面影响。第一个方面是绩效评价指标的效度，第二个方面是绩效评价指标是否公平。绩效考核指标的效度不高，出现污染或者缺失的情况，员工会有不满情绪。当考核指标出现严重污染时，员工认为他们被迫做很多无用功，尤其会表现出不满情绪。绩效评价指标的公平性，是不同岗位员工比较后的主观评价。如果员工认为自己的考核指标比他人多，要比别人付出更多努力，而制造这个不平等的责任者是企业，则容易滋生抱怨。

（二）绩效评价指标设置的基础工作

通过工作分析明确工作职责，是设计绩效指标的基础性工作。在美国，大约有90%的工作分析是为了进行绩效考核。尽管一项工作包括的内容可能相当繁杂，总是可以把它们归结为几个类别。工作职责通常在工作说明书中有明确规定。一项工作包括几个互不相同、彼此独立的工作领域。工作职责相对稳定，不随考核年度变化。

工作职责的作用好比标签，把具体工作内容划分为几个模块，并表明任职者对哪些领域的工作结果负责，因此，这些领域也被称为工作成果领域。

下面以一个具体的工作岗位为例进行分析。某企业人力资源经理的工作描述规定了工作职责领域，该人力资源经理要在以下几个领域内取得工作成果。

1. 人力资源规划

根据公司长期和近期发展制订人员需求计划，以及满足需求的对策。

2. 招聘选拔

发布招聘广告，对应聘者进行面试，组织进行综合评价。

3. 员工发展

识别培训需求，制订培训计划，并负责组织实施。

4. 薪酬管理

设计并实施薪酬系统，保持薪酬激励的有效性。

5. 绩效考核

负责绩效考核系统的科学、公证，并监督执行。

在这个人力资源经理的工作描述中，每项工作职责就像一个标签，表明其工作职责领域。通过阅读工作描述，我们还不知道企业要求该经理在每项工作职责之内具体做什么，不知道他的工作绩效如何评价。在阅读工作说明书的时候，我们能够做的就是识别出每个工作岗位的工作职责，确定任职者应当在哪些工作领域之内输出工作结果。

工作职责不是目标。工作职责比较稳定，而目标却经常发生变化，至少每年的工作目标都不相同。仍然以人力资源经理工作为例。"负责设计和实施薪酬管理系统，保持薪酬激励的有效性"是人力资源经理的一项工作职责，它可能在 5 年前就被列入工作描述当中了。但是，在每个年度，企业对该项工作职责要求的目标结果都不一样。例如，企业把提高产品质量作为追求目标，薪酬激励的目标之一就是引导和强化节约成本的工作行为。当企业把追求顾客满意作为目标时，则薪酬激励要支持和强化满足客户需要、提高顾客满意度的工作行为。

经历一段比较长的时间，工作本身会发生变化。假如工作说明书是 5 年前、甚至 10 年前编制的，有些重要工作职责仍然存在，但工作内容已经发生了变化。在很多企业，工作内容变化没有及时反映到工作描述文件中去。工作职责发生变化，意味着要求员工取得结果的领域发生了变化，原来的工作成果领域增加了，或者减少了。例如，随着 IT 技术发展，企业内部网络的实现，很多企业要求人力资源部为员工提供自助式服务。比如培训课程目录的编制、学习课程的自由选择、福利计划有选择性的登记和申请、员工态度调查、住址和电话变更、公司政策查询、内部职位空缺公告等等。因此，企业在一定时期内应定期进行工作分析，更新工作说明书，明确工作职责。

主要工作职责，也就是关键工作领域发生了变化，绩效考核要求的成果领域也要随之发生变化。

对关键工作领域的识别和更新，一般通过工作分析来完成。识别关键工作领域，要综合考虑企业组织面临的各种问题，不得有疏漏。当分析企业高层管理职位时，尤其要从企业整体层面考虑主要工作职责。绩效考核所包含的企业所有成员的工作内容，要涵盖企业应当担负的所有责任。而且，被纳入考核范围的所有工作职责成为一个有机整体，直接影响企业的成败。因此，识别一个岗位的工作职责，要从全面出发，分析一个岗位怎样为促进企业整体成功作出贡献，而不能只见树木不见森林。设计绩效考核的关键绩效指标，须遵守增值产出的基本原则，所谓增值，就是考核内容能够促进企业整体成功。具体地说，也就是与获取客户、满足客户需求、获取资源和提高生产率相关联。这种联系越紧密，则个人努力就越能通过企业的总体产出结果中体现出来。如果每个员工都能够明白绩效考核系统所设计的个人努力与企业成功之间的关系，员工就能够更多努力，采取更加有效的方式支持企业成功。

二、绩效评价标准

绩效评价指标强调的是从哪些方面对工作产出进行评价，而评价标准注重的是在各项指标上分别应该达到什么样的水平。指标解决的是评估什么的问题，而标准解决的是要求被评估者做到什么水准、完成多少以及达到什么程度的问题。

（一）基本标准与卓越标准

基本标准。基本标准就是合格标准，是对评估对象的基本期望。是通过努力能够达到的水平。每个工作岗位的基本标准，都可以描述为达到某种限度。设置基本标准的目的是判断员工的工作是否能够满足基本要求。是否能够达到基本标准方面的绩效信息，主要用于非激励性的报酬决策，比如基本的绩效工资等。

卓越标准。是指对评估对象没有做强制要求，但是通过努力，一小部分人能够达到的绩效水平。卓越标准的描述没有限度，没有天花板，是没有止境的。

达到卓越标准，需要超越常人的能力或者努力，或者两者的结合。所以，卓越标准不是人人可以达到的。设置卓越标准的主要目的是识别角色榜样，提供努力的方向。也许，随着技术和管理的进步，今天的卓越标准，会成为明天的基本标准。是否达到卓越标准的绩效信息，主要用来决定激励性的待遇，比如额外的奖金、分红、职位晋升等。

（二）设计绩效评价标准需要注意的问题

考核标准的设置压力要适中。基本标准要达到的水平，要使所有能够胜任本职工作的人有一定压力，在这种压力下，经过努力或者挖掘潜力能够实现规定的基本绩效标准。而卓越标准，只有非常优秀的员工才能达到。设置基本标准，要避免给员工压力过大。如果基本标准太高，多数人感到可望而不可即，精神过度紧张，导致工作变形，效率反而下降。长期在高压下工作，会导致缺勤、高离职率。基本标准的水平高低，要有利于发挥员工潜力。

绩效标准的稳定性和变化性。绩效标准一旦设立，并证明是适当的，就要保持相对稳定。不能随领导的意志而变化，否则会丧失其权威性。当然，随着技术和管理的变化、企业间竞争加剧，会对考核标准进行修改和调整。例如，一个生产型企业引进了先进的生产设备，劳动生产率大幅度提高，就要对原来的绩效标准进行调整，将计件奖励额度根据新的标准重新设定。

对于一个新企业来说，确定或者调整绩效标准，可以参考同行的经验，或者使用标杆学习的办法，参照国内或者国际先进企业的标准。在竞争条件下，参考竞争对手的标准，也不失为一个好的方法。

可见，绩效评价指标与绩效标准的侧重不同，但两者都同属于绩效目标的范畴。换言之，制定绩效目标的主要工作是指绩效评价指标和绩效标准的制定。

第二节　结果导向的评价指标

工作结果，指的是通过工作得到了什么结果，比如企业生产工人安装了多少台汽车发动机、销售员卖出了多少台个人电脑、学生掌握阅读技能的熟练程度、医生完成了多少外科手术等。为了评估员工的工作结果，首先需要弄清楚三个问题：①员工必须在哪些领域付出努力；②在每个领域之内，我们期望员工达到什么目标；③工作结果如何评价，以及如何对良好绩效与不良绩效进行区分。结果导向的评价指标是基于预先制定的可衡量的目标。在正式绩效考核之前，管理者和下属面对面讨论工作职责，设置工作目标，并就如何测量工作绩效达成一致意见。在讨论过程中，他们一起决定应该对哪些领域给予特别关注，在每个领域应该取得什么结果，以及对结果怎样评价。

一、结果导向评价指标的主要类型

尽管企业可以使用多种指标进行绩效评价，衡量工作产出结果的评价指标主要有四类：质量、数量、成本和时间。

1. 质量

质量是企业竞争的基础。提高产品和服务质量是整个绩效考核和绩效管理的主要目标。以产出质量为评价指标，意味着要关注那些表示质量达成状况的指示器。

质量指标可以是客观的，也可以是主观的。销售代表的产出质量可以使用主观评价指标，比如顾客满意反馈。同样一个销售代表的产出质量也可以用客观的评价指标，比如顾客抱怨次数、顾客保留数量、顾客引荐数量等。质量评价指标越是客观具体，在绩效面谈中就越有说服力。而且，质量绩效方面的数据，可以直接用来为质量改进决策提供科学依据。

2. 数量

数量是四类评价指标当中使用最频繁最方便的绩效评价指标。它提供多少、发生频率、周期长短等计数方面的信息。使用数量指标虽然方便，但是，仅仅使用数量，并不能准确反映目标完成的情况。例如，仅仅考虑医生完成手术的数量而不评价手术质量是不恰当的。单纯追求数量还导致意想不到的后果，急功近利、华而不实、浮躁甚至造假等都会随之而来。

3. 成本

在知识经济时代，产品和服务成本仍然是竞争主要筹码。那些希望向顾客提供物美价廉产品和服务的企业，设计出各种成本指标对员工进行考核。成本指标的表现形式很多，如：总成本、单件产品成本、人工成本、采购成本、经营成本、招聘成本、时间成本、机会成本。

4. 时间

此类指标提供工作产出速度快慢方面的信息。顾客需要企业提供产品和服务更好、更快、更便宜。这些都与时间有关。而且，随着技术进步，特别是 IT 技术进步，不同企业在时间速度上的竞争更加激烈。不同的企业都想方设法进行组织、管理和技术变革，力图使自己的反应更快、更敏捷。

二、结果导向评价指标的综合应用

尽管结果导向的评价指标可分成质量、数量、成本、时间等不同类型，但在实际的绩效评估活动中，通常是根据部门及工作的不同特征设定综合性的结果导向的评价指标系列。也就是说，在评价某部门或某岗位人员工作的结果绩效时，往往既包含质量，也包含数量、成本或时间等结果指标。下面以举例形式说明结果导向评价指标的综合应用。

AA 公司是一家大型的工程机械制造和销售公司。该公司车间主任的绩效评价指标包括结果评价指标与过程评价指标。在结果评价指标中包括了成本、质量、时间的综合指标，见表 5-1。

表 5-1　车间主任工作绩效的结果导向评价指标举例

指标类型	指标要素	主要内容
成本	生产消耗控制	生产消耗指标达标
	产品降价控制	发出产品因质量问题降价在 2000 元
	生产安全	安全事故造成的经济损失千万分之一以下
质量	产品质量控制	废品率达标，或 1 批次产品出现 100~150 个不合格品
时间	生产进度	按时完成生产计划，确保生产期

BB 公司是一家大型的化工品生产和销售的上市公司。该公司的技术设备经理与生产经理工作绩效的结果评价指标分别如表 5-2 和表 5-3 所示。

表 5-2　技术设备经理工作绩效的结果导向评价指标举例

指标类型	指标要素	主要内容
成本	投资资本回报率	三年内年均 20%
	设备修理费控制	控制在预算范围内
质量	设备完好率	90%~95%
时间	主要装置非计划停工时间	低于 20 天

表 5-3　生产运行经理工作绩效的结果导向评价指标举例

指标类型	指标要素	主要内容
成本	投资资本回报率	三年内年均 20%
	吨产品加工成本	控制在预算之内
	综合能耗	达标
质量	优质品率	95%
	产品差别化率	达标
数量	产品产量	按时完成产量目标
时间	生产进度	按时完成生产计划，确保生产期

GG 公司是一家制造和销售啤酒的上市公司。公司以结构一体化、资源集约化、分工专业化、执行一致性为原则，将组织结构设置为三大中心：投资中心、营销中心、制造中

心。三大中心各自设立直线和职能部门，在对各部门经理的绩效考核中都包含结果导向的绩效评价指标。例如，在营销中心，人力资源部经理设定的结果导向绩效指标包括：①人力成本投入与产出比。人力成本是运营成本的重要组织部分，人员的冗余、人岗不匹配、没有绩效产出等，最终体现在人均投入产出比上。计算公式＝销售收入/人力成本，根据目标完成率核算绩效得分；②合理控制人员编制总额，不超出年度人员编制预算；③动态满足业务单位总体需求满足率达到95%以上。由于营销业务人员的工作压力大，人员的流动性比较大，很容易出现人员不能汇编运行的情况，使业务单位的工作陷于被动。人力资源部履行营销人员招聘、培训、内部交流等职能，必须及时满足业务单位的人员需求。

第三节　过程导向的评价指标

工作结果产出是工作业绩，但不能将工作结果与工作产出等同起来。工作行为，指的是在工作中实际做了什么，比如安装企业发动机的部件、销售个人电脑、实施外科手术、教小孩子阅读技能等。他们认为，绩效可以定义为行为的同义词，绩效不是行为的结果，绩效就是行为，是与组织目标相关的，而且可以按照个人的能力进行评价的行为。与强调工作行为相关的是能力要求，即履行工作岗位职责的胜任力。

强调绩效行为和能力的观点，主要是出于以下几方面的考虑。

第一，在很多情况下，工作结果并不完全反映工作能力或者努力程度，而是反映与人无关的其他因素在起作用。在经济萧条时期，销售员的产品销售量大幅度下降，并不表示他缺乏能力或者没有付出努力。

第二，尽管部门主管努力做到公平，仍然存在机会不平等的情况。有的员工机会更多，更容易取得显著工作结果，有的员工则没有那么幸运，或者工作难度更大。两个销售员分别负责在不同的区域进行销售工作。其中一个是成熟的市场，一个是有待开发的市场。如果给两个人下达的要求是一样的，显然有失公平。

第三，不是所有的工作绩效都能用结果来表示，或者工作绩效难以用结果表示。例如民航客机上的服务员，她们的工作就很难以用工作结果来表示。

第四，只问结果不管过程的考核，对改进工作帮助不大，绩效改进需要个人工作过程方面的信息。

因此，在评价绩效时，行为和能力指标不能被忽视，研究工作行为和工作能力也就成为必要。

一、任务绩效行为与周边绩效行为

1. 任务绩效行为

任务绩效指与组织核心流程直接相关的行为，换言之，任务绩效指所规定的行为或与特定的工作密切相关的行为。当雇员在组织核心技术流程中使用其技术技能和知识来生产产品或提供服务，或者完成特定任务以支持这些核心职能时，他们就展现出其任务绩效。任务绩效有两种类型：第一种类型是由将原材料变成组织的产品和服务的活动构成。这些活动包括：工厂流水线工人加工产品，教师授课，医生做手术，银行职员做出纳等。第二种类型是服务和维持核心活动，其中包括原材料的补给，产成品的流通，以及提供重要的计划、指导、监督，以提高员工的生产效率。由此也进一步表明，任务绩效与组织的技术核心具有密切关系，这种关系表现在技术执行的过程中，或者技术需要的维持和服务中。

任务绩效行为直接或者间接帮助实现企业目标，与部门职能和工作岗位有关，并随部门和岗位而不同，是工作岗位预先定的角色行为。

2. 周边绩效行为

周边绩效指自发的行为或与组织核心流程非直接相关的行为。换言之，周边绩效行为属于工作岗位角色之外的行为，超越工作职责描述规定的范围，在不同的部门和岗位，它们看起来都比较相似，能促进组织气氛、社会关系和心理环境的行为。尽管这些行为对组织有益，但它们并不是工作的正式部分，是自觉自发的行为。

周边绩效不是直接的生产和生活服务互动，而是构成组织的社会、心理背景行为，包括自愿的行为、组织公民行为、亲组织行为、组织奉献精神以及与特定作业无关的绩效行为。当雇员主动帮助落后的同事，采用各种方法来维持良好的工作关系，或者为使一项任务按时完成而付出额外努力的时候，他们就展现出其周边绩效。周边绩效包括五个方面：①主动执行不属于本职工作的任务；②在工作时表现出超常的热情；③工作时帮助别人并与别人通力协作；④遵守组织的规章制度；⑤履行、支持和维护组织目标。简而言之，即为对他人的支持、对组织的支持和对工作的态度。

工作奉献行为包含努力、主动、坚持和自律，预期能提高员工和管理者个体的效率。相应地，测评工作奉献行为的项目如①加班加点，确保工作按时完成；②关注重要细节；③加倍努力；④要求承担具挑战性的工作；⑤自我提升，自我管理；⑥主动解决工作困难；⑦坚持克服困难，按时完成任务；⑧热情解决工作问题等。

人际促进行为包括互助、体贴和协作，预期能减少组织成员的摩擦，营造一种促进任务绩效的群体心理氛围，促进组织内部合作，从而提高群体工作效率。相应地，测评人际行为的项目如：①在同事取得成绩的时候，表示由衷赞赏；②当员工遭遇个人挫折时，予以鼓励和帮助；③如果采取的行动可能影响他人，预先告知他人；④说一些能使他人感觉愉悦的话；⑤促使同事和睦相处，求同存异；⑥平等待人；⑦主动帮助他人等。

虽然，单纯的周边绩效行为在一定阶段和一定情形下，不太可能为员工带来加薪、晋升的好处，但员工的周边绩效能影响上级评价员工对组织的贡献以及晋升潜质。

企业当然希望员工帮助别人、与同事合作、愿意完成不属于个人职责的任务等。但是，这些并不属于工作的正式组成部分。考核指标的设计和执行，要妥善处理任务绩效行为和周边绩效行为之间的关系。两种行为都应当得到鼓励，但要安排好优先顺序。首先得到鼓励的是任务绩效行为，然后才是周边绩效行为。如果员工的本职工作没有做好，却把大量精力放在周边绩效行为上，就是本末倒置。假如这样的员工受到鼓励成为其他人学习的榜样，则整个企业的工作将陷入混乱状态。

许多管理人员评价下属绩效，都很重视周边绩效。管理者认为周边绩效表现出一个人的工作积极性、责任心，是高素质员工应该具备的美德。所以，他们认为，在考核时考虑周边绩效，是对下属进行全面评价的一个好办法。问题在于，员工是否知道周边绩效影响自己的绩效考核分数？在多数情况下，员工并不知情。管理者并没有将自己的期望传递给下属。这可以帮助解释为什么员工对绩效评价结果和上级产生分歧。假如管理者将周边绩效行为纳入考虑范围，应该以书面方式规定下来，并及时传达给下属。

如果在考虑设计绩效行为指标时，就需要将包括任务绩效行为和周边绩效行为一并考虑。自 20 世纪 80 年代以后，人们常常将工作行为，特别是任务绩效行为与胜任力联系起来。以胜任力来表示工作行为，成为绩效考核的一个新特征。

二、胜任力

1. 胜任力的基本内涵

在绩效考核中，人们常把工作表现和胜任力联系起来。

潜在特征，是指存在于个体性格中比较深层的，并且比较持久的能力，可以通过它来预测个体在各种条件下和工作任务中的行为。

因果关系，是指能力可以产生或者预测行为和业绩。

斯宾塞和斯宾塞定义中的绩效，有参照标准。参照标准是按照具体的标准来衡量，可以预测谁做得好，谁做得不好。

在这里，胜任力可以是动机、特质、自我概念、知识、态度、价值观、认知技能和行为技能。总之，是任何可以被评价的个体特点。它们可以用来区分业绩优秀者和业绩平平者，或者区分有效业绩者和无效业绩者的个人特点。

动机。是驱动人去做的动力，它指导人追求一定目标，避开其他方面，并维持追求特定目标的行为。所追求的目标，能够满足人的需要。例如追求成就感的成就需要，就是动机。

特质。是个体身上所特有的、稳定的、使个人以特定方式对环境做出反应的特点。比如一个人的反应速度、眼睛的视力、身体力量，就是生理特质。一个人具有很好的自我控制，能够控制个人情绪，对他人或者相应的事件情绪反应稳定，则是比较复杂的个人特质。

自我概念。是一个人的态度、价值观和自我意向。一个人觉得自己在所有的情景中都有能力胜任工作，或者通过学习能够胜任工作，就是自信。认为家庭很重要，工作不过是谋取生活资料的手段，则反映一种价值观。

知识。是一个人在特定领域所掌握的信息。知识胜任力比较复杂，知识测验分数对绩效的预测往往不准确，这是因为测验的知识和实际工作中运用的知识并不一致。

技能。是一个人熟练完成身体动作或者完成智力活动的能力。牙科医生熟练地给病人补牙而不损坏神经，机械师快速查询机器故障并修理好，都属于动作技能。分析思维、概念思维等都属于认知技能。

在斯宾塞和斯宾塞的定义中，胜任力与行为是同义词。每项胜任能力的定义，均以工作中的典型有效行为或者无效行为进行描述，并辅助一具体实例。

2. 胜任力识别方法与应用

个人工作胜任力的考核项目，以岗位工作为基准进行设计。对岗位胜任力的识别，研究者通常使用行为事件访谈法（BEI），或者使用问卷法，并采用任务分析法作为补充。为了方便起见，有很多企业使用问卷法。

使用行为事件访谈法识别要考核的工作行为。首先，依据以往的业绩考核成绩、评优记录以及上级领导的推荐意见等，在目标岗位的众多任职候选人中选择一部分表现优秀者和一部分表现一般者。然后，由受过专门训练的访谈者对任职候选人进行行为事件访谈。访谈过程中采用"双盲访谈"，被选取的任职候选人和访谈者事先不知道候选人属于表现优秀组还是表现普通组。这样就有效避免了先入为主的偏见。

行为事件访谈的灵魂在于请访谈对象讲述工作过程中发生的"真实故事"。访谈对象通常被要求回忆他在本岗位工作中几个成功的事例以及不成功的事例。鉴于许多人的回答往往会比较笼统、泛泛，重要细节又简单带过等不足，使得访谈没有收集到足够有价值的信息。因此，行为事件访谈成功的关键又在于"追问"。有经验的访谈专家会用一系列的追问来刨根问底、采集具体而详实的信息。例如：当任职者谈到他曾经为改善公司质量管理做出过贡献，访谈专家就会询问"当时的情况是怎样的？""这件事情有哪些人员参与？你在其中是什么角色？""你采取了哪些具体措施？最后效果怎样？""在整个事情中遇到了哪些困难？又如何解决的？"等很具体的问题。同时还可以要求访谈对象提供领导、同事或客户等见证人，以便做深入了解。

访谈完毕，对访谈获得的信息进行整理、分析，将获得的工作行为"编码"为胜任力特征。例如，优秀销售人员在叙述其成功经历时多次提到通过诚信感动客户的事例，而业绩平平的销售人员则很少提及，就可以断定诚信是该企业销售人员的重要胜任力之一。此后，对选定的素质进行定义、分级，对每一等级进行行为描述。

通过行为事件访谈与分析，能够准确识别胜任某一（类）岗位的真正的、关键的行为、能力要素。比如：人们常常认为性格外向的人擅长做销售，但实际上性格内向的人凭借其稳重、善解人意往往也能取得优异的业绩，因此性格外向往往并不是销售人员的关键素质。又如：许多企业在招聘研发人员时，非常关注其现有知识和技能水平，但是实践表明：优秀研发人员的重要素质是成就动机、学习愿望与学习能力、团队合作、思维能力等方面。

识别胜任力，要考虑企业的"个性"。企业的战略目标、发展历程、组织文化、核心价值观都与员工工作行为密不可分，并且通过员工的行为成为现实的客观存在。

问卷法。行为事件访谈法的缺点之一是工作量很大，同时针对众多岗位进行行为事件访谈，就很困难。这时，问卷调查法就是可以采用的替代方法。使用问卷法，事先把胜任力纬度设计好，然后让各岗位任职者根据工作中的表现情况进行评分。例如，"成就动机在多大程度上能够区分优秀销售员和一般销售员"，请根据区分程度打出 5 分、4 分、3 分、2 分和 1 分。

绩效的行为和胜任力的观点，把人们的视线从工作结果引导到工作过程中表现出的行为和能力。自此，绩效管理关注的内容，除了工作结果，还有工作行为和能力。在绩效诊断和改进阶段，人们更多地分析工作过程中的行为和能力是怎样导致不理想绩效的。绩效管理对行为能力的关注，使企业管理者更愿意分析工作过程，并为员工提供培训、教练和指导。

第四节 过程与结果评价的动态平衡

绩效的两种观点，一种是：绩效是结果，另一种是：绩效是行为。前一种观点观察工作结束后的状态和产出，而后一种观点则关注工作的过程。其实，这两种观点并不矛盾，而是相辅相成，共同构成一个全面的绩效观。

一、结果与过程的结合

毫无疑问，绩效首先是结果。如果忽视结果，就谈不上满足客户需要，更不要说实现企业目标了。但是，当产出结果不足以代表员工的工作绩效，就应当将行为能力等过程变量纳入考核管理的视野，甚至用行为取代结果。当考核的目标是为了改进工作、发展能力和矫正行为时，也把行为能力作为考核内容。

考核员工绩效，只要有可能，就把结果作为考核内容。出于在过程中把握控制绩效产出的考虑，企业开始考核工作行为和能力。于是，工作绩效的混合模型产生了。除了工作的最终结果，它还包括了工作过程中的行为和能力。

在多数混合模型中，结果绩效是数量化的、指向过去的和与部门目标相联系的，它主要考虑短期，考核结果主要用于奖励决策。对胜任力的评估多半是定性的，考虑长期绩效和未来导向，主要用于绩效改进和职业发展规划。

绩效考核的混合模型，比较适合应用于以下几种环境：

1. 不确定环境

在不确定和迅速变化的环境中，工作结果几乎不受员工控制，目标结果常常受无关事件的控制，比如石油销售极大地受销售价格波动的影响，当原油价格从 35 美元上涨到 50 美元时，销售量大幅度下降。在类似的情景中，绩效评估应该做的是考察员工有没有尽其所能完成他所应该做的事情，是否表现出所要求的工作行为，而不是评价他是否完成了目标结果。员工越是不能控制结果，就越应该根据胜任力进行绩效评估。

2. 服务性工作

很多服务性工作没有可以测量的结果，这时，定性的工作技能，也就是胜任力，就是最好的绩效指标。对于航班上空中服务人员来说，工作绩效应该根据对顾客微笑、对顾客的要求表现出耐心和周到、在情况危机时保持镇定等胜任行为进行评估。

3. 自我管理团队

在很多企业组织中，团队合作，也就是与其他不同的人一起工作的能力，变得越来越重要。在团队工作中，个人工作结果不如对团队做出的贡献更为重要。在这种情况下，放弃评估个人工作结果，对个人团队合作的胜任力进行评价，应该是更好的选择。

强调长期发展比短期目标更重要。如果一个企业更看重长期发展，希望通过员工发展取得更好的长期业绩，而不是仅仅看重过去和当前的业绩，适合采用混合绩效模型。

二、环境的影响

从绩效管理的角度看，引进胜任力之后的混合模型并没有完全解决问题。因为，对工作过程的研究发现，除了员工的行为和能力，影响工作绩效的还有其他因素，比如机器设备的状态、原材料的质量、噪音、温度等。这些因素，被称为环境因素。

工程心理学研究结果表明，环境方面的消极特征，比如噪音太大、温度太高或者太低对人的身体有害，另外，照明、空气质量、拥挤程度等则对工作绩效有影响。这些因素通过影响个体发挥知识、技能，降低工作积极性等对工作绩效发挥抑制作用。

组织行为学和人力资源管理研究也表明，工作任务高度专业化及单调可能提高劳动生产率，也可能降低生产率；目标模糊或者难度太高，将不利于目标的实现；工作职责不清、互相扯皮，将同时降低工作积极性和工作效率；人际关系复杂、管理风格简单粗暴、工作群体缺乏凝聚力将消解员工的上进心和敬业精神；组织奖励制度的混乱、官僚主义盛行等组织特点会使员工偏离努力方向。

总之，环境因素对工作绩效有很大的影响作用，而员工作为个体对环境因素的影响有限。在现实中，一些管理人员常常无视环境因素，将工作结果完全视为员工工作努力的结果。这种做法是不恰当的。站在绩效管理的角度，考虑到环境因素的影响，管理者应该充分评价结果的同时也充分评价工作行为表现。在充分考虑系统因素对绩效影响的情况下，对行为进行评估还有一个充分的理由：作为个人，既然难以改变环境因素，应该有能力控制自己的行为。在环境不利的条件下，主观上更加努力的员工，必然能够在某种程度上克服不利因素，为企业做出更多贡献。

三、优先顺序和权重

正因为环境因素对工作绩效有很大的影响，所以，在绩效评价中需要将结果与过程相结合，将结果和过程评价指标按照一定比例得到动态平衡。比例的确定主要取决于绩效管理目标、工作性质和要求。例如，在一个生产岗位，工作结果可能占了考核内容的90%。在另外一个极端，比如纯粹服务性岗位，行为和胜任力可能会占考核内容的100%。对不同的绩效管理对象，绩效评价指标的重要性也不同。它们有轻重缓急之分。在具体设计和确定绩效评价指标时，需要同时确定每个绩效指标的权重，或者标出优先顺序。在每个考核年度的开始，员工都应该知道，在所有绩效指标当中，什么是最重要的，什么是不那么重要的。这样便于员工合理分配时间，知道应当在哪里付出最多努力。设置绩效评价指标权重并与员工沟通，可以使员工做出对自己有利的选择。

结果导向和过程导向的评价指标一般构成绩效评价的一级指标，而结果导向和过程导向的评价指标分别又有若干子指标构成，这种子指标又称之为二级指标。不同级别和不同内容的评价指标反映不同的侧重点和作用。绩效评价一般由多种绩效评价指标构成，如图5－2所示。

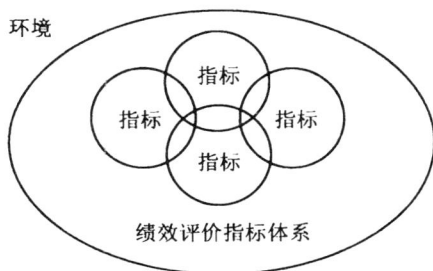

图 5-2　绩效评价系统框架

假设有一个情景：两个员工做同样的岗位工作，其中第一个人完成了所有五项绩效指标中的四项，而第二个人完成了所有绩效评价指标中的一项目标，也是第一个员工没有完成的目标。那么谁对企业的贡献大呢？是否完成目标多的员工贡献更大呢？未必！当第一个员工没有完成的目标权重超过 50% 时，则第二个人的贡献更大些。设置权重或优先顺序，是为了保证最终的绩效评估结果准确反映个人为企业做出的贡献大小。

确定绩效评价指标权重的方法一般分为定性和定量两类。常用的定性方法是专家意见法和德尔斐法，定量方法主要是层次分析法（AHP 法）。

1. 专家意见法和德尔斐法

（1）专家意见法

这种方法又分为专家个人意见法和专家集体意见法。

专家个人意见法主要由企业高层管理者根据个人的管理经验和认知，对员工绩效指标确定不同的权重。这是一种简单灵活的权重确定方法，一般适合于小型企业或处于初创期的企业。由于这种方法集中于某个人的意志和智慧，如果面对较复杂的指标体系，则容易导致主观偏差，影响绩效考评效果。

专家集体意见法，一般是通过组成专家评估小组，由小组讨论形式来确定绩效指标权重。专家可以由企业管理实践管理专家构成，也可以由企业管理实践管理专家与外聘的理论或咨询专家共同沟通。这种方法汇集多人的知识、经验和智慧及信息，具有较高的客观性和可信度。但这种方法受到面对面的专家之间的影响和压力，屈从于某些权威或领导的意见，不能充分发挥集体成员的作用，从而影响权重决策的效果。

（2）德尔斐法

它是一种是背对背的集体决策咨询方法。它不需成员正式出席会议，一般通过匿名的通信联系，群体成员各自充分发表自己的观点，然后以系统的、独立的方式综合他们的判断。它可以避免面对面的来自于成员的影响和压力，克服为某些权威左右的不足，提高预测的可靠性。德尔斐法的主要目的是通过一系列精心设计的问卷获取专家成员的一致意见。德尔斐法最大的特点是匿名、反复的知识启发、去除差异、提倡群体反馈，这些都是有效的群体决策所必需的要素。与其他计划和预测方法不同的是，德尔斐法的目标不是获得唯一的答案或者形成共识，而是从专家组中获取尽可能多的高质量方案以提高决策水平。

德尔斐法最早由美国兰德公司研究提出。在 20 世纪中期，兰德公司进行了一系列的德尔斐研究实验。实验表明，德尔斐法既可以作为预测研究工具也可以作为学习工具。当专家组成员是战略决策者时，德尔斐法成为群体的预测工具，确保在界定环境和资源限制下得出最理性的战略。作为合作性的学习练习，德尔斐法包含的理念是群体的整合力量大于各部分力量的总和，因而鼓励团队合作和群体决策。此外，德尔斐法使个人更倾向于为项目的最终成功而努力。有控制的反馈和匿名的交流使专家组成员能够不断调整各自的看法而不必公开承认，因此鼓励他们更大胆的发表个人观点而不是小心翼翼的提出制度化的观点。德尔斐法在 20 世纪 60 年代开始广泛应用。

2. 层次分析法（AHP 法）

它是帮助决策者在决策过程中确定优先秩序的一种灵活而有效的方法，20 世纪 70 年代由美国宾夕法尼亚沃顿商学院研究提出。这种方法将决策者的经验判断予以量化，从而为决策者提供量化的决策依据。应用 AHP 法确定绩效指标权重，需要将绩效指标分解为一个多级指标体系，在同一层级上，根据其确定的相对重要性等级见表 5 - 4，进行矩阵式的两两比较，然后，按照计算下面公式（1）计算出每项指标的权重。

表 5 - 4　相对重要性等级

等级序号	定　义
1	两者相等
3	一个比另一个稍重要
5	一个比另一个较重要
7	一个比另一个重要得多
9	一个比另一个非常重要
2，4，6，8	以上两相邻程度的中间值，需要折衷时可考虑使用

$$W = \frac{1}{n}\sum_{j=1}^{n}\left(a/\sum_{i=1}^{n}a_{ij}\right)B$$

（1）

层次分析法将专家的经验判断与理性分析相结合，通过两两比较，并予以定量，将决策判断中的不确定因素尽可能降低，从而提高决策的有效性。

这里，举例说明应用 AHP 法制定绩效评价指标的权重。假设某公司设定专业技术人员的工作行为和能力的评价指标有：A——进取精神、B——工作责任心、C——团队合作、一专业技能、E——学习能力。该公司的专业人员绩效评价小组应用 AHP 法，对这五个指标进行两两比较，然后采用公式（1），而得的分值如表 5 - 5 所示。由表 5 - 4 可知：5 个评价指标的权重依此是：进取精神 0.05，工作责任心 0.44，团队合作 0.09，专业技能 0.26 和学习能力 0.15。

表5－5 AHP法举例应用的得分值

	A	B	C	D	E	W
A	1	1/7	1/2	1/5	1/3	0.05
B	7	1	5	2	3	0.44
C	2	1/5	1	1/3	1/2	0.09
D	5	1/2	3	1	2	0.26
E	3	1/3	2	1/2	1	0.15
$\sum_{i=1}^{n} a_{ij}$	18	2.18	11.50	4.03	6.83	

（注：由于计算时的四舍五人原因，表5－5中W之和为0.99。）

为避免其他因素对判断矩阵的干扰，在实际中要求判断矩阵满足大体上的一致性，需进行一致性检验。只有通过检验，才能说明判断矩阵在逻辑上是合理的，才能继续对结果进行分析。对判断矩阵进行一致性检验，计算：

$$CR = CI/RI$$

式中，CR 一致性比率。当 $CR < 0.10$ 时，认为判断矩阵的一致性是可以接受的，否则应对判断矩阵作适当修正。CI 为一致性指标，按下式计算：

$$CI = (\lambda_{max} - n)/(n - 1)$$

式中：λ_{max}——判断矩阵的最大特征根；

n——成对比较因子的个数；

计算判断矩阵的最大特征值 λ_{max} 时候，为了避免求解矩阵带来的复杂运算，我们采用如下方法进行近似：

$$\lambda_{max} = \frac{1}{n} \sum_{i=1}^{n} \frac{\sum_{j=1}^{n} a_{ij} w_j}{w_i}$$

将上例中的数字带入上述公式计算得到 $\lambda_{max} = 5.04$

查表得到 $RI = = 1.12$，所以，

$$CI = (\lambda_{max} - n)/(n - 1) = (5.04 - 5)/(5 - 1) = 0.01$$
$$CR = CI/RI = 0.01/1.12 = 0.009$$

$CR < 0.10$，认为判断矩阵的一致性是可以接受的。

第六章 关键绩效指标（KPI）考核的方法

第一节 关键绩效指标概述

一、KPI 的概念

关键绩效指标 KPI 是对公司及组织运作过程中的关键成功要素的提炼和归纳，是通过对组织内部某一流程的输入端、输出端的关系参数进行设置、取样、计算、分析，衡量流程的一种目标的量化管理指标，是把企业战略目标分解为可运作操作目标的工具。关键绩效指标是指衡量企业战略实施效果的关键指标，它是组织战略目标经过层层分解产生的可操作性指标体系。其目的是建立一种机制，将组织战略转化为内部过程或活动，不断增强组织核心竞争力，使组织能够得到持续发展。

实际上，KPI 是根据经济学中非常重要的理论——二八定律进行设定的。二八定律也叫帕累托定律，是 19 世纪末 20 世纪初意大利经济学家帕累托最先提出的。他认为，在任何一组东西中，最重要的只占其中一小部分，约 20%，其余 80% 的尽管是多数，却是次要的，因此又称二八法则。二八定律是一项对提高人类效率影响深远的法则，就是要让有限的时间产生出更多的成果。

在管理学中，通常一个企业 80% 的利润来自它 20% 的项目。因此，企业组织在进行绩效考核或管理过程中，应该紧紧把握住占 20% 的关键要素，抓绩效考核和管理中的主要矛盾和矛盾的主要方面，这样既能实现预期的战略目标，又能节省开支，起到事半功倍的效果。

作为一种绩效考核体系设计的基础，我们可以从以下三个方面深入理解关键绩效指标的具体含义：（1）关键绩效指标是用于考核和管理被考核者绩效的可量化的或可行为化的标准体系。也就是说，关键绩效指标是一个标准化的体系，它必须是可量化的，如果难以去量化，那么也必须是可以行为化的。如果可量化和可行为化这两个特征都无法满足，那么就不是符合要求的关键绩效指标。（2）关键绩效指标体现对组织战略目标有增值作用的绩效指标。这就是说，关键绩效指标是连接个体绩效与组织战略目标的一个桥梁。既然关键绩效指标是针对组织战略目标起到增值作用的工作产出而设定的指标，那么基于关键绩效指标对绩效进行管理，就可以保证真正对组织有贡献的行为受到鼓励。（3）通过在关键绩效指标上达成的承诺，员工与管理人员就可以进行工作期望，工作表现和未来发展等方面的沟通。关键绩效指标是进行绩效沟通的基石，是组织中关于绩效沟通的共同辞典。

二、KPI 考核法的特征

一般来说，关键绩效指标具备如下几项特点：

（一）KPI 指标来自于对公司战略目标的分解

KPI 指标来自于对公司战略目标的分解。这首先意味着，作为衡量各职位工作绩效的指标，关键绩效指标所体现的衡量内容最终取决于公司的战略目标。当关键绩效指标构成公司战略目标的有效组成部分或支持体系时，它所衡量的职位便以实现公司战略目标的相关部分作为自身的主要职责；如果 KPI 与公司战略目标脱离，则它所衡量的职位的努力方向也将与公司战略目标的实现产生分歧。

KPI 来自于对公司战略目标的分解的第二层含义在于，KPI 是对公司战略目标的进一步细化和发展。公司战略目标是长期的、指导性的、概括性的，而各职位的关键绩效指标内容丰富，针对职位而设置，着眼于考核当年的工作绩效、具有可衡量性。因此，关键绩效指标是对真正驱动公司战略目标实现的具体因素的发掘，是公司战略对每个职位工作绩效要求的具体体现。

最后一层含义是关键绩效指标随公司战略目标的发展演变而调整。当公司战略侧重点转移时，关键绩效指标必须予以修正以反映公司战略新的内容。

（二）可操作性：关键绩效指标是对绩效构成中可控部分的衡量

可操作性是指指标必须有明确的定义和计算方法，易于取得可靠和公正的初始数据，同时指标能有效地进行量化和比较，企业经营活动的效果是内因外因综合作用的结果，这其中内因是各职位员工可控制和影响的部分，也是关键绩效指标所衡量的部分，关键绩效指标应尽量反映员工工作的直接可控效果，剔除他人或环境造成的其他方面影响。例如，销售量与市场份额都是衡量销售部门市场开发能力的标准，而销售量是市场总规模与市场份额相乘的结果，其中市场总规模则是不可控变量。在这种情况，两者相比，市场份额更体现了职位绩效的核心内容，更适于作为关键绩效指标。

（三）关键性：KPI 是对重点经营活动的衡量，而不是对所有操作过程的反映

关键性是指应选择对公司价值、利润的影响程度很大的关键指标。每个职位的工作内容都涉及不同的方面，高层管理人员的工作任务更复杂，但 KPI 只对整体战略目标影响较大、对战略目标实现起到不可或缺作用的工作进行衡量。

（四）系统性

KPI 考核是一个完整的系统，在这个系统中，组织、管理者和员工全部参与进来，管理者和员工通过沟通的方式，将企业的战略、经理的职责、管理的方式和手段以及员工的绩效目标等管理的基本内容确定下来，在持续不断沟通的前提下，管理者帮助员工清除工作过程中的障碍并提供必要的支持、指导和帮助，与员工一起共同完成绩效目标，从而实现组织的远景规划和战略目标。

（五）KPI 是组织上下认同的

KPI 不是由上级强行确定下发的，也不是由本职职位自行制定的，它的制定过程由上

级与下级共同参与完成，是双方所达成的一致意见的体现。它不是以上压下的工具，而是组织中相关人员对职位工作绩效要求的共同认识。

第二节　关键绩效考核指标体系的设计

一、确定 KPI 的原则

（一）战略目标导向原则

依据公司总体战略目标及上级目标设立部门或个人具体目标。关键绩效指标是对公司及组织运作过程中实现战略目标的关键成功要素的提炼和归纳，是把公司的战略目标分解为可运作的远景目标和量化指标的有效工具。KPI 一般由财务、运营和组织三大类可量化的指标构成。KPI 是基于战略与流程指定的，对企业长远发展具有战略意义的指标体系。设置 KPI 应将公司远景和战略与部门、个人运作相连接，与内外部客户的价值相连接，体现企业的发展战略与成功的关键要点。

（二）执行原则

KPI 考核能否成功的关键在于执行，所以，企业应该形成强有力的执行文化，不断消除在实施 KPI 考核过程中的各种困难和障碍，使 KPI 考核真正成为推动企业管理创新和提升效益的有效手段。

（三）客户导向原则

强调市场标准与最终成功责任，对于使用关键绩效指标体系的人来说，具有重大意义，并且可对其进行测量与控制。"如何为客户创造价值"是公司的首要任务。客户方面体现了企业对外界变化的反应。对于企业来说，应该明确这些方面所应该达到的目标，然后把这些目标转化为关键绩效指标。

此外，在设定 KPI 的过程中，应该明确责任，强调各部门的连带责任，促进各部门的协调，不迁就部门的可控性和权限。主线明确，重点突出，简洁实用。

二、KPI 的作用

KPI 的作用主要体现在以下几个方面：

（一）有力地推进企业战略

企业的战略再科学，战略目标再合理，也只有在找到正确的落实方法后才有意义。否则，再好的战略也只能是纸上谈兵。企业要落实战略、实现战略目标必须要依靠有效的绩效管理工具。KPI 恰好可以承担这个重任。

由于 KPI 是根据企业的总体战略目标层层分解得到的，企业的战略重点和经营重点都在分解的过程中被传递，直至最终落实到相应具体岗位的员工身上，在这个过程中，战略目标不再抽象，而是变成了具体明确的绩效因素。KPI 就如同一条纽带，使企业目标、部门目标和个人目标一致起来。KPI 可以有效地约束员工的工作行为，发挥战略导向的牵引作用，保证员工做出对企业战略目标有价值的努力和贡献。

（二）保证相关管理决策的客观公正

KPI 的建立能够为企业的价值评价和价值分配体系提供客观、公正的评判依据。KPI 就如同一把标尺，企业通过对员工 KPI 完成情况的考察和评价，可以准确衡量员工是否为企业的价值创造做出了贡献以及做出了多少贡献。从而最大限度地规避各级主管人员因为人为因素造成价值评价的偏差，帮助企业奖励好的绩效行为和绩效结果。

（三）明确工作重点，降低绩效管理的成本

企业一旦确定了当期的关键绩效指标（KPI），就等于确定了绩效管理的重心。那么，企业的整个绩效管理工作就应该紧紧地围绕这个重心。企业的各级管理者和员工就应在日常的工作中重点关注关键绩效指标，把各种资源更多地集中在 KPI 的落实上面，从而有效提高工作效率，避免资源的浪费，从整体上降低企业绩效管理的成本。

（四）有效激励员工

这里说的激励主要有两个层面：

首先，通过 KPI 这个桥梁，具体岗位上的员工和企业的战略联系到了一起。在 KPI 诞生之前，战略对于普通的基层员工来说往往是高高在上、遥不可及的。员工没有机会了解企业的战略，甚至感觉不到战略和自己工作的关联。只是被动地完成着上级管理者布置的工作任务，很难体会到自己所做工作的价值，因此，工作本身对于员工的激励作用并不显著。但如果在绩效管理中采用 KPI，员工就会清楚地看到自己承担的工作对战略的贡献和企业的价值，并可以由此产生一种强烈的使命感和责任感，员工将会在这种使命感和责任感中体会到自己工作的价值，并从中得到有效的激励，从而会以更大的热情投入到工作中去。

其次，由于员工 KPI 的完成情况会直接决定价值分配，员工薪酬中的绩效薪酬部分将主要取决于企业对员工 KPI 完成情况的评价。也就是说员工绩效薪酬的高低与 KPI 考评得分成正比，在这种情况下员工也会受到较大的激励。

三、建立 KPI 指标体系的程序

（一）KPI 关键绩效指标体系与一般绩效指标体系的区别

KPI 体系与一般绩效指标体系的区别可以从假设前提、考核的目的、指标的产生、指标的来源、指标的构成及作用、收入分配体系与战略的关系这五个方面进行比较。如表 6-1。

表 6-1　KPI 体系与一般绩效指标体系的区别

比较项目	关键绩效指标体系	一般绩效指标体系
假设的前提	假定人们会采取一切必要的行动以达到事先确定的目标	假定人们不会采取行动实现目标，假定人们不清楚应采取什么行动以达到目标。假定制定和实施战略与一般员工无关。

续表

比较项目	关键绩效指标体系	一般绩效指标体系
考核的目的	以战略为中心，指标体系的设计都是为战略服务的	以控制为中心，指标体系的设计与运用来源于控制的意图，也是为更有效地控制个人的行为服务的
指标的产生	在组织内部自上而下对战略目标进行层层分解产生	通常是自上而下根据个人以往的绩效和目标产生
指标的来源	来源于组织的战略目标与竞争的需要	来源于特定的程序，以及对过去的行为和绩效的修正
指标的构成及作用	通过财务指标和非财务指标相结合，体现关注短期利益和长期发展的原则。指标本身不仅传达了产生的结果，而且传达了产生结果的过程。	以财务指标为主，非财务指标为辅，注重对过去绩效的评价，且指导绩效改进的出发点是过去绩效存在的问题，绩效改进行动与战略需要脱钩。
收入分配体系与战略的关系	与关键绩效指标的值、权重相匹配，有助于推进战略的实施	与组织战略的相关程度不高，但与个人绩效的好坏直接相关

（二）基于战略性 KPI 地图的 KPI 设计流程

企业在绩效管理中引入 KPI 之后，要真正发挥其对企业绩效的推动作用，科学地设定企业各层次的 KPI 是至关重要的基础性工作。在这个过程中 KPI 的设计方法是否得当显得极为关键。基于战略性 KPI 地图来设计 KPI 可以有效地将战略、流程、部门和岗位更加紧密地贯穿在一起。

1. 企业级 KPI 的确定

（1）制定企业战略目标，明确战略定位

这是设计企业级 KPI 的最根本的基础，也是决定部门和员工岗位层面 KPI 的根本依据。在这个环节上企业需要重点做好 SWOT 分析，并在此基础上准确地进行市场定位，确立清晰的战略目标。

①进行分析

SWOT 分析法最早是由旧金山大学的海因茨·韦里克教授于 20 世纪 80 年代初提出来的。所谓 SWOT 分析，即态势分析，就是将与研究对象密切相关的各种主要内部优势、劣势、机会、威胁等，通过调查列举出来，并依照矩阵形式排列，然后利用系统分析的思想，把各种因素相互匹配起来加以分析，从中得出一系列相应的结论。

SWOT 是由四个英文字母组成的。S：Strength 优势，是在竞争中拥有明显优势的方面。W：Weakness 劣势，是指在竞争中相对薄弱的方面。O：Opportunity 机会，即外部环境提供的比竞争对手更易获得的机会。T：Threat 威胁，主要是指一些不利的趋势和发展带来的挑战。

在具体的操作过程中企业应在充分掌握内、外部信息的基础上，充分利用 SWOT 来认真分析企业自身所具有的相对于其他竞争者的优势和劣势；同时搜集准确的市场信息，客观分析企业所面临的机会和威胁。对自身所处的环境进行全面、系统地分析研究，为战略目标的确立奠定基础。

②进行目标市场价值定位

进行过 SWOT 分析之后，企业对自身和所处的竞争环境都有了准确的认识和把握，这就为企业进行准确的市场定位奠定了基础。在资源和能力的约束下，企业必须作出取舍，然后，选定自己的目标市场，确定自己要做的并且能做得好的，同时综合内外部因素在选定的目标市场上进行合理的价值定位。基于 SWOT 分析和目标市场价值定位的结果，就能够形成企业的战略和战略目标。

（2）分解企业战略目标，提取关键成功要素

企业的战略目标是对企业战略经营活动预期取得主要成果的期望值。战略目标是一种宏观目标，是对企业全局的一种总体设想，它的着眼点是整体而不是局部。它是从宏观角度对企业的未来的一种较为理想的设定。它所提出的是企业总体发展的总要求和总任务。它规定

了整体发展的根本方向，是具有高度概括性的。在设计企业级心的过程中，企业必须首先对高度概括性的战略目标进行分解和细化，找到企业战略目标实现的关键点，确定支撑战略目标的关键成功要素。关键成功要素是企业为实现战略目标必须给予特别且持续注意的一些方面，包括当前及未来影响企业运营活动的成功要素。企业关键成功要素的确定可以采用"特性要因图"分析法，即"鱼骨图"分析法。如图 6-1 所示：

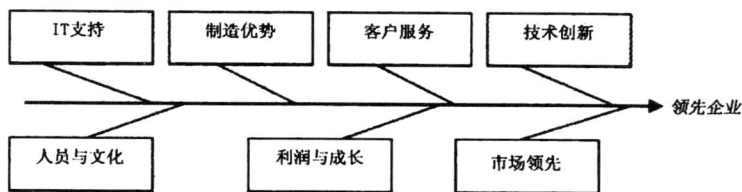

图6-1 利用"鱼骨图"确定关键成功要素

例如，某企业的战略目标是成为目标市场上的领先企业。企业高层领导者采用一定的方法，如头脑风暴法和鱼骨分析法进行研究，从而确定企业的七个关键成功点即关键成功要素。

（3）以关键成功要素为基础，设计企业级 KPI

在明确了保证企业战略目标实现的关键成功要素之后，企业的高层领导者可以在此基础上对关键成功要素进行进一步的细化，从而确定企业的关键绩效要素，这些关键绩效要素就是确定企业级 KPI 的源泉。如表 6-2 所示：

表6-2　关键绩效要素的确定

企业关键成功要素	企业关键绩效要素		
1. 技术创新	1.1 核心技术	1.2 战略一致性	1.3 新产品研发
2. 市场领先	2.1 市场份额	2.2 销售网络有效性	2.3 品牌建设
3. 利润与成长	3.1 短期资产	3.2 长期资产	3.3 利润
4. 客户服务	4.1 响应	4.2 及时性	4.3 服务质量
5. 制造优势	5.1 质量	5.2 成本	5.3 交货
6. 人员与文化	6.1 员工素质	6.2HR 系统有效性	6.3 文化建设
7. ″支持	7.1 集成性	7.2 信息提供及时性	7.3 内部客户满意度

企业在关键绩效要素的基础之上进一步寻找可以支撑这些关键绩效要素的关键性指标，然后对这些关键性指标进行提炼，就能够得到企业级的 KPI 了。

2. 部门级的确定

（1）建立企业级 KPI 和各主要业务流程的关系

找出流程的关键控制点流程是任何企业运作的基础，一个企业所拥有的全部业务都是通过相应的业务流程来驱动的。流程和企业就像是人体和血脉一样密不可分。企业的生产经营活动从本质上看就是一系列主要业务流程的组合，企业的价值创造也是在各业务流程中完成的，企业战略目标的实现与否，在很大程度上取决于各主要业务流程的运行效率和质量。在设计出企业级之后，企业管理者要在企业级 KPI 和各主要业务流程之间建立联系，确定支撑各个企业级 KPI 的流程，明确主要业务流程的工作方向，并在此基础上确定各流程的关键控制点。

（2）确认各主要业务流程与各职能部门的联系

企业各流程关键控制点确定之后，应根据参与各主要业务流程的职能部门的职责确定各部门在流程关键控制点上应该承担的任务重点，建立流程和各职能部门之间的关联，从而在更微观的部门层面建立流程、职能与指标之间的关联。如表6-3所示：

表6-3　确认业务流程与职能部门联系示例

流程： 新产品开发	各职能部门在流程中所承担的任务				
	市场部	销售部	财务部	研究部	开发部
产品概念选择	市场论证	销售数据收集	—	可行性研究	技术力量评估
	—	—	—	—	—
产品概念测试	—	市场测试	—	—	技术测试
	—	—	—	—	—
产品建议开发	—	—	费用预算	组织预研	—
	—	—	—	—	—

（3）部门级 KPI 的设计

经过上述环节之后，企业就需要在建立起来的主要业务流程和各职能部门的联系的基础上，根据各部门承担的任务重点设计部门级 KPI。如表 6－4 所示：

表6－4 部门级 KPI 示例

		测量主体	测量对象	测量结果	指标
绩效变量维度	时间	效率管理部	新产品开发	上市时间	新产品上市时间
	成本	投资部门	生产过程	成本降低	生产成本率
	质量	顾客管理部	产品与服务	满足程度	客户满意率
	数量	能力管理部门	销售过程	收入总额	销售收入

3. 岗位级 KPI 的确定

各职能部门拥有了明确的部门级 KPI 之后，下一步就要设计员工的岗位级 KPI 了。员工岗位级 KPI 设计的主要方法是：根据员工的岗位说明书上列明的岗位职责以及相应岗位的工作产出特点确定各岗位对部门级 KPI 所贡献的绩效要素，然后在此基础上设计各岗位的 KPI。从而最终建立连接企业级 KPI 部门级 KPI 和岗位级 KPI 的链条，将企业高度概括的战略目标细化、传递至具体的工作岗位。

至此，企业在完成了上述环节的工作之后，也就完成了将战略和战略目标逐层分解传递到企业层、部门层直至员工层的整个过程。这样，通过战略性 KPI 地图，企业各层次之间就形成了一个 KPI 链条，以期 KPI 为桥梁，企业战略和企业员工之间就建立了直接而紧密的联系。企业的战略和战略目标不再是高高在上的，也不再是抽象笼统的，而是具体地细化到了岗位和员工。采用战略性地图设计，KPI 可以保证员工的工作方向和绩效行为的准确性和有效性，从而极大地降低了企业绩效管理过程中发生战略偏移的可能性。

（三）设定 KPI 考核指标

KPI 指标的建立有两种最基本的方法：（1）确定 KPI 指标以岗位职务说明书为基础，详细了解岗位工作内容并找出主要工作，在能够反映被考评人的所有评价指标中，选择最重要的 5~8 个最能反映出被评人业绩的评价指标作为 KPI 指标。制定 KPI 指标应兼顾公司长期目标和短期利益的结合。（2）在制定岗位而指标时采取硬指标和软指标相结合的方式，对被考评人进行全面考评，以助于衡量被考评人的全面绩效。硬指标是以统计数据为基础，把统计数据作为主要评价信息，通过硬指标计算公式，最终获得数量结果的业绩考评指标。软指标是由评价者对被考评人业绩作主观的分析，直接给评价对象进行打分或作出评判的业绩考评指标。

（四）审核关键绩效指标

（1）工作产出是否为最终产品？（2）关键绩效指标是否可以证明和测量？（3）多个评价者对同一个绩效指标：评价，结果是否能取得一致？（4）这些指标的总和是否可以解释被评价者80%以上的工作目标？（5）是否从客户的角度来界定关键绩效指标？（6）跟踪和监控这些关键绩效指标是否可以操作？（7）是否留下超越标准的空间？

（五）KPI 考核的实施与监控

KPI 考核的实施过程中可能会碰到很多意想不到或者不够科学合理的问题，这时就需要对原有的指标和标准进行一定的调整和控制，以保证考核的科学有效，不过这种调整在一段时间内只能是微调，大面积的调整会引起员工情绪的不稳定，不利于人力资源政策的有效实施。

第三节　KPI 体系的实施

一、KPI 体系实施中持续的绩效沟通

管理学大师彼得·德鲁克曾经说过，沟通是管理的基础。从一定意义上讲，管理过程就是沟通过程。其实作为企业管理中最为重要敏感的绩效管理也是一个持续的沟通过程。曾有一项研究表明，在绩效不佳的企业中75%以上的企业衰落案例都是由于疏于沟通，绩效沟通的作用由此可见一斑。如果说企业在 KPI 体系设计过程中需要进行必要的沟通，那么在 KPI 体系实施过程中，绩效沟通的质量和效果则将直接决定整个 KPI 体系的运行水平，进而决定企业的整体绩效水平和战略目标的实现。

在企业 KPI 体系的实施过程中起决定作用的是员工岗位级 KPI，其实施情况将从根本上决定部门级 KPI、企业级 KPI 的实施效果。具体地看，KPI 体系的实施主要包括：KPI 计划的明确与分析、KPI 跟进与监控、KPI 评价以及针对 KPI 反馈这四个环节，其中的每个环节都需要主管与员工进行持续有效的沟通，每个环节的成败都与沟通息息相关。主管与员工必须在这个过程中保持持续而密切的沟通。当然，KPI 体系实施中针对上述四个环节的绩效沟通要求是不一样的，每个环节都有各自的侧重点。

企业应该明确的是，KPI 体系的实施绝不仅仅是员工的责任，各级管理者特别是员工的直接主管必须意识到自己肩负的责任。企业应为主管人员提供相应的绩效管理尤其是绩效沟通方面的培训。确保主管具有相应的技能，使绩效沟通更有效率，从而更好地推进体系的实施。

二、KPI 计划的明确与分析

（一）KPI 计划的明确

KPI 计划是企业运用 KPI 进行绩效管理的起点，也是企业必须进行的最基础、最重要的工作之一。KPI 计划的核心内容是由 KPI、KPI 权重和 KPI 评价标准这三个部分组成的。其实，企业在完成了前面的体系的设计之后，KPI 计划的核心内容就被确定了，KPI 计划实际上已经形成。伴随着 KPI 体系进入到实施阶段，主管需要通过与员工的充分沟通进一步明确 KPI 计划的内容，从而帮助员工更加准确、深入地理解和领会 KPI 指标、KPI 权重以及 KPI 评价标准对于自身工作的要求，保证员工对 KPI 认识的准确性，避免理解上的

偏差。

（二）KPI 计划的分析

KPI 计划明确之后，主管和员工还应该对 KPI 计划进行认真的分析，在分析的过程中，主管要注意鼓励员工表达自己的想法和观点，并和员工一起对 KPI 进行展望，共同分析日后可能遇到的障碍、问题以及对相关资源的需求。通过对 KPI 计划的分析，主管可以更好地了解员工的相关需要，从而便于在日后的管理工作中采取更富有针对性的应对措施和解决方案促进员工绩效水平的提升。

三、KPI 跟进与监控

（一）针对 KPI 的信息交流

在对 KPI 的跟进和监控过程中，主管和员工之间必须具有畅通的信息交流渠道。针对 KPI 的信息交流主要包括以下几个方面：

1. 针对员工 KPI 进展和进度的交流

KPI 的完成是具有时限性的，员工只有在事先限定的时间范围内达到 KPI 计划的要求才有意义。因此，主管必须持续对员工 KPI 的进展和进度予以密切关注，和员工进行充分的沟通和交流，从而促进员工在规定的时间内完成岗位的 KPI。

这种沟通和交流通常可以通过员工自我的 KPI 报告来进行。员工可以定期就自己的 KPI 进展和进度进行汇报。同时主管也可以采用例会等方式来了解和监控 KPI 的进度情况。在这个过程中，主管和员工通过对 KPI 计划的完成进度进行分析，可以明确实际进度与预计进度的差异及其原因，从而便于主管动态地掌握 KPI 计划的执行情况，采取相应措施纠正偏差。

2. 传递相关方面反馈

在企业的生产经营活动中，存在着许多相互关联、相互作用的岗位。这些岗位之间往往有着紧密的联系。与之相应，某些员工的岗位级 KPI 之间也是存在一定关系的。各主管应成为反映彼此员工 KPI 完成情况的桥梁，及时传递相关方面的反馈信息。加强协调与配合，促进员工绩效水平的提升。

3. 针对 KPI 变动与调整的交流

虽然 KPI 本身、KPI 权重和评价标准都是由一定时期企业的战略目标和经营重点决定的，具有一定的稳定性，但我们也必须看到，市场竞争环境是不断变化的，企业不得不面对很多不确定因素的影响。这就使得企业在变化发生的时候必须能够对 KPI 计划进行及时地调整。这种调整最终必然会反映为对员工岗位级 KPI 的要求的变化。主管必须及时地将这种变化的信息传递给员工，保证员工的知情权，并在与员工就相关信息充分交流和沟通的基础上对的权重和评价标准进行变动和调整，从而确立新条件下的绩效期望，使基于 KPI 的绩效管理工作更符合市场环境的需要和企业竞争的要求。

（二）针对的辅导与支持

KPI 体系的实施是员工和主管共同的责任，员工与主管在绩效管理的过程中不再是简单的管理与被管理的关系，而是绩效伙伴关系。主管有责任也有义务在员工完成计划的过程中给予必要的辅导与支持。可以说，辅导和支持下属员工是主管人员日常工作中最为重要的职责之一。主管对员工的辅导和支持应该是随时进行的。主管针对 KPI 的辅导和支持主要体现在以下几个方面：

1. 技能援助

技能援助的对象主要是那些在达到 KPI 基本评价标准的过程中缺乏相应的知识和技能的员工。这部分员工如果不能得到及时的技能援助，将难以达到基本的 KPI 评价标准。在绩效沟通的过程中，主管要及时了解员工的知识技能情况，准确识别员工的 KPI 技能需求，然后在此基础上，向员工传授相应的知识或采用短期培训的方式提升员工的工作技能、改进员工的工作方法，从而帮助员工达到 KPI 的基本评价标准。

2. 技能完善

技能完善的对象主要是那些具有一定潜力，预期能够超越 KPI 基本评价标准的员工。这部分员工往往具有比较良好的知识结构和技能水平，在绩效方面存在进一步提升的可能性。在这种情况下，员工和主管可以通过深入的沟通，交流彼此关于改善绩效的看法，共同探讨提高工作技巧的方法，进而向着更高、更好的 KPI 标准努力。

3. 资源支持

员工工作的开展和 KPI 计划的达成是需要相关的资源支持的。这里说的资源支持主要包括工作条件支持、信息资源支持和财务资源支持这几个方面。主管应在日常工作中及时了解员工对相关资源的需求情况，为员工提供适合的工作条件和工作环境、客观准确的信息资源和充分的财务支持。同时，员工也应注意检查自身所具有的资源是否可以满足工作的需要，一旦出现资源缺乏的情况应该及时向主管说明以获得帮助。

不论是技能援助、技能完善还是资源支持都可以看作是企业对员工的绩效激励。在这个过程中，员工可以通过主管人员针对 KPI 的辅导和支持而受到极大的鼓舞，主管也可以充分利用这个机会传递组织支持感，激励员工克服困难，实现既定目标。

（三）针对 KPI 的绩效信息收集和记录

1. 针对 KPI 的绩效信息收集和记录的作用

（1）为 KPI 评价提供客观的事实依据

KPI 评价结果的判定需要明确的事实依据作为支持，在工作过程中收集或记录的数据可以作为日后对员工进行 KPI 诊断和评价的重要依据。

（2）提供 KPI 改进的有力依据

收集相关的 KPI 数据和信息可以帮助主管人员发现问题、解决问题，从而提高员工绩效水平。要解决问题就必须知道两件事，既存在什么问题和是什么原因引起了这个问题，充分而详细的绩效信息和记录可以帮助员工看到自身问题所在。

（3）发现绩效问题和优秀绩效的原因

对 KPI 相关绩效信息的收集和记录可以使企业积累一定的突出绩效表现的关键事件，例如，记录绩效突出好的一些员工的工作表现和绩效突出差的员工的一些工作表现，可以帮助其他员工提高绩效，使他们吸收优秀员工的经验，从而更好地达到 KPI 计划的预期要求。

（4）在争议仲裁中的利益保护

进行并保留翔实的员工 KPI 记录也是为了在日后 KPI 评价中发生争议时作为事实依据。一旦员工对 KPI 评价结果或基于此的人事决策产生异议，企业和主管人员就可以利用这些记录在案的事实依据作为仲裁的信息来源。这些 KPI 绩效信息记录可以保护企业的利益，也可以保护当事员工的正当权益。

2. 针对 KPI 的绩效信息收集和记录的方法

（1）KPI 信息记录法

员工的某些 KPI 信息是能够通过日常工作中的记录体现出来的。例如财务数据中体现出来的销售额数量；客户记录表格中体现出来的与客户接触的情况；整装车间记录下来的废品数量、业务员接待客户的次数等等。这些都是能从日常的中工作记录中反映出来的绩效情况。

（2）KPI 观察法

KPI 观察法是指主管直接观察、监测员工在日常工作中的表现，并对员工的相关行为表现进行记录。例如，一个主管人员看到员工粗鲁地与客户讲话，或者看到一个员工在完成了自己的工作之后热情地帮助其他同事工作等等。这些就是通过直接观察得到的 KPI 信息。

（3）关键事件记录法

对员工特别突出或异常失误的情况进行记录。关键事件的收集和记录有利于主管对员工的优秀绩效表现给予及时的激励，对员工存在的问题进行及时地反馈和纠正。

（4）关联反馈法

某些 KPI 的实施情况不仅需要主管在日常工作中进行观察，有时出于更加客观的需要还应该从相关方面获得有关 KPI 的绩效信息和数据，这里所指的相关方面可以是有相互依赖关系的内部客户——同事，也可以是企业的外部客户——员工的工作或服务对象。

3. 针对 KPI 的绩效信息收集和记录的注意事项

（1）鼓励员工参与信息收集和记录的过程

KPI 体系的实施过程中，主管和员工都承担责任。员工参与到 KPI 绩效信息收集和记录的过程中来就是体现员工责任的一个方面。相对来说，员工是最了解自己工作情况的，由员工自己记录的 KPI 绩效信息也是比较全面的，主管以员工自己提供的 KPI 信息为依据和员工进行绩效沟通可以更容易获得员工的支持和配合。但这里有一个问题需要企业和主管人员注意，因为所收集和记录的 KPI 信息会直接成为日后进行 KPI 评价的依据，所以必须保证 KPI 绩效信息和数据的可靠性和准确性。主管应该明确告知员工需要收集和记录哪些信息，可以采用结构化的方式，将员工选择性收集和记录 KPI 绩效信息的可能性降到最低。

（2）注意信息收集的目的性

主管必须清楚信息和数据的收集和记录一定是以 KPI 为核心的。在收集信息的时候，应该有效过滤掉与 KPI 无关的信息。例如有些 KPI 可能更偏重于结果，那么就没有必要收集过多的关于过程的信息和数据；相反，有些 KPI 可能更侧重于员工的行为过程，那么就需要把重心放在对过程的关注上。这样可以在最大程度上节约企业的人力、物力和财力，同时有利于主管合理分配时间和精力。

4. 坚持以绩效事实为依据

在收集和记录与 KPI 有关的绩效信息和数据的过程中，主管人员应做到公正、客观，应尽可能忠实于员工的绩效事实，抛开主观因素的干扰，收集和记录反映事实的 KPI 信息，避免没有根据的推测。

四、KPI 评价

（一）KPI 评价的目的、内容和重要性

1. KPI 评价的目的

在一个绩效期间结束的时候，通过对 KPI 进行评价，公正、客观地反映员工阶段性的 KPI 成果，从而测量 KPI 计划的实现程度。明确描述并总结员工的关键绩效表现，找到绩效问题所在，吸取经验教训，促进下一绩效期间绩效水平的提升，更好地满足企业战略目标的需要，促进战略目标的实现。

2. KPI 评价的内容

对本绩效期间内的实际绩效进行回顾和评估，主要内容是将实际的 KPI 执行结果与预先设定的 KPI 计划进行对照，衡量实施效果，在此基础上，评出 KPI 的分数级别，并为下一绩效期间的 KPI 调整和相关人力资源决策的制定提供依据

3. KPI 评价的重要性

站在员工的角度看，由于绩效薪酬和企业的许多人力资源决策在很大程度上都是由 KPI 计划完成的质量和效果决定的，KPI 评价的结果将和员工的切身利益产生直接的因果关系，因此，KPI 评价对员工来说是至关重要的。

站在企业的角度看，由于 KPI 直接来源于企业的战略和经营重点，通过对员工 KPI 的评价，可以了解部门级、企业级 KPI 的实施情况，进而衡量和判断企业战略的执行情况，并在此基础上进行有针对性地调整和改进。同时，对 KPI 的评价可以帮助企业发现员工的绩效缺陷和绩效潜能，促进企业的员工管理，并为有关的人力资源决策提供依据。

（二）评价者的选择

在选择 KPI 评价者的时候，企业应该明确，人力资源部在整个 KPI 体系的设计和实施过程中承担的是组织者和推动者的职责。在对 KPI 的评价中，人力资源部是不适合也不应该成为评价者的。能够用数量表示的 KPI，由于其特性，在评价过程中易于排除其他主观因素的影响，因此，可以由员工的直接主管作为评价者；对于能够用行为描述的 KPI，为确保评价结果的客观性和真实性，则可以采用多维评价法，即 360°评价法

360°评价法强调的是采用主管、内外部客户和个人自评相结合的方式对员工的 KPI 进行评价，也就是说评价者是相关联的多人而不是主管一人选择多个评价者对能够用行为描述的 KPI 进行评价有助于得到更为全面、客观的评价，弥补单纯由主管进行评价可能产生的晕轮效应。同时，通过对来自不同层面的评价者的评价结果进行加权平均，可以有效地减少评价偏差，提高 KPI 评价的准确性和公正性。

（三）KPI 评价方法的选择

1. 对于能够用数量表示的 KPI 可以采用以下几种方法进行评价

（1）百分比率法

所谓百分比率法，就是用的实际完成值除以事先确定的标准值，然后再乘以权重分数，就得到该 KPI 的实绩考核值。这是一种非常精确的计算方法，KPI 的实际完成值与最后的得分是完全对应的，是一个连续的分数。

（2）层差法

这是一种常用的 KPI 计分方法，其原则是按照区间的划分，不对 KPI 的实际完成值进行精确的连续分数计算，只与大致区间的分数对应确定。

（3）非此即彼法

非此即彼法是针对 KPI 的绩效评价结果只做两个可选择的结果认定，要么是完成，要么是没有完成；评价结果因此也只有两种，要么是满分，要么是零分。这种评价方法主要是针对强制性指标而设定的

（4）负分考核法

这是一种只对标准分进行扣减而不加分的 KPI 评价方法，当发现 KPI 在完成过程中出现异常情况的时候，就按照一定的标准进行扣分，如果没有发现问题就是满分

2. 对于能够用行为描述的 KPI 以采用行为锚定等级评价量表法

建立行为锚定等级评价量表法通常要按照以下五个步骤进行：

（1）获取关键事件

首先要求对工作较为了解的人（通常是工作承担者及其主管人员）对一些代表优良绩效和劣等绩效的关键事件进行描述

（2）建立绩效评价等级

然后由这些人将关键事件合并为为数不多的几个 KPI 绩效要素，并对绩效要素的内容加以界定

（3）对关键事件重新加以分配

这时是由另一组同样对工作较为了解的人来对原始的关键事件进行重新排列，他们将由第一组人已经界定好的 KPI 绩效要素以及所有的关键事件分别按他们自己认为最为合适的绩效要素进行重新界定如果就同一关键事件而言，第二组中某一比例以上的人将其划入的 KPI 绩效要素与第一组将其划入的 KPI 绩效要素是相同的，那么，这一关键事件的最后位置就可以确定。

（4）对关键事件进行评定

第二组人会被要求对关键事件中所描述的行为进行评价，以判断它们能够有效地代表某一 KPI 绩效要素所要求的绩效水平。

（5）建立最终的 KPI 绩效评价体系

对每一个 KPI 绩效要素来说，将会有一组关键事件来作为其"行为锚"。

利用行为锚定等级量表评价法对能够用行为描述的 KPI 进行评价，可以使评价结果更为精确，同时可以使评价结果具有更好的区分度和反馈功能。

四、KPI 评价的注意事项

因为 KPI 的评价结果会直接决定员工的绩效薪酬，所以应尽最大可能保证评价的客观和公正，提高员工对 KPI 评价工作的满意度

为做到这一点，在进行 KPI 评价之前，主管人员应该对事先从各渠道收集和记录的 KPI 绩效信息进行认真的检查检查的目的是为了保证 KPI 绩效信息和数据的质量，主管应该确认有关 KPI 的信息和数据是否准确、是否完整以及适用性如何、是否符合评价要求。同时还应该检查绩效信息和数据之间是否存在着明显的相互矛盾和冲突的地方，如果存在，则需要进行仔细的校验或是进行信息的二次收集。

通过和员工的沟通交流，在确认有关 KPI 的绩效信息和数据真实而充分的基础上，主管还应向员工说明将在 KPI 评价中使用的评价方法，让员工了解评价方法的操作和使用过程，让整个评价过程做到规范和透明，使员工对 KPI 代可评价结果更加信服，从而减少不必要的争执和摩擦。

第四节 KPI 实施过程中的问题

一、容易出现的问题

（一）KPI 不能有效地反映企业战略

许多企业在引入 KPI 的过程中都遇到过这样的困惑，即企业的战略意图很难准确、充分地在组织内部的各层次之间进行传递。企业分解得到的 KPI 往往不能有效反映企业的战略重点和绩效期望，也就是说，KPI 在分解的过程中偏离了企业的战略目标和经营重点。基于这样的 KPI 对工作绩效进行衡量，得到的评价结果势必很难反映出企业的整体绩效水平，从而也就极大地削弱了 KPI 作为企业战略目标实现程度的指示器的功能。

（二）KPI 数量过多，过于细化和泛化

一些企业对 KPI 分解得过多、过细，没有对指标质量进行控制，导致企业的 KPI 指标体系非常庞大、繁杂，在这种情况下，员工往往难以准确领会和把握自己的工作重点和工作方向。同时，低质量的 KPI 也给企业针对 KPI 的相关管理工作造成诸多困难。

（三）缺乏对各 KPI 重要程度的有效区分

在一个既定的时期内，各个 KPI 的重要程度是有所不同的，同时企业和员工所能拥有

和控制的资源也是有限的。这就决定了企业必须对各个 KPI 的轻重缓急和优先顺序做出准确的判断，从而保证工作的有效性和针对性，然而在现阶段，权重设计不合理甚至忽略对 KPI 的权重设计的情况在我国企业中还相当普遍。在 KPI 权重的设计上还存在着较强的随意性和主观性，这就使得企业和员工难以通过 KPI 的权重确定自身的首要任务和工作重点、合理分配各方面的资源，进而最终影响企业绩效水平的提升。

（四）KPI 评价标准背离了企业的实际需要

指标的作用在于明确从哪些方面对工作进行衡量，而标准的作用则在于明确在某方面应该做到什么水平和什么程度。企业在 KPI 标准的制定方面还不够科学、规范。在 KPI 评价标准的制定上还有很强的随意性，很多企业在 KPI 评价标准的制定上缺乏对相关影响因素的综合考虑，KPI 评价标准要么制定得很高，要么制定得很低，有时甚至会直接照搬其他企业的评价标准。由于不恰当的 KPI 评价标准难以满足企业的竞争需要和经营要求，因此，用这样的 KPI 评价标准来指导员工的工作势必会严重影响 KPI 效果的发挥。

（五）对 KPI 管理的缺位

企业在绩效管理中引入 KPI 之后，对 KPI 管理的缺位也是当前存在的一个比较突出的问题。KPI 的战略支撑作用的发挥是以企业对 KPI 进行有效的管理为基础的，企业对 KPI 的管理应该时时刻刻从方方面面进行。然而现实情况却是很多企业只把注意力聚焦在了对 KPI 的评价上面，聚焦在了 KPI 的结果上面，对 KPI 的管理变成了走形式、走过场，这就极大地限制了 KPI 应有作用的发挥，削弱了 KPI 对提升企业绩效水平的贡献。

二、原因分析

（一）企业对 KPI 理论认识不够

应该承认，有相当一部分企业在引入 KPI 之前，对 KPI 的理论内容和思想精华是缺乏深刻准确的理解的，企业更多的是跟随潮流，而忽视了对 KPI 的理性思考 KPI 仅仅成为了企业绩效管理中的一个符号，它的真正意义和作用反而被遗忘了口在这种情况下，要科学地运用 KPI 就显得非常困难了

（二）企业缺乏 KPI 体系的设计技能

KPI 作为一种先进的绩效管理工具其理论引入我国的时间还比较短，在企业实践中的具体应用更是近几年的事情，受经验和时间的限制，很多企业还没有掌握 KPI 体系的科学的设计方法和流程，难以形成规范合理的 KPI 体系。这就使得企业缺乏一个将自身战略目标和经营重点有效转化为各层次具体的 KPI 指标的规范操作程序；缺乏根据自身情况科学设计和确定 KPI 权重及评价标准的能力

（三）对绩效管理的认识偏差，没有建立起规范的持续沟通的 KPI 实施流程

企业在对绩效管理和绩效评价的认识上存在着偏差，在很多时候还是把绩效管理简单地等同于绩效评价，没有看到绩效管理是一个持续的过程，因此也就没有认识到建立一个规范的 KPI 实施流程以及管理机制的必要性和重要性在对 KR 进行了设计之后，缺乏对 KPI 的跟踪和监控、缺乏对 KPI 评价结果的反馈，同时在对 KPI 的管理方面忽视 KPI 绩效

沟通的重要作用。

三、应对策略

（一）作为一个持续成长的企业，必须制定清晰明确的战略目标，并将战略目标进行有效分解

建立 KPI 指标的要点在于流程性、计划性和系统性。首先明确企业的战略目标并在企业会议上利用头脑风暴法和鱼骨图分析法找出企业的业务重点，也就是企业价值评估的重点然后，再用头脑风暴法找出这些关键业务领域的关键业绩指标（KPI），即企业级 KPI 接下来，各部门的主管需要依据企业级 KPI 建立部门级 KPI，并对相应部门的 KPI 进行分解，确定相关的要素目标，分析绩效驱动因素（技术、组织、人），确定实现目标的工作流程，将部门级 KPI 分解到岗位和个人，以建立完整的企业整体 KPI 考核体系企业在日常的 KPI 管理工作中，应抓住那些亟需改进的指标，提高绩效考核的有效性：

（二）KPI 考核的实施必须以优化流程和组织结构、培育 KPI 企业文化为前提

首先，KPI 可必须以顾客为导向，所有指标的制定必须以顾客的需求为起点和终点以顾客的需求为起点是强调所有考核指标的设定设置时考核就是为了满足顾客的需求，在顾客满意的前提下，使企业也能得到持续的发展，其次，企业应该根据 KPI 的指标设计对企业的工作流程和组织结构进行优化，以适应 KPI 考核的要求善用 KPI 考核企业，将有助于企业组织结构集成化，提高企业的效率，精简不必要的机构、不必要的流程和不必要的系统，再次，公司应该建设 KPI 文化良好、和谐的企业文化是企业成功的保障 KPI 考核是典型的结果管理手段，竞争非常激烈，指标考核下是没有人情可讲的，所以要求员工能正确面对差距，敢于竞争，敢于创新和突破，不断实现自我、超越自我这就要求公司建立起这样一种 KPI 文化，让所有员工用户 KPI 考核，受益于考核。

（三）通过绩效考核，建立良性考评关系

KPI 考核办法中，使考核者和被考核者成为一种平等的良性的考核伙伴关系，大家共同学习，共同进步，目的都是为了使被考核者尽快提高能力，达到业绩标准的要求这种伙伴关系首先表现在制定考评计划方面，KPI 强调任何一个考评计划必须是经过双方共同讨论达成一致后的结果通过探讨业绩标准的内涵，使双方有了统一的相同的理解，便于被考核者明确目标，按照标准要求去开展自己的本职工作，也便于日后对照标准做相应的判定，此外，取得证据的方式、时间、证据类型及数量等内容也是事先由双方商定的。这种通过绩效面谈制定考评计划的全过程，充分体现了考核双方相互信赖、团结合作的精神。

第七章 平衡记分卡考核的方法

第一节 平衡计分卡（BSC）概述

一、平衡计分卡的定义

平衡计分卡是从财务、客户、内部运营、学习与成长四个角度，将组织的战略落实为可操作的衡量指标和目标值的一种新型绩效管理体系。设计平衡计分卡的目的就是要建立"实现战略制导"的绩效管理系统，从而保证企业战略得到有效的执行。因此，人们通常称平衡计分卡是加强企业战略执行力的最有效的战略管理工具。

平衡计分卡方法打破了传统的只注重财务指标的业绩管理方法。平衡计分卡认为，传统的财务会计模式只能衡量过去发生的事情（落后的结果因素），但无法评估组织前瞻性的投资（领先的驱动因素）。在工业时代，注重财务指标的管理方法还是有效的。但在信息社会里，传统的业绩管理方法并不全面，组织必须通过在客户、供应商、员工、组织流程、技术和革新等方面的投资，获得持续发展的动力。正是基于这样的认识，平衡计分卡方法认为，组织应从四个角度审视自身业绩：学习与成长、业务流程、顾客、财务。

其中，平衡计分卡所包含的五项平衡：

（一）财务指标和非财务指标的平衡

目前企业考核的一般是财务指标，而对非财务指标（客户、内部流程、学习与成长）的考核很少，即使有对非财务指标的考核，也只是定性的说明，缺乏量化的考核，缺乏系统性和全面性。

（二）企业的长期目标和短期目标的平衡

平衡计分卡是一套战略执行的管理系统，如果以系统的观点来看平衡计分卡的实施过程，则战略是输入，财务是输出。

（三）结果性指标与动因性指标之间的平衡

平衡计分卡以有效完成战略为动因，以可衡量的指标为目标管理的结果，寻求结果性指标与动因性指标之间的平衡。

（四）企业组织内部群体与外部群体的平衡

平衡计分卡中，股东与客户为外部群体，员工和内部业务流程是内部群体，平衡计分卡可以发挥在有效执行战略的过程中平衡这些群体间利益的重要性。

（五）领先指标与滞后指标之间的平衡

财务、客户、内部流程、学习与成长这四个方面包含了领先指标和滞后指标。财务指标就是一个滞后指标，它只能反映公司上一年度发生的情况，不能告诉企业如何改善业绩和可持续发展。而对于后三项领先指标的关注，使企业达到了领先指标和滞后指标之间的平衡。

二、平衡计分卡的特点

平衡计分卡方法因为突破了财务作为唯一指标的衡量工具，做到了多个方面的平衡。平衡计分卡与传统评价体系比较，具有如下特点：

（一）为企业战略管理提供强有力的支持

随着全球经济一体化进程的不断发展，市场竞争的不断加剧，战略管理对企业持续发展而言更为重要。平衡计分卡的评价内容与相关指标和企业战略目标紧密相连，企业战略的实施可以通过对平衡计分卡的全面管理来完成。

（二）可以提高企业整体管理效率

平衡计分卡所涉及的四项内容，都是企业未来发展成功的关键要素，通过平衡计分卡所提供的管理报告，将看似不相关的要素有机地结合在一起，可以大大节约企业管理者的时间，提高企业管理的整体效率，为企业未来成功发展奠定坚实的基础。

（三）注重团队合作，防止企业管理机能失调

团队精神是一个企业文化的集中表现，平衡计分卡通过对企业各要素的组合，让管理者能同时考虑企业各职能部门在企业整体中的不同作用与功能，使他们认识到某一领域的工作改进可能是以其他领域的退步为代价换来的，促使企业管理部门考虑决策时要从企业出发，慎重选择可行方案。

（四）可提高企业激励作用，扩大员工的参与意识

传统的业绩评价体系强调管理者希望（或要求）下属采取什么行动，然后通过评价来证实下属是否采取了行动以及行动的结果如何，整个控制系统强调的是对行为结果的控制与考核。而平衡计分卡则强调目标管理，鼓励下属创造性地（而非被动）完成目标，这一管理系统强调的是激励动力。因为在具体管理问题上，企业高层管理者并不一定会比中下层管理人员更了解情况、所做出的决策也不一定比下属更明智。所以由企业高层管理人员规定下属的行为方式是不恰当的。目前企业业绩评价体系大多是由财务专业人士设计并监督实施的，但是，由于专业领域的差别，财务专业人士并不清楚企业经营管理、技术创新等方面的关键性问题，因而无法对企业整体经营的业绩进行科学合理的计量与评价。

（五）可以使企业信息负担降到最少

在当今信息时代，企业很少会因为信息过少而苦恼，随着全员管理的引进，当企业员工或顾问向企业提出建议时，新的信息指标总是不断增加。这样，会导致企业高层决策者处理信息的负担大大加重。而平衡计分卡可以使企业管理者仅仅关注少数而又非常关键的

相关指标，在保证满足企业管理需要的同时，尽量减少信息负担成本。

三、平衡计分卡的功能定位

整体来看，平衡计分卡的功能随着理论系统自身的不断发展和完善而发生变化。这种变化表现在它由最初的绩效评价工具逐渐转变为战略管理工具，其应用领域也由企业组织逐步扩张至政府部门、非营利组织、准军事组织乃至军事机关。

（一）战略管理工具

从平衡计分卡对于战略管理的突破性贡献来看，主要有三点：第一，通过绘制战略地图这一管理工具，实现对战略的可视化描述。可以说，对于战略的清晰描述填补了传统战略管理过程中战略制定和战略规划之间的模糊地带。第二，通过战略地图和平衡计分卡建立了战略协同的机制。平衡计分卡将协同视为经济价值的来源，它构建了一个逻辑严密、体系完整和机制健全的协同机制。第三，尝试通过战略地图，平衡计分卡以及仪表盘等工具将战略和运营进行连接，这是平衡计分卡的最新理论成果，尽管还存在有待完善之处，但是实现战略和运营无缝连接的宗旨是将战略转化为员工日常行为，确保战略落地的必然选择。

（二）绩效管理工具

平衡计分卡将绩效管理的计划、监控、评价和反馈环节都纳入了其理论范畴，涉及绩效目标的设置和评价指标的选择、绩效沟通和辅导、绩效监测和评估、绩效结果的反馈和应用等内容，平衡计分卡也因此成为一种以战略为核心的绩效管理工具，作为一种新的绩效管理工具，平衡计分卡不仅克服了传统财务绩效衡量模式的片面性和滞后性，而且相对于目标管理、关键绩效指标等绩效管理工具，在目标制定、行为引导、绩效提升等方面具有明显的管理优势，能够为组织绩效目标的达成提供有力保证。

（三）管理沟通工具

平衡计分卡是一个具有鲜明个性的有效的管理沟通平台，通常可以从如下三方面对其进行深入理解：第一，平衡计分卡具有一套层次分明、意义明确、表述清晰的统一的概念和术语。其中有些词汇是既有的管理专业术语，但是卡普兰和诺顿明确界定了其内涵或赋予其新的含义。例如，使命、愿景、战略、无形资产、人力资本等；有些词汇则是根据需要创造出来的，具有明确含义，例如，客户价值主张、企业价值主张、战略主题、战略工作组群、准备度等。这些词汇是在统一的平衡计分卡框架内形成的一种新的语言，保证了信息沟通的统一和规范。第二，平衡计分卡是一种具有严密逻辑关系的管理工具。从沟通的角度看，逻辑上的清晰和严谨具有两方面的作用：一是它能够将平衡计分卡的概念和术语有机地组合起来，形成一个语言体系；二是目标之间严密的因果和协作关系以及指标之间的关联关系能够明确界定组织各构成单元和个人所遵循的沟通渠道、沟通内容以及责任权限。第三，平衡计分卡建立了一套良好的沟通机制。这套机制包括领导者的沟通责任、员工的培训和教育、战略反馈和学习流程、结构化会议等，对沟通的渠道、传播媒介、沟通方式和频率以及沟通管理等内容做出了明确的界定。

四、平衡计分卡的基本内容

平衡计分卡一般由财务、客户、内部经营过程、学习与成长构成，如图 7-1：

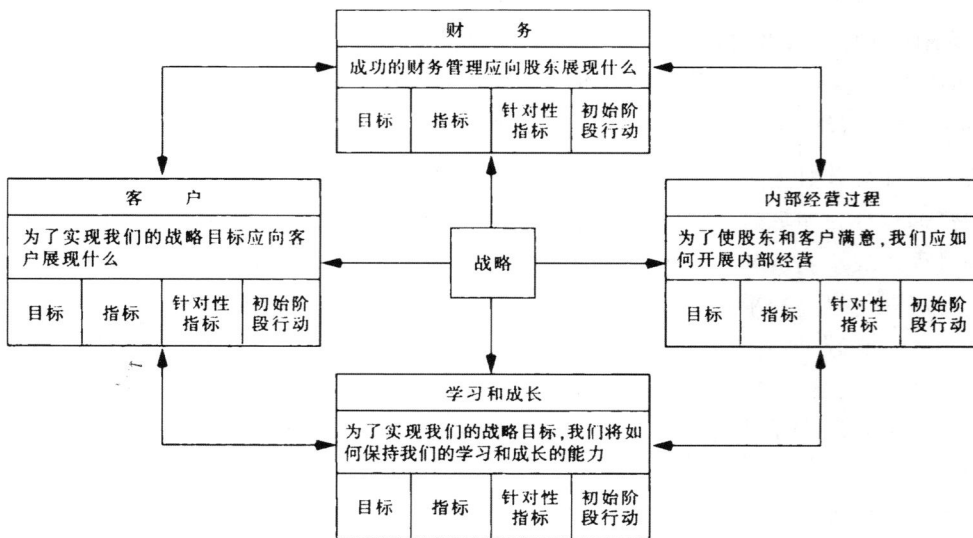

图 7-1　平衡计分卡平衡维度示意图

（一）财务指标

财务绩效指标主要包括：（1）收入增长指标；（2）成本减少或生产率提高指标；（3）资产利用或投资战略指标。当然，也可以根据企业的具体要求，设置更加具体的指标，如经济增加值、净资产收益率、资产负债率、投资报酬率、销售利润率、应收账款周转率、存货周转率、成本降低率、营业净利额和现金流量净额等。

平衡计分卡还要求，企业根据不同发展时期的不同要求，相应地选择财务绩效指标。例如，当企业处于增长期时，由于企业在提供产品和劳务获得收入方面有着较大的增长潜力，投资规模较大和投资报酬率较低，其财务目标主要是不断提高收入的增长率及目标市场、客户群和区域的销售额，因此对处于这一时期的企业应主要采用销售增长率、目标市场收入增长率、成本率等财务绩效指标来加以评价。

及时和准确的财务数据从来就是管理层得以有效管理企业的重要因素，财务目标也是管理者在制定战略时首先考虑的目标。平衡计分卡的设计不是否认财务数据的重要性，而是在财务指标的基础上，对传统企业管理中因过度重视财务而忽视了其他方面造成的"不平衡"状况进行修正，使财务成为四项主要指标之一。财务指标仍是最重要的指标。平衡计分卡的财务方面用来体现股东利益，概括反映企业绩效。

（二）客户指标

现代管理理念认为，客户满意度的高低是企业成败的关键。企业要想取得长期的经营绩效，就必须创造出受客户青睐的产品与服务，因此企业的活动必须以客户价值为出发点。客户绩效指标主要包括：（1）市场份额，即在一定的市场中（可以是客户的数量，也可以是产品销售的数量）企业销售产品的比例；（2）客户保留度，即企业继续保持与老客户交易关系的比例，既可以用绝对数来表示，也可以用相对数来表示；（3）客户获取率，即企业吸引或取得新客户的数量或比例，既可以用绝对数来表示，也可以用相对数来表示；（4）客户满意度，即反映客户对其从企业获得价值的满意程度，可以通过函询、会见等方法来加以估计；（5）客户利润贡献率，即企业为客户提供产品或劳务后所取得的利润水平。

（三）内部业务流程指标

内部业务流程绩效指标主要包括三个方面：（1）评价企业创新能力的指标，如新产品开发所用的时间、新产品销售额在总销售额中所占的比例、比竞争对手率先推出新产品的比例、所耗开发费用与营业利润的比例、第一设计出的产品中可完全满足客户要求的产品所占的比例、在投产前需要对设计加以修改的次数等；（2）评价企业生产经营绩效的指标，如产品生产时间和经营周转时间、产品和服务的质量、产品和服务的成本等；（3）评价企业售后服务绩效的指标，如企业对产品故障的反应时间和处理时间、售后服务的一次成功率、客户付款的时间等。

平衡计分卡在内部业务流程方面的优势在于它既重视改善现有流程，也要求确立全新的流程，并且通过内部经营流程将企业的学习与成长、客户价值与财务目标联系起来。对内部业务流程的分析有助于管理层了解其业务运行情况，以及其产品和服务是否满足客户需要；同时，管理层可以评估他们及其组织在行动方法上的有效性，通过评估，管理者可以发现组织内部存在的问题，并采取相应措施加以改进，进而提高组织内部的管理效率。

（四）学习与成长指标

学习和成长方面考评企业获得持续发展能力的情况，学习与成长绩效指标主要包括三个方面：（1）评价员工能力的指标，如员工满意程度、员工保持率、员工工作效率、员工培训次数、员工知识水平等；（2）评价企业信息能力的指标，如信息覆盖率、信息系统反应的时间、接触信息系统的途径、当前可能取得的信息与期望所需要的信息的比例等；（3）评价激励、授权与协作的指标，如员工所提建议的数量、所采纳建议的数量、个人和部门之间的协作程度等。

平衡计分卡的四个角度存在内部逻辑关系，其根本是投资者需要的财务角度，但投资收益是有一个价值产生的过程，它先有一个员工的创新学习，企业内部管理才有优化的可能和基础，内部管理优化后才能更好地为顾客服务，顾客认可企业的产品和服务，才进行有效消费，企业的价值才能实现，也就有了投资收益。企业发展了一步，有了新情况，又需要员工创新学习，于是进入下一个循环。

平衡计分卡揭示的是一个持续的、有一定周期的过程，所以在这个周期中前一步骤可预测后一步骤，是后一步骤的超前指标；后一步骤是前一步骤的结果，是前一步骤的滞后指标。

平衡计分卡将企业的发展通过评价角度和指标，系统地联系起来了。创新了学习角度，既是为现在的结果作支撑，又是为未来的发展做准备；内部管理优化也是将时间概念纳入其中，它的优化为未来的持续经营打基础；客户满意后付款，才能实现本期收入，也更是客户未来购买产品、持续带来收益的保证；财务角度即体现投资者的愿望，又是促使企业能持续运转的表现，若现金流断了，企业将不能继续运转。

第二节 关键绩效指标（KPI）的选取

平衡计分卡四个层面指标数量过多，指标间的因果关系很难做到真实、明确。平衡计分卡涉及财务、顾客、内部业务流程、学习与成长四套业绩评价指标。如果指标之间不是呈完全正相关的关系，我们在评价最终结果的时候，应该选择哪个指标作为评价的依据；如果舍掉部分指标的话，是不是会导致业绩评价的不完整性。因此在实践中确定平衡计分卡四个层面的具体指标时，还要仔细筛选，选取最有代表性的关键绩效指标（KPI）。

一、KPI 概述

（一）KPI 体系的内涵

关键绩效指标，是指将组织战略目标经过层层分解而产生的、具有可操作性的、用以衡量组织战略实施效果的关键性指标体系。其目的是建立一种机制，将组织战略转化为内部流程和活动，从而促使组织获取持续的竞争优势。关键绩效指标作为一种战略性绩效管理工具，其核心思想是根据"二八"原则，认为抓住组织的关键成功领域（KRA），洞悉组织的关键绩效要素（KPF），有效管理组织的关键绩效指标，就能以少治多、以点带面，实现组织战略目标，进而打造持续的竞争优势。其中，关键成功领域是为了实现组织战略而必须做好的几方面工作；关键绩效要素是对关键成功领域的细化和定性描述，是制定关键绩效指标的依据。关键成功领域、关键绩效要素和关键绩效指标始终保持着战略导向性，三者关系如图 7－2 所示。

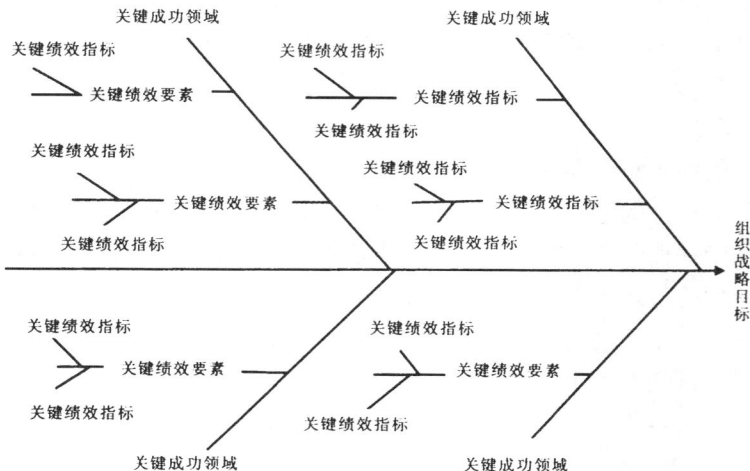

图 7－2 基于组织战略的 KRA，KPA 和 KPI 的关系鱼骨图

对关键绩效指标体系内涵的理解通常需要把握如下几个方面。

1. 关键绩效指标是衡量组织的战略实施效果的关键性指标体系

设计关键绩效指标体系的目的是为了建立一种机制，通过将组织战略转化为内部流程和活动，促使组织获取持续的竞争优势。因此，必须确保关键绩效指标是衡量组织战略实施效果的关键性指标体系。这包括如下两方面的含义：一方面，确保关键绩效指标是战略导向的，即指关键绩效指标是由组织战略层层分解得出的，是对组织战略的进一步分解和细化；另一方面，确保关键绩效指标必须是"关键性的"，是对组织成功具有重要影响的。

组织战略对关键绩效指标具有决定性作用。当组织战略目标调整或改变的时候，关键绩效指标体系必须根据组织战略目标的变化做出相应的调整或改变，特别是当组织进行战略转型时，关键绩效指标必须及时反映出组织战略新的关键成功领域和关键绩效要素。

2. 关键绩效指标反映的是最能有效影响组织价值创造的关键驱动因素

关键绩效指标是对驱动组织战略目标实现的关键领域和重要因素的深入发掘，它实际上提供了一种管理的思路。作为管理者，应该抓住关键绩效指标进行管理，通过关键绩效指标将员工的行为引向管理者将精力集中再能对绩效产生最大驱动力的经营行为上，及时了解和判断组织运营过程中出现的问题，并采取提高绩效水平的改进措施。

3. 关键绩效指标体现的是对组织战略目标有增值作用的可衡量的绩效指标体系

关键绩效指标不是指与组织经营管理相关的所有指标，而是指对组织战略绩效起关键作用的指标。基于关键绩效指标的绩效管理，可以落实组织的战略目标和业务重点，传递组织的价值导向，有效激励员工，确保对组织有贡献的行为受到鼓励，将员工行为引向组织目标方向，从而促使组织和员工绩效的整体改进与全面提升。关键绩效指标还通过可量化或可行为化的方式，对管理者和员工的工作效果和工作行为进行最直接的衡量。

（二）KPI 的类型

根据不同的标准，可以将关键指标绩效分为不同的类型。目前，分类的标准主要包括绩效指标的层次、性质等。

1. 按照关键绩效指标的层次划分

与绩效分为组织绩效、部门绩效和个人绩效一样，关键绩效指标体系也可以按照层次的差别，分为组织关键绩效指标、部门关键绩效指标和个人关键绩效指标三个层次。其中组织关键绩效指标来自于对组织战略的分解；部门关键绩效指标来自于对组织关键绩效指标的承接和分解；个人关键绩效指标则来自于对部门关键绩效指标的承接和分解。这三个层次的指标共同构成了组织整体的关键绩效指标体系。关键绩效指标体系的建立过程强调在组织战略的牵引下，将组织的战略规划和目标通过自上而下的层层分解落实为组织、部门和个人的关键绩效指标，并通过在组织系统内推行关键绩效指标，将组织战略规划转化为内部管理过程和具体行动，从而确保战略目标的有效实施。

2. 按照关键绩效指标的性质划分

根据指标性质的不同，可以将关键绩效指标分为财务指标、经营指标、服务指标和管理指标。其中财务指标侧重衡量组织创造的经济价值；经营指标侧重衡量组织运营运作流程的指标；服务指标侧重衡量利益相关者对组织及其所提供的产品和服务态度；管理指标侧重测量组织目标日常管理的效率和效果。

二、关键绩效指标体系的实施

关键绩效指标体系通常是采用画鱼骨图的方法来建立的。其基于思路是通过对组织战略的分析，找出组织获得成功的关键成功领域，再把关键成功领域层层分解为关键绩效要素；为了便于对这些要素进行量化考核和分析，必须将要素细分为各项指标，即关键绩效指标。把战略置于绩效管理的核心，善用关键绩效指标来推进绩效管理实践，发挥其战略导向的牵引作用。设计一个完整的基于关键绩效指标的绩效管理体系通常包括如下六个步骤：确定关键成功领域、确定关键绩效要素、确定关键绩效指标、构建组织关键绩效指标库、确定部门 KPI 和 PI 以及确定个人 KPI 和 PI，如图 7–3 所示。其中，组织 KPI 的制定涉及关键绩效指标体系建立的前面四步，关键和核心内容。

1. 确定关键成功领域	→	2. 确定关键绩效要素	→	3. 确定关键绩效指标	→	4. 构建组织关键绩效指标库	→	5. 确定部门KPI 和 PI	→	6. 确定个人KPI 和 PI

图 7–3　基于 KP1 的绩效指标体系的建立步骤

（一）确定关键成功领域

建立关键绩效指标体系的第一步就是根据组织的战略，通过鱼骨图分析，寻找组织实现战略目标或保持竞争优势所必需的关键成功领域，即对组织实现战略目标和获得竞争优势有重大影响的领域。确定组织的关键成功领域，还必须明确三个方面的问题：一是这个组织为什么会取得成功，成功依靠的是什么；二是在过去那些成功因素中，哪些能够促使组织在未来持续获得成功，哪些会成为组织成功的障碍；三是组织未来追求的目标是什么，未来成功的关键因素是什么。这实质上是对组织的战略制定和规划过程进行审视，对所形成的战略目标进行反思，并以此为基础对组织的竞争优势进行剖析。某制造企业通过访谈和头脑风暴法，确定了该企业能够有效驱动战略目标的关键成功领域：优秀制造、市场领先、技术领先、客户服务、利润与增长和人力资源。

（二）确定关键绩效要素

关键绩效要素提供了一种描述性的工作要求，是对关键成功领域进行的解析和细化。主要解决以下几个问题：第一，每个成功领域包含的内容是什么；第二，如何保证在该领域获得成功；第三，达成该领域成功的关键措施和手段是什么；第四，达成该领域成功的标准是什么。

（三）确定关键绩效指标

对关键绩效要素进一步细化，经过筛选，关键绩效指标便得以确定。选择关键绩效指标应遵循三个原则：（1）指标的有效性，即所设计的指标能够客观地、最集中地反映要素的要求；（2）指标的重要性，即通过对组织整体价值创造业务流程的分析，找出对其影响较大的指标，以反映其对组织价值的影响程度；（3）指标的可操作性，即指标必须有明确的定义和计算方法，容易取得可靠和公平的初级数据，尽量避免凭感觉主观判断的影响。

（四）构建组织关键绩效指标库

在确定了组织关键绩效指标之后，就需要按照关键成功领域、关键绩效要素和关键绩效指标三个维度对组织的关键绩效指标进行汇总，建立一个完整的关键绩效指标库，作为整个组织进行绩效管理的依据。

上述制造企业汇总后的关键绩效指标库如表7-1所示。

表7-1　某制造企业的关键绩效指标汇总表（示例）

关键成功领域	关键绩效要素	关键绩效指标
优秀制造	质量控制	来料批次通过率
		次品废品减少率
	成本	单位产品费用降低率
	交货	准时交货率
市场领先	市场份额	目标市场占有率
		销售增长率
	销售网络的有效性	销售计划完成率
		贷款回收率
		业务扩展效率
技术支持	新产品开发	新产品开发计划完成率
		新产品立项数
	核心技术的地位	设备维修平均时间
		与竞争对手产品对比分析
	国产化	国产化的费用节约率
		国产化率
客户服务	响应速度	服务态度
		问题及时答复率
	主动服务	客户拜访计划完成率
		客户拜访效率
		产品售后调查及时性
	服务质量	质量问题处理及时性
		质量问题处理成本

关键成功领域	关键绩效要素	关键绩效指标
利润与增长	资产管理	资产负债率
		应收账款周转率
		存货产收益率
		净资产收益率
	利润	销售利用率
		成本费用利润率
		销售毛利率
人力资源	员工满意度	员工满意综合指数
	员工开发	优秀员工流动性
		绩效改进计划完成率
		员工培训满意度

（五）确定部门 KPI 和 PI

部门绩效指标一般由关键绩效指标和一般绩效指标构成。关键绩效指标绝大部分来自于对组织关键绩效指标的承接或分解，也有一部分是部门自身独有的指标。一般绩效指标通常来源于流程、制度或部门职能。

组织目标的实现需要部门的支持。对组织关键绩效指标的承接和分解是制定部门绩效指标的关键环节。因此，在确定组织关键指标后，就应当考虑将这些指标通过承接和分解两种形式落实到具体部门，形成部门关键绩效指标。首先，要确认这些指标能否直接被相关部门承接。有些关键绩效指标是可以直接被部门承接的，如单位产值费用降低率、新产品立项数等，这些关键绩效指标就可以直接确定为部门关键绩效指标。其次，对不能直接承接的指标，则必须进行进一步的分解。对关键绩效指标进行分解通常用两条主线：一是按照组织结构分解；二是按主要流程分解。比如，"次品降低率"这一关键绩效指标需要由采购部门的"采购有效性"、品质保证部的"不合格品在发生率"和生产部门的"生产技术问题处理的有效性"几个指标共同支撑才能实现。

在一般情况下，组织关键绩效指标需要落实到具体的部门，否则必然会导致重要工作遭到忽视。部门关键绩效指标的确定过程也可以看作在组织关键绩效指标库中根据分工进行指标选择的过程。

部门绩效指标通常包括关键绩效指标和一般绩效指标，并且所有的绩效指标需要全面体现在部门绩效计划中。上述某汽车制造厂的销售中心通过承接或分解组织关键绩效指标确定了部门的关键绩效指标，再补充来自于部门职责和工作流程的一般绩效指标，就得到了该部门的绩效指标体系。

三、指标权重与员工责任

设计良好的关键绩效指标是绩效管理成功的保障，它所提供的基础性数据是绩效改进的依据和绩效评价的标准。通常关键绩效指标对个人行为具有引导和规范作用。不同的指标类型以及同一指标被赋予不同的权重，都会对员工产生不同的影响。一个岗位的关键绩效指标的数量一般应该控制在 5～10 个之间。指标过少可能导致重要工作遭到忽略，指标过多可能出现指标重复现象，并且可能分散员工的注意力。每个指标的权重一般不高于 30%，但是也不能低于 5%。指标权重过高可能导致员工"抓大放小"，而忽视其他与工作质量密切的相关指标，而且可能造成绩效评价的风险过于集中，万一指标不能完成，则整个绩效周期的奖金薪酬会受到很大的影响。指标权重太低则对评价结果影响太小，也容易产生无法突出重点工作的现象。为了方便计算，指标权重一般取 5 的倍数，得分也一般使用线性变化计算比例。

员工绩效是结果行为过程的集合体。对于处在不同阶级和担任不同角色的员工而言，反映其工作绩效结果和行为过程的关键绩效指标所占的比重是不一样的。因此在设置关键绩效指标的权重时，就要考虑员工所在的不同层级。由于高层管理者对组织的整体经营管理负责，因此对财务指标负有更大的责任，也就是说，在其评价中财务指标所占的比重较大。中层管理者的经营、服务类指标的权重应该更大。

第三节　平衡计分卡（BSC）的建立步骤

一、BSC 的建立步骤

建立平衡计分卡是一个系统化的过程。这里必须强调的是，必须根据公司战略来制定平衡计分卡，再按照战略与平衡计分卡来制定战略的实施计划，而不是相反。否则平衡计分卡就成为对战略实施计划的监测工具和绩效管理工具，这与 KPI 没有什么区别。具体如下：

第一步，制定公司战略。

公司战略制定时考虑在不同的生命周期阶段的公司战略重点应不同，如表 7 - 2：

表 7 - 2　处于生命周期不同阶段的公司的战略重点

创业期	成长期	成熟期	调整期
开发与市场（需求）分析；提高技术与产品开发；非正规的（扁平）的组织架构；销售与盈利，市场进入；制定能满足市场需求的市场战略	更多的产品种类；改进研发与生产流程；建立计划与控制体系；组织框架灵活多变，大量招募人员；融资/上市；市场份额的扩充，销售增长，盈利提高，资产膨胀	在现有市场上保持并提升市场份额；集中精力于企业的强项重新确定组织框架；低成本生产——利润提高——生产效率——费用的有效控制；现金流量高；利润提高，注重资产管理	保护与争取市场份额，重新评估市场需求；评估产品组合，开发新产品，停止非盈利产品；重新评估生产能力；机构重组与剥离，收购；改善现金流量；改善利润率，降低成本，裁员，资产重组

第二步，调查与明确客户价值定位。

客户的价值定位就是为什么客户从您的公司，而不是从您的竞争对手那里购买产品？他们会为了什么（价格、质量、时间、功能、服务、关系、品牌、形象）而付出钞票？公司如何比竞争对手做得更好？公司的产品/服务是否能为客户提供与众不同的价值？如何让公司的产品/服务优于竞争对手？

第三步，建立公司平衡计分卡。

1. 根据公司战略，设定四个方面的关键成功因素法（CSF），如表7－3：

表7－3　设计 CSF 应考虑的问题清单（维度及设计 CSF 应考虑的问题清单）

财　务	客　户
对公司股东来说哪些财务目标（因素）是最重要的？ 哪些财务目标（因素）最符合公司的战略取得成功	我们对目标客户（市场）提供的价值定位是什么？　哪些目标（因素）最清楚地反映了我们对客户的承诺？ 如果我们成功地兑现了这些承诺，我们在客户获取率、客户保留率、客户满意度和盈利率这几个方面会取得什么样的绩效
内部流程	**学习/成长**
我们要在哪些流程上表现优异才能成功实施企业战略？我们要在哪些流程上表现优异对能实现关键的财务与客户目标	我们的经理（与员工）要提高哪些关键能力才能改进核心流程，达到客户与财务目标，从而成功地执行公司战略？我们如何通过改善业务流程和提高员工团队合作、解决问题能力和工作主动性、来提高员工的积极性和有效的组织文化，从而成功地执行公司战略？我们应如何通过实施 BSC 来创造和支持组织的学习文化并加以持续运用

2. 针对 CSF，开发相应的关键测评指标

表7－4　公司 CSF 与测评指标

维度	关键成功因素（CSF）	关键测评指标	三或五年期的指标值	公司战略与测评指标的实施方案	责任人/部门
财务					
客户					
内部流程					
学习/成长					

维度关键成功因素关键测评三或五年期公司战略与测评责任人/部门

第四步，制定战略实施计划。

一般地，基于 BSC 的战略实施计划就是针对公司战略和每一个测评指标的实施计划，一个完整的实施计划包括行动方案、预算与运营规程。

第五步，将公司 BSC 连接部门与个人 BSC。

1. 将公司的 BSC 落实到部门层面

首先要考虑公司的战略、目标、指针和目标值，采用嵌套法，由公司的 BSC 直接演绎出职能部门的 BSC。例如，公司 BSC 的销售收入增长率就可以直接或间接分解给销售部门。

其次考虑谁是他们的内部客户以及这些内部客户的需求与期望、考虑他们在公司核心流程中的职责与作用。

最后根据这些因素，结合部门的关键职能来设定部门目标。

2. 将公司与部门 BSC 向个人延伸

按照设计部门 BSC 同样的原理与程序设计个人的 BSC。

第六步，战略监测、反馈与修正。

作为战略管理后续的一个环节：战略监测是任何一个绩效管理工具都能做得到的，平衡计分卡也不例外。平衡计分卡不同于关键绩效指标、目标管理等绩效管理工具的地方就在于其能够提供战略反馈与实施战略的修正。

平衡计分卡各维度与各指标之间存在一定的因果关系，可以借此分析改善公司绩效的计划是否已经达到？这些新产品/服务是否已经提供给客户？员工们是否接受了相应培训？没有达到是否是因为执行力不够？如果这些改善业绩的计划都得到了实施，目标都达成了，那么问题可能就严重了——因为未能实现预期的结果可能说明公司的战略的理论基础有问题，这时就要能重新审定当初做战略分析与选择时所做的调查与假设。最后会得出两种结果：要么肯定当前战略而修改或调整关键成功因素（CSF）与测评指标，要么重新制定战略或对战略进行调整。

二、BSC 的实施障碍

（一）沟通与共识上的障碍

企业中少于十分之一的员工了解企业的战略及战略与其自身工作的关系。尽管高层管理者清楚地认识到达成战略共识的重要性，但却少有企业将战略有效地转化成被基本员工能够理解且必须理解的内涵，并使其成为员工的最高指导原则。

（二）组织与管理系统方面的障碍

据调查，企业的管理层在例行的管理会议上花费近85%的时间，以处理业务运作的改善问题，却以少于15%的时间关注于战略及其执行问题。过于关注各部门的职能，却没能使组织的运作、业务流程及资源的分配围绕着战略而进行。

（三）信息交流方面的障碍

平衡计分法的编制和实施涉及大量的绩效指标的取得和分析，是一个复杂的过程，因此，企业对信息的管理及信息基础设施的建设不完善，将会成为企业实施平衡计分法的又一障碍。这一点在中国的企业中尤见突出。中国企业的管理层已经意识到信息的重要性，并对此给予了充分的重视，但在实施的过程中，信息基础设施的建设受到部门的制约，部门间的信息难以共享，只是在信息的海洋中建起了座座岛屿。这不仅会影响到业务流程，还将是实施平衡计分法的障碍。

（四）对绩效考核认识方面的障碍

如果企业的管理层没有认识到现行的绩效考核的观念、方式有不妥当之处，平衡计分法就很难被接纳。长期以来，企业的管理层已习惯于仅从财务的角度来测评企业的绩效，并没有思考这样的测评方式是否与企业的发展战略联系在一起、是否能有效地测评企业的战略实施情况。平衡计分法的实施不仅要得到高层管理层的支持，也要得到各自然业务单元管理层的认同。

三、BSC 的缺点

（一）实施难度大

平衡计分卡的实施要求企业有明确的组织战略；高层管理者具备分解和沟通战略的能力和意愿；中高层管理者具有指标创新的能力和意愿。因此管理基础差的企业不可以直接引入平衡计分卡，必须先提高自己的管理水平，才能循序渐进地引进平衡计分卡。

（二）指标体系的建立较困难

平衡计分卡对传统业绩评价体系的突破就在于它引进了非财务指标，克服了单一依靠财务指标评价的局限性。然而，这又带来了另外的问题，即如何建立非财务指标体系、如何确立非财务指标的标准以及如何评价非财务指标。财务指标的创立是比较容易的，而其他三个方面的指标则比较难以收集，需要企业长期探索和总结。而且不同的企业面临着不同的竞争环境，需要不同的战略，进而设定不同的目标，因此在运用平衡计分卡时，要求企业的管理层根据企业的战略、运营的主要业务和外部环境加以仔细斟酌。

（三）指标数量过多

指标数量过多，指标间的因果关系很难做到真实、明确。平衡计分卡涉及财务、顾客、内部业务流程、学习与成长四套业绩评价指标，按照卡普兰的说法，合适的指标数目是 20～25 个。其中，财务角度 5 个，客户角度 5 个，内部流程角度 8～10 个，学习与成长角度 5 个。如果指标之间不是呈完全正相关的关系，在评价最终结果的时候，应该选择哪个指标作为评价的依据；如果舍掉部分指标的话，是不是会导致业绩评价的不完整性。这些都是在应用平衡计分卡时要考虑的问题。

平衡计分卡对战略的贯彻基于各个指标间明确、真实的因果关系，但贯穿平衡计分卡的因果关系链很难做到真实、可靠，就连它的创立者都认为"要想积累足够的数据去证明平衡计分卡各指标之间存在显著的相关关系和因果关系，可能需要很长的时间，可能要几个月或者几年。在短期内经理对战略影响的评价，不得不依靠主观的定性判断"。而且，如果竞争环境发生了激烈的变化，原来的战略及与之适应的评价指标可能会丧失有效性，从而需要重新修订。

（四）各指标权重的分配比较困难

要对企业业绩进行评价，就必然要综合考虑上述四个层面的因素，这就涉及一个权重分配问题。使问题复杂的是，不但要在不同层面之间分配权重，而且要在同一层面的不同指标之间分配权重。不同的层面及同一层面的不同指标分配的权重不同，将可能会导致不同的评价结果。而且平衡计分卡也没有说明针对不同的发展阶段与战略需要确定指标权重的方法，故而权重的制定并没有一个客观标准，这就不可避免地使得权重的分配有浓厚的主观色彩。

（五）部分指标的量化工作难以落实

尤其是对于部分很抽象的非财务指标的量化工作非常困难，如客户指标中的客户满意程度和客户保持程度如何量化，再如员工的学习与发展指标及员工对工作的满意度如何量化等。这也使得在评价企业业绩的时候，不可避免地带有主观的因素。

（六）实施成本大

平衡计分卡要求企业从财务、客户、内部流程、学习与成长四个方面考虑战略目标的实施，并为每个方面制定详细而明确的目标和指标。在对战略的深刻理解外，需要消耗大量精力和时间把它分解到部门，并找出恰当的指标。而落实到最后，指标可能会多达 15 ~ 20 个，在考核与数据收集时，也是一个不轻的负担。并且平衡计分卡的执行也是一个耗费资源的过程。一份典型的平衡计分卡需要 3 ~ 6 个月去执行，另外还需要几个月去调整结构，使其规范化。从而总的开发时间经常需要一年或更长的时间。

第八章　标杆管理考核的方法

第一节　标杆管理的形成及演变

一、标杆管理的内涵

标杆管理，也被译为标杆法、水平对比法、基准考核法、标杆超越法、基准化等标杆管理是一项通过衡量比较来提升企业竞争地位的过程，它强调的就是以卓越的公司作为学习的对象，通过持续改善来强化本身的竞争优势。所谓标杆，最早是指工匠或测量员在测量时作为参考的标记，是测量学中的"水准基点"，在此引申为在某一方面的"行事最佳者"或"同业之最"。

泰勒在科学管理实践中采用了这个词，其含义是衡量一项工作的效率标准，后来这个词渐渐衍生为基准或参考点。标杆管理的实质是模仿和创新，是一个有目的、有目标的学习过程。通过学习，企业重新思考和设计经营模式，借鉴先进的模式和理念，再进行本土化改造，创造出适合自己的全新最佳经营模式。

标杆管理方法产生于企业的管理实践，目前对于标杆管理还没有一个统一的定义。下面是一些权威学者和机构对标杆管理的诠释。

标杆管理是组织寻求导致卓越绩效的行业最佳实践的过程。这个定义涵盖如此广泛以至包括所有不同水平和类型的标杆管理活动，应用于跨国度、跨行业的产品、服务以及相关生产过程的可能领域。该定义的另一个好处是简单易于理解。可运用于任何层次以获取卓越绩效。它强调卓越的绩效，促使雇员将寻找最佳实践概念深置于脑海中，唯有最佳实践才能导致卓越绩效。该定义为国际标杆管理中心所采用。

美国生产力与质量中心（APQC）对标杆管理的定义如下：标杆管理是一项有系统、持续性的评估过程，通过不断将组织流程与全球企业领导者相比较，以获得协助改善营运绩效的咨询。该定义更具体地体现了标杆管理的本质：向组织外部参照物学习的价值；使用结构化、正式的流程进行学习的重要性；持续地进行组织自身与一流实践的比较；驱使改善绩效行为信息的有用性。该定义吸引了超过100家大型公司的采用。

一个定义应该尽可能简单、清楚，它应能让使用它的人知道该做什么以及如何达到目标。标杆管理是将公司与关键顾客要求与行业最优（直接竞争者）或一流实践（被确认在某一特定功能领域有卓越绩效的公司）持续比较的过程以决定需要改善的项目。该定义强调标杆管理与内部顾客和外部顾客的满意相关。

综合以上各个定义的精髓，我们可以这样来描述标杆管理：不断寻找和研究业内外一流的、有名望的企业的最佳实践，以此为标杆，将本企业的产品、服务和管理等方面的实际情况与这些标杆进行定量化考核和比较，分析这些标杆企业达到优秀水平的原因，结合自身实际加以创造性地学习、借鉴并选取改进的最优策略，从而赶超一流企业或创造高绩效的不断循环提高的过程。

二、标杆管理的形成

虽然人类一直自觉或者不自觉地衡量他人的优势与劣势，继而制定自己的决策以便趋利避害，但论及理论化、系统化的标杆管理，就必须首先提及美国施乐公司，视其为标杆管理的"鼻祖"一点都不过分。早在20世纪70年代，施乐公司最先提出了"标杆管理"的概念，一开始只在公司内的几个部门做标杆管理工作，到20世纪80年代扩展到整个公司范围。当时，以高技术产品复印机主宰市场的施乐公司发现，有些日本厂家以施乐公司制造成本的价格出售类似的复印设备。由于这样的大举进攻，其市场占有率在短短几年内锐减。为应付挑战，公司最高领导层决定制定一系列改进产品质量和提高劳动生产率的计划，公司的做法是，首先广泛调查客户公司对公司的满意度，并比较客户对产品的反应，将本公司的产品质量、售后服务等与本行业领先企业作对比。公司派雇员到日本的合作伙伴——富士施乐以及其他日本公司考察，详细了解竞争对手的情况。接着公司便要确定竞争对手是否领先，为什么领先，存在的差距怎样才能消除。对比分析的结果使公司确信从产品设计到销售、服务和雇员参与等一系列方面都需要加以改变。最后公司为这些环节确定了改进目标，并制定了达到这些目标的计划。

实施标杆管理后的效果是明显的。通过标杆管理，施乐公司使其制造成本降低了50%，产品开发周期缩短了25%，人均创收增加了20%，并使公司的产品开箱合格率从92%上升到99.5%，公司重新赢得了原先的市场占有率。行业内有关机构连续数年评比，就复印机六大类产品中施乐有四类在可靠性和质量方面名列第一。

标杆管理技术的出现和流行表明企业之间的效率已经十分接近。基准管理的最大特点就是鼓励企业之间的模仿。与全面质量或精益生产等技术不同，标杆管理自身并不是一种改进生产率的技术。无论是以组织内部最佳作业为基准的内部标杆管理，以竞争对手为学习典范的竞争标杆管理，还是以不同行业相似功能最佳典范为榜样的功能标杆管理，或是以不同行业不同功能的类似流程为模仿对象的流程标杆管理，实际上都是消除各个企业之间效率差异的过程，而不是某个企业建立独特的长期优势的过程。由此看来，标杆管理流行的过程就是企业之间相互学习和模仿的过程，是管理技术传播和普及的过程，也是所有企业的生产率普遍提高的过程。标杆管理技术的流行是有原因的，企业难以像保护专利技术等知识产权一样保护管理技术，同时西方国家管理咨询服务十分发达，这给各个企业采用标杆管理创造了良好条件，管理技术因此而迅速扩散。

三、标杆管理方法的发展历程

现代标杆管理的思想可以追溯到20世纪初泰勒所倡导的科学管理理论，当时泰勒提出要通过动作研究来确定工艺流程和设备操作、具体工作动作的最佳做法，并要求管理者通过制定定额、制定管理制度来将这种最佳做法标准化、制度化，以使其成为进行科学管理的依据。

相比"科学管理"仅仅停留在生产操作层面上而言，真正意义上的最早的标杆管理活动是在企业层次开始的。在企业层次，标杆管理基本上经历了一个循序渐进、不断深入和提高的发展过程。

第二节　标杆管理的作用及分类

一、标杆管理的作用

一般来说，标杆管理方法有以下五个作用：

（一）追求卓越

标杆管理所代表的就是一个追求卓越的过程。会被其他企业选中来进行效法的组织，就标杆管理的主题而言，绝对是卓越超群的。之所以会选择这些组织，目的便是要效法这些翘楚，使自己的企业也能够达到同样的境界，成为其他企业模仿的对象。这样的学习管理之所以可行，是因为所谓的"卓越"，往往具有其共同性，即使在不同的产业内亦是如此。举例而言，大多数的组织都存在销售作业这类事项。因此，不论任何行业、任何组织的销售作业都应该具有某种程度的共同性可供观察与评估。如果某些组织的销售作业已经声誉卓著，我们或许可以详加调查，并把自己的销售作业方式跟这些其他组织的做法来进行比较，分析是否有哪些作法可以实行到自己的组织中好让自己做得更好。这种通过广泛的观摩研究来追求卓越的方式就是标杆管理的精神。

（二）流程再造

标杆管理的另一个重要的精神就是针对流程予以再造。乍看之下，标杆管理似乎会让人联想到传统的竞争者分析，但事实上，这两者在观念上却是有其差异之处的。一般企业很自然的会将自身的产品或服务方式与竞争者相比，但这只能说是竞争者分析而非标杆管理。在这两者间的一项重要的差别就在于传统的竞争强调的是结果或产品的优劣评比，而标杆管理则是着重去分析制造产品或提供服务的流程，并针对此流程的弱项予以强化。从这个角度来看，标杆管理探讨的范畴远比竞争者分析来得深入。它强调的是追本溯源，去深度思考在作业流程中究竟是哪一个部分的差异会造成产品或服务品质会有如此的差距，并且积极去重新设计流程以弥补这样的差距，也就是将比较重心放置在提供产品或服务背后的作业方式或工作流程而非产品或服务本身。将焦点放在过程上而不是结果上，这种崭新的观念比起竞争者分析，更可以帮助企业达成突破性的改善，比起其他的管理方式也更具实效价值。

（三）持续改善

所有的管理工具都是在寻找提升组织业绩的方法，而标杆管理与其他管理工具最大的不同之处就在于标杆管理特别强调持续改善的观念。在后面的论述中我们将会提到标杆管理具有循环再生特性的流程，这个循环的特性说明了标杆管理不是一个短期的活动，也不是一次就完成的活动口只有在较长期的架构之下，所得到的资讯才更具价值。任何实行标杆管理的企业如果只将它视为一个专案或是单一的事件，那是很遗憾的。这个企业所能从标杆管理活动中得到的益处也仅是有限的改进。"追求完美的过程是永无止境的"，这是任何一个想要借标杆管理来提升组织绩效、臻于卓越的企业都必须体会到的事。如果我们能够将标杆管理的对象视为一个移动的标靶，那么我们就能够体会到为何标杆管理是一段必须持续的过程。除此之外，持续进行最佳作业典范的调查还有助于企业了解最先进的资讯科技、作业技术及管理方式。

（四）创造优势，塑造核心竞争力

标杆管理是企业创造竞争性优势的捷径，原因在于企业要想建立竞争优势首先必须进行战略规划。进行战略规划的基础在于了解竞争情势，然而必须先收集充分的资讯才能帮助企业作好竞争分析。标杆管理本身即为一种收集资讯的过程，不论本身还是竞争者的资讯都是标杆管理着重的焦点。汇集到的资讯除了自己与标杆企业的作业方式外，自然也会包括目前产业内竞争形式的优劣势分析。

塑造自身的核心能力：企业存续的关键在于为顾客创造价值的能力，这种能力可称之为核心能力。标杆管理有助于企业强化自身的资源基础，形成本身的核心能力。原因就在于标杆管理的重点不仅在于了解标杆企业到底生产或提供了什么比我们还要好的产品或服务，更重要的是去了解这项产品或服务是如何被设计、制造或提供的。如果企业能够彻底地分析这种最佳作业方式所提供的资讯，并且经过内化吸收，成功地转换应用到自己的组织内，发展出一套独特的做法与技能，就可以塑造出自身的核心能力，为企业创造竞争优势。

（五）有助于建立学习型组织

企业可以通过标杆管理方法，克服不足，增进学习，使企业成为学习型组织学习型组织的实质是一个能熟练地创造、获取和传递知识的组织，同时也要善于修正自身的行为，以适应新的知识和变化。实施标杆管理后，企业发现在产品、服务、生产流程以及管理模式方面存在的不足，并学习标杆企业的成功之处，再结合实际将其充分运用到自己的企业当中。而且这种过程是一种持续往复的过程，主要基于三点考虑：（1）企业所在竞争环境的持续改变；（2）标杆企业的不断升级与更新；（3）企业业务范围和企业规模的不断变化。

二、标杆管理的分类

根据不同的方法，标杆管理可分为不同的几种类型。

（一）按标的不同分类

1. 内部标杆管理

以企业内部操作为基准的标杆管理。它是最简单且易操作的标杆管理方式之一。辨识内部绩效标杆的标准，即确立内部标杆管理的主要目标，可以做到企业内信息共享。辨识企业内部最佳职能或流程及其实践，然后推广到组织的其他部门，不失为企业绩效提高最便捷的方法之一，除非用作外部标杆管理的基准，单独执行内部标杆管理的企业往往持有内向视野，容易产生封闭思维。因此在实践中内部标杆管理应该与外部标杆管理结合起来使用。

2. 竞争标杆管理

以竞争对象为基准的标杆管理。竞争标杆管理的目标是与有着相同市场的企业在产品、服务和工作流程等方面的绩效与实践进行比较，直接面对竞争者：这类标杆管理的实施较困难，原因在于除了公共领域的信息容易接近外，其他关于竞争企业的信息不易获得。

3. 功能标杆管理

以行业领先者或某些企业的优秀职能操作为基准进行的标杆管理。这类标杆管理的合作者常常能相互分享一些技术和市场信息，标杆的基准是外部企业（但非竞争者）及其职能或业务实践。由于没有直接的竞争者，因此合作者往往较愿意提供和分享技术与市场信息。

4. 流程标杆管理

以最佳工作流程为基准进行的标杆管理。标杆管理是类似的工作流程，而不是某项业务与操作职能或实践，这类标杆管理可以跨不同类组织进行。它一般要求企业对整个工作流程和操作有很详细的了解。

（二）按内容不同分类

1. 产品的标杆管理

产品标杆是一项已长期存在的实践。它主要是仔细考察其他组织的产品而不仅是竞争对手的产品。通常采用的方法是产品拆卸分析〞拆卸分析法，又称反向设计，是通过评价竞争对手产品以明确自身产品改进可能性的方法。拆卸过程一般请相关的技术专家参与，将竞争对手的产品分解为零部件，以明确产品的功能、设计，同时推断产品的生产过程。如丰田公司每年从世界各地购置 160 辆汽车，一个部件一个部件的逐一分析。由于标杆管理用一种新的思维方式，因而在产品标杆管理过程中必然会超出简单的"拆卸"模仿框架而去追求和发现更多的信息。正如一位产品标杆专家所说的那样：不要把产品标杆管理理解为如同青蛙的生物学解剖一样，仅仅看看它是由什么样的部件组成的。实际上产品标杆管理更像考古学，在这项工作中、应该可以得到有关一个"文明"的最多信息。例如、一位工程师通过拆卸和组装一台别人的复印机，他掌握的不仅是性能、结构、设计技巧、材料，还应该从中计算出产品成本，了解到使用的生产工艺，甚至能考察到顾客的要求以及新的设计观念。

2. 过程标杆管理

战略标杆主要研究学习其他组织的战略和战略性决策，有关企业长远整体的一些发展问题。例如发展方向、发展目标和竞争战略的标杆管理活动，企业为什么会选择低成本而不是产品差异战略等等它主要为企业的总体战略决策提供指导性依据。

3. 管理标杆管理

即通过对领先企业的管理系统、管理绩效进行对比衡量，发现它们成功的关键因素，进而学习赶超它们的标杆管理，这种标杆管理超越了过程或职能，扩大到了整个的管理工作，比如对全公司的奖酬制度进行标杆管理，它涉及如何成功地对不同层次、各个部门的员工进行奖酬的问题。

4. 战略的标杆管理

这种标杆管理比较的是本企业与基准企业的战略意图，分析确定成功的关键战略要素以及战略管理的成功经验，为企业高层管理者正确制定和实施战略提供服务这种标杆管理的优点在于开始就注意到要达到的"目的"。

5. 最佳实践标杆管理

最佳实践是指领先企业在某个领域内独特的管理方法、措施、诀窍。这些方法和措施是领先企业取得优异业绩的原因所在。最佳实践标杆管理就是通过比较分析，寻找确认标杆企业的最佳实践、引进这种最佳实践并经过改进整合，使之成为本企业经营管理过程的一部分。它主要是对一系列管理实务进行比较，其内容更能体现一个企业在经营管理中的独特性和有效性。

（三）按照信息搜集方法不同分类

1. 单向的标杆管理

它是一种很常见的标杆管理。在这种标杆管理下，公司独立地收集一个或几个公司优秀实践的相关信息一般的信息来源于行业贸易协会、信息交易所或其他途径。

2. 合作的标杆管理

合作标杆是指在双方协商同意的情况下，彼此自愿信息共享。参与的公司可以借此分析为什么从事同样的功能或生产相同的产品别的公司可以成为行业的领导者，从而对自身的经营有更好的了解。合作标杆管理的最大优点在于信息可以在行业内或跨行业间达到共享。数据库信息、间接/第三方信息和集团信息是合作标杆信息收集的主要渠道。

第三节　标杆管理的实施

一、标杆管理导入的必要条件

由于标杆管理是一个涉及很多方面的过程，因此实施中往往出现一些偏差。比如人们往往将注意力只集中于数据方面，而标杆管理的真正价值应该是弄明白产生优秀绩效的过程，并在本企业（产业或国家）实施，不应该只注重某几个财务数据本身；再比如由于方案设计或者其他原因，在标杆管理实施的过程中受到成员的抵触，从而增加了实施的成本，降低了活动的收益，等等。

研究表明，成功的标杆管理活动应具备以下基本要求：高层管理人员的兴趣与支持；对企业（产业或国家）运作和改进要求的充分了解；接受新观念改变陈旧思维方式的坦诚态度；愿意与合作者分享信息；致力于持续的标杆管理；有能力把企业（产业或国家）运作与战略目标紧密结合起来；（企业）能将财务和非财务信息集成供管理层和员工使用的信息；（企业）有致力于与顾客要求相关的核心职能改善的能力；追求高附加价值；避免讨论定价或竞争性敏感成本等方面的内容；不要向竞争者索要敏感数据；未经许可，不要分享所有者信息；选择一个无关的第三者在不公开企业名称的情况下来集成和提供竞争性数据；不要基于标杆数据向外界贬低竞争者的商务活动。

二、组织标杆管理的原因

组织进行标杆管理一般出于以下五个原因。

首先是企业进行战略规划的需要。企业想要进行战略规划，必须充分了解市场、竞争对手的可能活动、产品或服务的最新技术、财务需求以及顾客基础等等。

其次是预测相关行业领域的趋势‘标杆管理的资讯，通常被用来评估市场状况或是预测市场潜力。因为在很多行业里，几家主要公司的经营动向，足以主导整个市场的走向。这方面的资讯可以帮助组织对产品/服务发展的趋势、消费者的行为模式等有个基本的判断。

第三是企业创新的推动。标杆管理是经营创新的绝佳来源，它让人有机会接触到新产品、新工作流程以及管理公司资源的新方式。标杆管理也提供员工一个"跳脱框框之外"思考的机会——考虑不同的典范或是假设各种不同状况而进行思考。

第四是企业要进行产品/流程的比较。一般标杆管理活动，是搜集有关竞争对手或是卓越企业的产品或流程资讯这种资讯通常是作为一种标准，用来与自己的类似产品或服务做个比较，以期将卓越企业的产品或流程融入自己的工作环境中。

第五是采用标杆管理可以为企业设定目标。标杆管理也被当作选定最佳作业典范的工具。虽然很多组织实际上并不准备达到行业翘楚的水准，但却利用这些资讯来设定特定的产品或流程目标，以激励组织不断努力改善，以加速提升绩效。

只要是可以观察或是可以测量的事物，几乎都能作为标杆管理的标的。过去，组织间相互比较的做法，多少局限在组织结构或是产品方面些可以现成观察到的事项。但是，标杆管理的经验已大幅扩充到了可以研究调查的领域。常见的标杆管理领域如下：

一是产品及服务。在市场中提供给外界顾客的产品与服务，是标杆管理常见的一个主题）通常，大家是在零售的阶段观察到这些产品，而不是在生产过程之中。这些产品和服务大都随时可供分析。除了整体产品及服务外，产品或服务的特色通常也是标杆管理的主题。

二是工作流程。标杆管理的领域，除了有形的产品与服务，也包括工作流程。也就是说，如何制造或支援产品与服务。以工作流程为主题，是为了深入了解设计流程、研发作业、生产流程、工作场所设计、特定技术的运用、配销等等流程。这些人源自一个信念：应用卓越的工作流程，可以在任何行业里创造卓越的产品及服务。

三是支援功能支援功能通常是指与产品及服务的实际生产没有直接关联的流程与程

序，支援功能通常包括财务、人力资源、营销与服务等部门的活动。这方面的调查范围，常会涵盖对员工和内部顾客的支援活动。

四是组织业绩，组织绩效包括了一个组织的经营成果——成本（费用）与营收（收入）。除此之外，与生产流程相关的特定绩效指标（例如，收益、资产周转率、折旧率、资金成本），也可能是标杆管理调查的主题，竞争对手或卓越公司的绩效资料，可以带来足够的刺激力量，激励组织对产品/服务、生产流程乃至维持产品与服务优异品质所需的支援体系，进行更完整的分析。

五是战略。有些组织会以组织性或功能性的战略为标杆管理的主题，以便了解某些公司是如何取得竞争优势的。今天，标杆管理的观念已经远远超越了竞争分析的范畴，而将焦点放在任何卓越组织的战略之上。目前，战略标杆管理的焦点，通常是一个特定的功能领域，而不是整体的企业或产业战略，除了战略本身以外，战略规划的流程，通常也是标杆管理活动的主题。

三、设计合理的标杆需要考虑的因素

如何设计合理的标杆，是实施标杆管理的核心问题，这需要充分考虑以下因素。

一是与战略的关系。开展标杆管理要首先明确企业的战略定位，不同类型及规模的企业在不同阶段都有自己的发展战略和相应的策略，这些都是标杆管理的方向和基础考虑。

二是以流程的思路选择标杆。对标杆对象进行以流程为基础的分析工作。对流程的主要内容进行分析，是标杆管理的最前沿和基础

三是时空因素，标杆选择必须考虑时间和空间的因素。结合企业的不同生命周期阶段的具体情况，来选择标杆。

四是前瞻性。标杆的选择应结合波特的五力模型，根据前向一体化、后向一体化等企业发展模式，在关注行业内现有企业的同时，要着眼于来自生产替代品或提供服务的公司竞争，以及潜在竞争者的竞争，以反映未来发展的趋势。

五是采取多指标体系。尽管标杆对象只有几个方面表现突出，但正是其他方面的合理配置，才使其在某方面有好的表现。确定单一的标杆指标往往很难达到预期的学习效果。

六是重视环境因素。要注意资源环境的可比性。企业的发展受其内外部资源环境的很大影响。因此，标杆的选择，必须考虑到大致相同或相似的资源环境条件以及对不确定性的影响。

七是合理的标杆对象。标杆对象的选择，应根据企业自身现有基础灵活确定。对于中国企业来说，各行业最优秀的企业中可以将世界一流企业作为自己的标杆，中小企业又可以把行业一流企业作为自己的标杆。但是那些（失败者）类型的企业若是将行业一流甚至世界一流的企业作为企业自己的标杆对象，那么那些先进企业的经营管理实践对这些企业而言，虽不能说毫无用处，但用处不大。如果这些企业把绩效水平在行业中等水平或中等偏上水平的企业列为自己的标杆管理对象，产生的效果会更显著。

八是动态的标杆目标。任何一个优秀的企业，如果不进行积极的管理变革，保持企业的核心竞争优势，那么早晚会被市场淘汰出局，成为市场竞争的失败者。所以企业在进行

标杆管理活动过程中，应结合本企业发展阶段的实际情况，适时、动态地向当今具有整体优势（或优秀片段）的企业学习和进行经营管理实践，而不是仅仅将目光中瞄准在一两个领先企业上。

四、标杆管理的推进步骤

如同前述所言，标杆管理是一项非常正式化、通过一贯基本步骤来追求卓越的流程具有完整架构且持续不断的学习过程。因此很合理地，这个流程一定有某些既定的步骤或是流程模型来引导整个计划的实行。

（一）内部研究与初步竞争性的分析

要发展标杆管理计划决定以什么为标的的第一步就是要认准顾客以及顾客的需求。这个步骤很重要，因为在大多数情况下，顾客是有某种急迫需要的个人或团队。顾客受到某种因素的刺激（例如，市场情况、新竞争对手、新科技、作业问题/机会），开始选定作为标杆领域的产品、服务和流程。

界定标杆管理顾客，就是要明确是谁要使用标杆管理的资讯。几种主要的顾客是：委托标杆管理调查的主管，也就是标杆管理活动的发起人；标杆团队本身，此时标杆管理常被定位为全面质量管理工具组的一部分，由个人或团队成员自发进行的；其他顾客，组织的其他员工与标杆管理的潜在顾客即参与这个流程的标杆伙伴。在界定顾客之后，要对顾客需求进行诊断并制作一份顾客需要摘要：顾客需要的是何种标杆管理类型？搜集的资讯用于何种用途？应当搜集哪些资讯类型？资讯量要求有多大？对资讯的品质有何要求？是否应该进行持续的标杆管理活动等等？这份摘要用来指引标杆管理调查的方向，它决定了标杆管理的进度、行动的范围、报告格式以及资源的分配等。

在明确标杆管理主题以后，余下的问题就是对标杆管理主题要形成可予以测量的一系列衡量指标。标杆管理通常用关键成功要素来称呼一些重要到值得使用标杆管理流程的主题。在寻找标杆管理的关键成功要素里，很重要的一点是定义及测量方法必须力求准确。

2. 组成标杆管理团队

在确定标杆管理的主题之后，便可以根据这个主题的特性来决定标杆管理团队的成员应该如何组成。最基本的原则是必须要有在这个主题领域内具有专业知识的员工来参与。除此之外由于规划、推动一个标杆管理计划是需要相当的时间和心力的投入。因此还必须考虑团队成员在时间的安排上要能有某种程度上的配合，另外，还必须多方考量团队成员专长、技能的多元化及互补性，以求未来在实际推动计划遭遇到困难时，都能通过团队成员的集思广益来解决问题，除了以上的条件外，成员还必须具备其他不可或缺的人格气质，如行动力十足、乐意参与标杆管理的调查并且有良好的沟通技巧与团队合作精神等等。在标杆管理团队中也应该有分析规划能力较强的人员来协助统筹整个专案的进行以及运用类似管理计划评核图或甘特图等等的专案企划工具来规范专案的进度；

在企业决定实际标杆管理之后，就必须安排外界的标杆管理专家来训练公司内的全体员工，使得他们能够了解基本的标杆管理流程。日后在实际实行时，才能让全体员工了解标杆管理团队在做什么，这也有助于企业在员工间塑造出积极学习的氛围。另外在标杆管理团队正式成立后，企业也必须安排标杆管理专家来对团队成员进行较深入的标杆管理课程，协助团队成员了解标杆管理的实行方法、步骤以及成员的角色和责任等等。

3. 选定标杆管理伙伴

标杆管理伙伴是指提供标杆管理调查相关资讯的组织，也就是要选定最佳作业典范来作为学习合作的伙伴。企业在确定学习对象时，应该要先构建出一个金字塔形的标杆体系。依照不同的标杆管理目标及改善目标，采用不同的标杆对象。

金字塔最顶端是世界级或是行业翘楚，下方比较大的区域代表最佳作业典范，再下面有更大的一片区域则代表现行作业的改善，塔底是与现有作业方式相同或不及现有水准。进行单纯的作业发送，比起向最佳作业典范或世界级组织学习的机会要大得多，同时为找到特定对象及其活动所耗费的资源（如时间、资金、人力）也会随之增加所以企业在进行标杆管理对象的选取时，应该要确定自己到底是只要对现行作业进行一些基本改善还是要达到树立典范的程度。因为这涉及了"想要改善绩效的程度"以及"投入资源"两者间的均衡当然每家企业都愿向世界上做得最好的组织学习，但是必须考虑到本身目前的实力以及可允许的资源使用量。举一个简单事例：一家国内小规模的物流公司如果想要加快货运包裹的分拣速度，那它当然可以向全球规模最大、强调"准时、快速、全球的顶尖服务"的联邦快递学习。但鉴于其本身的实力和拥有的资源，向国内物流业的领导学习会更实际有鉴于此，组织应该仔细思考标杆管理的目标。与其设定一个好高骛远的目标，结果半途而废，还不如设定一个切合实际的目标，并投入合理的资源从而达到目标。

4. 搜集及分析资讯

第四阶段的标杆管理流程，包括实地搜集及分析标杆管理资讯，这里的假设是你已经确认了标杆管理顾客、顾客需求以及构成你调查核心的具体关键成功因素；你已经选好了标杆管理团队成员，并完成训练；而且你也已经认定了最佳作业典范这点非常重要，因为很多标杆管理新手在未能谨慎完成流程的初期计划及准备阶段，过于急切地进入搜集资讯的阶段，导致获得资讯没有实效。

在了解另一个组织的作业流程、产品及服务之前，首先要彻底地了解自己本身。所谓"知己知彼"。在这个阶段中必须搜集分析自己的内部作业资讯，了解目前的作业方式并进行检讨，找出需要改进的地方。这个步骤是向外界搜集资料前的准备工作。唯有如此，企业才能正确地评估自己能够改善的程度，况且，如果不曾进行过一次完整的内部分析，可能会错过一些重要的内部标杆管理机会，而永远不会发现组织内部的一些颇具价值的资讯来源及可获得的协助。另外，企业日后在其他组织开始进行资讯搜集活动时，他们可能会问到你的组织在同一领域的活动，你也不会无法对自己的内部作业提出有把握的答案。

一旦你决定了需要搜集的标杆管理资讯类型以及将要调查的资讯来源与组织，下一个议题就是要使用哪一种资料搜集方法。常用的资讯搜集方法有：电话访谈，面谈/现场访谈，问卷调查，出版品/媒体，档案研究。基于时间、资源等多方面的考虑，不同的资讯搜集方法有各自的优缺点。

当资料搜集完毕，必须将所得到的资料整理并做一份摘要以加强资讯的效力与意义。在资料整理、分析的基础上，接下来便是进行作业方式的比较，找出之间关键性的差异是在哪个部分。在进行完比较后，便可根据比较结果订出期望绩效目标，并分析讨论目前绩效与期望绩效间的差距该如何弥补。究竟要改变哪些流程？该如何进行改变？拟出一份改革行动计划书，作为实际在进行改革行动时的蓝图

5. 采取改革行动

标杆管理的主要目标就是采取行动，以达到或超越标杆虽然标杆管理是一个调查的流程，但当初展开某项调查的首先动机，绝不是作出一份精美华丽的报告，而是采取行动的欲望、严谨的顾客需求以及认定关键成功要素作为研究调查的焦点。

在这个阶段，企业会根据前一阶段所提出的改革行动计划书来变更实际的流程，这些改变通常会显著而剧烈，甚至能立刻看出成效在企业进行完改革后的一段时间，必须要进行绩效指标的评估，以检验实行的成果。从开始实行到绩效评估的时间，视企业的反馈速度而定。在评估绩效时，尽量避免其他因素影响了评估的结果。只要整个标杆管理的流程都有严格的依循遵照，评估出来的绩效通常可以看出显著改善。

五、标杆管理存在的问题及其突破方向

标杆管理在世界范围内传播开来，不仅在企业界而且在各行各业也纷纷采用作为提高自身竞争力的有效工具，的确也取得了一定的效果。经过了一段时间的实践，令这些企业感到困惑的是，在生产效率大幅度提高的同时，企业的盈利能力和市场占有率却并未能够随之相应增长。实际上，在效率上升的同时，利润率却在下降。

（一）忽视创新和服务的对象

单纯的标杆管理，缺乏结合自己实际情况的创新导致企业竞争战略趋同。标杆管理的基本思想就是模仿，通过模仿、学习然后实现超越。因此，在实行标杆管理的行业中，可能所有的企业都模仿领先企业，这样必然采用相同或类似的手段，如提供更广泛的产品或服务以吸引所有的顾客、细分市场等类似行动来改进绩效"标杆管理使得单个企业运作效率的绝对水平大幅度提高，而企业之间相对效率差距却日益缩小普遍采用标杆管理的结果将没有企业能够获得相对竞争优势，全行业平均利润率必然趋于下降，必然使这个行业内各个企业战略趋同，各个企业的流程、产品质量甚至运营的各个环节大同小异，市场竞争更加激烈。在这种性质的市场上，各个企业难以获得足够的成本优势，同时也不能够索取较高的价格，企业将发现利润越来越薄，无力进行长期投资，最终陷入恶性循环。这样，在成本和价格两方面夹击之下，企业生存空间将日渐狭窄。这就是企业做得越来越快，利润率却越来越低的根本原因。例如通用电器、柯达等公司在复印机刚刚问世时，曾以复印机领先者施乐公司为榜样，实施标杆管理，结果 IBM 和通用电器陷入了无休止的追赶游戏之中，无法自拔，最后不得不退出复印机市场。单纯为赶超先进而继续推行标杆管理，则会使企业陷入"落后 - 基准 - 又落后 - 再基准"的"标杆管理陷阱"之中。标杆管理仅仅是一项管理技术，它要为组织的整体发展战略服务，并且应结合自身的实际情况，适当

进行创新，不能完全一味地模仿，否则带来的结果往往事与愿违。

（二）认识与操作不当

标杆管理在提高组织效率方面的确会发挥不可忽视的作用，已经成为很多组织竞争方式的一部分。但在实施标杆管理的时候，会踏入一些误区。归纳一下，主要有以下几方面。

1. 混淆标杆管理和调查

组织在相似的产业做调查，这并不是真正的标杆管理。这样的调查虽然会获得一些有价值的数据，但标杆管理却是数字背后隐藏的内在机理。换句话说，基准调查也许会获得组织排位的情况，但它不会帮助改进组织在行业内的位置。

2. 认为预先存在共同的"标杆"

其他组织参照的所谓的"标杆"可能并不适用于另一个组织的市场、顾客或资源水平。坚持辨认自己的标杆对象，从他们那里发现什么是可达到的，从而确定自己的计划。

3. 忽视服务和用户满意

标杆管理实践中往往存在这样的组织，只关注他们提供的产品和服务的成本，从而不考虑顾客，因此顾客流失。

4. 过程太长，过于复杂容易管理失控

组织系统由一系列的过程组成，过程由一系列的任务构成。设法避免标杆一个大系统，它将是非常昂贵而且费时，并且很难保持专注。最好选择大系统部分的一个或几个过程，以它作为开端，然后再逐渐向系统的下一部分推进。

5. 定位不准

选择的标杆管理主题与整体战略和目标不一致。在战略层次上，领导团队需要监督标杆管理项目并确保它与整体战略保持一致。

6. 不了解自身

标杆管理假设，做标杆管理参观之前，应已经完整地分析了自己的过程，知道自己的绩效水平。毕竟，那些信息是必须提供给基准对象以交换信息，获得所需要的他们的相关信息。确定自己的标杆管理团队非常清楚达到标杆管理对象之前，需要学些什么。

7. 基准对象选择不当

许多组织最初都会在本行业内寻找比较目标，但关于竞争组织的信息不易获得 c 在大多数情况下，理想的比较目标应是完全不同产业的组织，因此，寻找产业外的组织来做比较对象，通常可以得到更有价值的信息。

8. 企图一蹴而就

标杆管理不是一次性的，而是一种持续、渐进的过程。其成效也不可能在一夜间显示出来。每次学完之后，都应该重新检查和审视基准研究的假设、标杆管理的目标和实际效果，分析差距，为下一轮改进打下基础。

第九章　绩效沟通机制及实施

第一节　绩效管理沟通的概述

近些年来，现代人力资源管理理念在我国企业的实践中得到了广泛的应用，绩效管理更是受到了企业家和学术界的关注。绩效管理作为人力资源管理的核心，承载着实现组织战略目标的重要使命，更是人才开发、团队培养的重要依据。

然而，作为绩效管理实施的核心和灵魂，绩效管理的作用，是否能够充分的发挥，很大程度上取决于绩效沟通是否得到了有效的贯彻、执行。绩效沟通贯穿着绩效管理的整个流程，所以，有必要正确认识绩效沟通在绩效管理各个环节中的作用，以及如何将这些理论应用于实践等问题。

一、沟通与绩效沟通

（一）沟通

沟通在社会生活中是无处不在、无处不有的，无论是动物界还是人类，都需要沟通。沟通简单来说，就是相互间的信息交流，其基本流程是由从发送者、编码、媒介、译码、接收者、反映到反馈这七个环节构成，沟通的基本目的在于，表达信息发送者的想法，并希望得到对方的认可。所以，沟通就是借助一定媒介把信息、思想和情感在双方或群体间相互传递或交换的过程。

沟通能否成功顺利地进行，或取得应有的结果，不仅取决于沟通双方的态势，还会受到各种因素的影响。比如，来自外在环境的干扰。因此，选择合适的媒介（沟通渠道）是沟通取得成功的关键环节之一。

一般来说，沟通的方式可分为语言沟通和非语言沟通。语言沟通，以口头交流和会议沟通方式为主，如谈话、讲课、开会等；非语言沟通，则通常有书面报告、肢体动作及语调等，如文件、信函、微博，手势、说话的语调等。需要说明的是，实际活动中的沟通往往是伴随着多种方式的。比如，影视画面、可视电话等，既有语言沟通，也有非语言沟通。

（二）绩效沟通

绩效沟通是沟通的一种。在组织管理活动中，员工群体之间以工作内容为中心的信息交流是管理沟通。绩效沟通是管理沟通的一种具体形式，是管理者和员工以消除双方误解，解决各自面临的问题和提高个人、群体和组织绩效为目的协调、交流的过程。

　　由此观之，沟通、管理沟通与绩效沟通是层层递进的关系，即管理沟通属于沟通，而绩效沟通又从属于管理沟通。绩效沟通作为绩效管理的关键内容，需要有通畅的沟通渠道，来保证绩效管理的顺利实施。常见的组织绩效沟通方式，主要由正式和非正式方式两种，正式沟通方式有书面报告、会议、谈话沟通。非正式沟通方式有走动式管理（现场管理、巡视）、开放式办公及非正式会议。

（三）绩效沟通与绩效管理

　　绩效管理是管理者用来确保员工的工作投入和工作产出与组织目标的一致性，通过不断改善其工作绩效，最终实现组织战略的过程。

　　传统的绩效管理过程一般包括绩效计划、绩效辅导、绩效考核和绩效反馈这四个环节。为保证组织目标的顺利实现，实施绩效管理就需要安排好绩效计划、绩效辅导、绩效考核和绩效反馈这四个环节的具体工作。绩效管理的实施是由绩效计划、绩效辅导、绩效考核和绩效反馈组成的闭合的不断持续推进的过程。在这个过程中，绩效沟通发挥着关键作用，它贯穿了绩效管理的整个实施过程，充当着绩效管理的"润滑剂"。

　　因此，我们认为，绩效管理过程还应该包括绩效沟通这个环节，也就是第五个环节。

　　在理论上与实践上，绩效沟通在绩效管理实施过程中的核心地位，得到了广泛的认可，但支持绩效沟通是绩效管理的一个环节的观点还并不多。我们不仅认为，绩效沟通应该属于绩效管理的一个环节，而且是一个中心环节。只是这个环节并不是独立存在的，而是贯穿于其他四个环节之中。

二、绩效沟通在绩效管理中的应用

（一）绩效计划沟通

　　绩效计划是绩效管理周期的起始环节，其基本目的是促使员工与管理者双方就工作目标和标准达成一致意见。绩效计划的方式是多种的，大致包括：命令式、说服式、放权式、参与式等方式。

　　从沟通的方式来看，命令式绩效计划沟通，是管理者做好工作计划，要求员工按计划实施的单向沟通过程。说服式绩效计划沟通，是指管理者做好工作计划，采取一定的方式说服员工接纳并按此计划进行的沟通过程。放权式绩效沟通，是指管理者不做微观的工作计划，仅有宏观的指导性意见，怎样工作并完成任务，由员工自己去思考的沟通过程。参与式绩效计划，是管理者先提出一个初步计划，让员工参与讨论进行修改完善，管理者和员工双向沟通的过程。

　　为了更好地调动员工的积极性、又快又好地完成任务，参与式绩效沟通是最好的一种绩效沟通模式。由此可知，以员工参与为中心的双向沟通，在此环节中发挥着关键作用，因为与其他绩效计划相比，员工参与的主要优势在于，提高了绩效目标的可接受性，可以发挥参与度所带来的激励效果，更有利于工作目标的实现。

　　从管理成本来看，绩效计划沟通的主要方式是绩效计划会议。在会议上，员工可以提出疑问，管理者可以尽可能地解决员工的疑虑。同时，充分地讨论资源分配等问题。然而，欲实现员工与管理者双方就工作目标和标准达成一致意见，需要明确的基本前提是，要求员工对于本岗位的职责和权限有着清晰的理解。只有这样，员工在与管理者进行绩效目标的沟通时，才能在其心中有一个可以衡量的尺度，从而提高绩效计划沟通的有效性。对于管理者，则要求管理者对计划周期内的目标、资源等要素进行分析，充分地讨论绩效计划的可行性。具体而言，可以用"5W1H"来表示。

Why：为什么组织和本部门的目标是这样？

What：员工需要做些什么，需要为员工提供哪些条件，评判员工绩效的标准是什么？

Where：在什么地方去实施绩效计划，实施绩效计划的背景是什么？

Who：谁去实现绩效目标，具体目标的直接责任人是谁？

When：绩效计划周期的期限有多久，关键任务可能出现在哪些环节？

How：员工用什么方式去完成工作任务，是否需要接受某方面的培训，或掌握某种工作技能？

（二）绩效辅导沟通

绩效辅导沟通，又称绩效控制沟通，是指管理者根据绩效计划，对员工的工作进行检查、督促并提出建议的沟通过程。因此，绩效辅导沟通发挥着监督工作进展情况、分析和解决潜在的障碍、调整工作任务和目标的功能，是实施绩效计划、为绩效考核提供评价依据的中间环节。绩效辅导体现着管理的控制职能，主要通过会议、面谈和走动式管理（现场管理、巡视）等方式来实现。在此环节，绩效沟通的有效性尤为重要，是监测目标进度、观察员工动态的最直观、最直接的重要方式和手段。

实际上，绩效沟通本身也是一种有效的激励方式，当员工面临挫折和压力或取得优异成绩时，管理者的支持与肯定都会给员工产生很大的激励作用。此时，需要管理者恰当地运用预防性策略和制止性策略、正向激励策略和负向激励策略，尽可能地释放正能量。即对可能出现的偏差采取预防性措施，当出现偏差时采用制止性策略，即应及时纠正并进行积极引导；对表现突出、有成效的员工采用正向激励策略，即以既定的标准进行奖励，对不符合要求的行为采用负向激励策略，即进行及时批评或惩罚。

（三）绩效考核沟通

绩效考核沟通，是在绩效考核过程中，为了顺利实施绩效考核而在管理者和员工之间进行的沟通。其内容主要包括绩效考核方案沟通、管理人员的培训和员工绩效申述等方面。绩效考核沟通一般以绩效考核会议方式进行，基本目的是解决员工的疑惑，取得员工对绩效考核方案及绩效考核目的的认同和理解。同时，这也有利于提高绩效考核的透明度，促进绩效考核的顺利开展，及企业绩效目标的实现。对管理人员的培训，则应使其正确认识考评指标的含义和考评方法，及如何避免晕轮效应、近因效应、首因效应、月光效应、完美效应、定势效应等考评误区，使考评结果体现出公正、公平的原则。

首因效应又称为"第一印象效应"，就是指知觉对象给知觉者留下的首次印象对知觉者以后评价、判断知觉对象所起到的影响作用。

具体来说，就是与人初次接触时，在心理上将会产生对该人带有情感色彩的感性认识，从而影响到以后对该人的认识与评价。因为首因效应是人们通过第一印象所获得的，主要是人的外部特征，包括人的仪表、容貌、举止言谈、动作行为、性别年龄，以及一时一事的行为表现，等等。而人的这些外部特征反映的并不一定是他的本质特征。如果管理者仅凭第一印象进行评价，就会失之偏颇。这种效应最典型的消极作用是以貌取人、感情用事，有时甚至会给工作带来巨大的损失。

近因效应，就是指知觉对象给知觉者留下的近期印象，对知觉者判断、评价知觉对象所起到的影响作用。管理者注意人们工作的近期表现是对的，但是，有时却会导致"一俊遮百丑""近过掩前功"的错觉。近因效应与首因效应比较而言，前者一般是对初次见面的陌生人发生作用，而后者一般则在较熟悉的人们中产生影响。

晕轮效应亦即光环效应。指某个人的突出特征会像耀眼的光环一样，给周围的人留下深刻的印象，使人们很难看到他的其他心理和行为品质。

比如，曾评为"优秀员工""劳动模范"等，很容易在以后的工作中掩饰或使人们忽视其瑕疵甚至错误。管理者在用人时，也容易被这种光环所蒙蔽或干扰而做出不正确的判断。

月光效应也称"借光效应月亮本身并不会发光，但却可以借助于太阳而发出皎洁迷人的光辉，使人产生众首仰望的效应。在现实生活中，也有类似的现象。比如，某人多次参加歌手大赛，均未获奖，但经某位名人推荐或包装后，立即名声大振，从此各种殊荣大奖接踵而至。同理，某员工本来工作一般，但是，由于他与某位领导曾经同窗或爱好相同，且交往甚密，则很可能立即得到重用，身价倍增，跻身于好的岗位。

完美效应，指的是对人才要求过严、过高，刻意追求十全十美的完人心态。而所谓的完人在世界上是不存在的，全才和奇才也只具有相对的意义。因此，管理者若以完美的眼光评价员工，容易导致员工失去信心、失去积极性。

定势效应也称"刻板效应"。定势效应是指人们很难改变其头脑中已经存在的关于某一类人（事物）的固定印象。这种印象往往由来已久，根深蒂固。

例如，一些管理者想当然地认为：名牌大学毕业的学生能力强，而一般大学毕业的学生能力差。因此，对一般大学的毕业员工很挑剔，批评多于称赞。员工绩效申述沟通则属于考核后的沟通，主要以与员工面谈的方式开展。通过面谈，可以消除员工的误解，减少或消除员工的抵触情绪，促进绩效管理的顺利实施。

（四）绩效反馈沟通

绩效反馈沟通，是将员工的绩效状况反馈给本人，并分析存在的问题、讨论改进措施的过程。绩效反馈沟通主要以面谈方式进行，也可以以书面形式进行。一般包括以下内容：以事实为依据，分析员工当前绩效结果的原因；告知员工将会得到什么样的奖惩结果，使其做好心理准备；与员工一起商讨绩效的改进计划，并提出对员工的期望。

由于对绩效考核的认识不足、信息渠道不通畅等原因，处于信息劣势的员工常常会做出自我保护、阻碍沟通等非理性的行为，致使管理人员的沟通目的无法正常实现。所以，要求管理人员做好准备工作，具备一定的反馈技巧，因人、因事而采取不同的方式方法。

在绩效反馈沟通过程中，管理人员应注意把握以下要点：其一，做好面谈准备，包括面谈的时间、地点、环境氛围，需要准备的原始记录。其二，明确面谈主题，面谈内容要直接具体。其三，坚持就事论事原则，不能对员工本人做出好坏评价或人身攻击。其四，充分肯定员工的业绩，鼓励员工发表对工作成绩的意见。其五，善于给员工台阶下，以积极的方式结束面谈。

第二节　绩效管理沟通的原则

绩效沟通是实施和提升绩效管理效果的有效途径和重要保证，企业应制定绩效沟通的政策、制度和方法，关注和满足员工的合理需求，坚持以人为本，调动员工的积极性和创造性，实现企业的绩效目标。

一、绩效沟通在绩效管理中的作用

绩效管理是基于企业的发展战略。在主管人员与员工双方持续动态沟通的基础上，经过绩效计划、绩效实施与辅导、绩效考评和绩效反馈等一系列环节，以促使员工、部门和企业绩效持续改进和提高，最终实现企业战略目标和员工发展的一种管理活动。

绩效沟通可以分为绩效计划沟通、绩效指导沟通、绩效考评沟通等阶段。良好的绩效沟通具有不可替代的作用。

（一）确定绩效管理的共同目标和评价标准

绩效管理的首要环节是设定管理者和员工共同认可的绩效目标和评价标准。管理者与员工就本期内绩效计划的目标和内容，以及实现目标的措施、步骤和方法进行沟通交流，以达到在双方共识的基础上，顺利高效地开展工作的目的。这样，管理者与员工对绩效目标及结果做到了"心中有数"，员工才有实现绩效目标的努力方向和动力，管理者才有量化考核员工的共同认可的标准。

（二）保证绩效目标顺利完成

绩效指导沟通可以在绩效管理过程中随时进行，也可在绩效考评后进行。管理者根据员工在工作中的实际表现，主管与员工围绕员工的工作态度、流程与标准、工作方法等方面进行沟通指导，以便及时肯定或及时纠正员工的一些行为，并帮助员工相互促进、互助提高，避免工作中的误解或矛盾，改善人际关系，创造良好的团队工作氛围，调动员工的参与感、工作积极性和满意度，从而提高整体的工作效率。当工作环境和条件发生变化时，通过沟通，员工能够及时得到上司相应的资源和帮助，克服工作中的困难和障碍，更好地完成目标，不至于处于孤立无援的境地。

（三）使绩效考核结果令人信服，增强企业凝聚力

通过绩效考评沟通，考核者把工作要领、目标，以及工作价值观传递给被考核者，使考核者明白要考核什么、考核谁、如何考核，被考核者明白自己该干什么、怎么干，并给出今后改进工作的指导建议，最终让双方达成共识与承诺。当绩效考核结果被广泛认同时，才能使员工（包括各级主管）认识到对绩效目标的考核，有助于提升企业整体业绩和

员工职业生涯发展，澄清对绩效考核的模糊认识。

因此，有效的绩效沟通，不仅有助于管理者了解被考核员工的工作情况，提高员工对绩效考核及激励机制的满意度，而且有利于员工不断得到关于自己工作绩效的反馈信息，不断提高技能，发现上一阶段工作中的不足，确立下一阶段绩效改进点，从而保持整个组织处于良性循环中。

有一自然现象：两个相对运动的物体表面，如果缺少润滑剂，那么，可能出现的现象是运动停止，更严重的现象是物体受损。绩效管理过程也会因为评估方与被评估方之间产生摩擦受到影响，以至影响工作的正常开展。因此，两者有一定的相似之处：减少摩擦需要润滑剂，绩效管理也需要绩效沟通，绩效沟通之于绩效管理，正如润滑剂之于运动物体。通过绩效沟通，可以制定相对中肯的绩效计划，建立评估方和被评估方都接受的绩效指标，规范绩效评估的方式方法，确立评估人员的责任感，保证评估过程的公正性，提高评估人员的办事效率和服务质量，从而进一步促进绩效管理的公平与公正。

二、润滑剂与绩效沟通

将一定量的润滑剂加入两个相对运动的物体表面之间，能减少或避免摩擦磨损。所谓润滑剂，是指用以降低摩擦副的摩擦阻力、减缓其磨损的润滑介质。此外，润滑剂对摩擦副还能起冷却、清洗和防止污染等作用。选用润滑剂时，必须考虑摩擦副的运动情况、材料、表面粗糙度、工作环境和工作条件，以及润滑剂的性能等多方面因素。

所谓绩效沟通，是指绩效评估方或者被评估方，为了获取沟通对象的反应和反馈，而向对方传递有关绩效评估看法信息的全部过程。绩效沟通与润滑剂原本风马牛不相及。但是，细心思索它们在各自系统中的地位与作用，却可以找出某种相似之处。润滑剂必不可少，少了它，物体受损，运动停止。而绩效管理过程的绩效沟通，可以缓解被评估人的不满和愤慨，是避免绩效管理过程无序甚至中断的重要方法。两者在各自系统中的地位都是举足轻重的，从作用和地位上能找出它们的相似之处。

为何绩效沟通在绩效管理过程中相当于润滑剂？绩效管理包括绩效计划制定、绩效目标确立、绩效指标设计、绩效辅导、绩效反馈、绩效申诉，以及绩效结果执行等系列细节，而对上述这些环节，作为被评估方的员工都有可能产生不满。在绩效管理过程中，评估方与被评估方共同参与绩效管理过程，可以就绩效计划制订、绩效目标确立、绩效指标设计、绩效辅导、绩效反馈、绩效申诉，以及绩效结果的执行等内容进行深入探讨。

从中可见，绩效沟通涉及绩效管理的整个过程，而每一个环节的充分沟通，都有利于评估方与被评估方交换意见，找出双方的差距，减小摩擦。从这个意义上说，绩效沟通类似于润滑剂。在绩效管理过程中，作为被评估方的员工可以认为，绩效计划有误、绩效目标不合理、绩效指标不科学、绩效辅导不正确，直到提出绩效申诉，同样也可以认为程序有瑕疵，没能达到公开、公平、公正的要求。双方就绩效问题的不断沟通，如同在绩效管理过程中添加了润滑剂，不断地减小绩效管理过程中，双方因意见分歧而产生的摩擦力，使得绩效管理顺利进行。

绩效沟通作为绩效管理过程，是有关绩效信息双向流动的过程，也是绩效管理过程中的重要环节，其作用不可低估。

对被评估方的绩效评价结果会有三种情况：一是高于被评估方个体认知，二是符合被评估方个人预期，三是低于被评估方个体认知。前两种情形一般不会带来不良后果，但是在第三种评估状态下，被评估方在认为自己受到不公正或者不正确的评价时，内心会产生不满和反抗情绪。如果没有一个正常的宣泄渠道，被评估方则可能无法继续安心工作，提高绩效的预期也就无法实现。寻找宣泄反抗情绪的渠道，虽不失为一种有效的解决方法，但是，还有一种方法可能付出的代价会更小，即通过绩效沟通，避免这一现象产生。如何避免这一现象？这种不满情绪可能来自于绩效管理的任何一个环节：除可能来自绩效评估程序的瑕疵，没能达到公开、公平、公正的要求之外，还有可能来自于前期工作的不科学，例如，绩效目标不合理、绩效指标不科学，或者绩效辅导不正确。由此可见，单纯依靠设置绩效申诉环节来解决问题不够科学，绩效管理过程需要建立有效的绩效沟通机制。

绩效管理是一个动态的过程，包含一系列环节：绩效计划——绩效评估——绩效反馈——绩效申诉——绩效改进。绩效沟通是连接评估方与被评估方的纽带，也是绩效管理中不可或缺的环节。只有通过评估方与被评估方之间有效的绩效沟通，帮助被评估方建立良好的接受绩效评估心态，被评估方才会正确了解和接受评估结果。从绩效结果运用阶段的绩效沟通分析，当绩效评估方将绩效评估的结果以某种形式反馈给被评估方时，如果被评估方对评估结果不认同，那么，需要有渠道进行绩效申诉。评估方与被评估方通过相互的沟通，评估方将绩效结果传达给被评估方，被评估方将个人对评估过程与结果的想法传递给评估方，这样有关绩效评估的信息就构成了一个回路，信息链不至于在绩效评估的环节中断开。对被评估方的绩效申诉，评估方也需要做出积极回应，对绩效申诉做出反馈。只有这样，绩效改进才可能被提上议事日程，并得到有效实施，绩效沟通才会形成有效的循环，才可能进行下去，否则，绩效反馈就形同虚设，绩效申诉毫无意义，绩效管理则无法完成。

三、绩效润滑剂的核心要素

为保证绩效润滑剂充分发挥其润滑作用，需要充分研究绩效管理的具体环节及影响其运行的核心要素。如果把绩效沟通看作是绩效管理系统的润滑剂，那么，润滑剂的作用发挥需要适应绩效管理过程的需要。

哪些要素可能成为绩效管理过程中的润滑剂，如何用好绩效沟通这个润滑剂，是非常值得深入研究的问题。

绩效润滑剂之一：科学的绩效计划。

科学的绩效计划来源于有效的绩效沟通。绩效计划是绩效管理的一个重要部分，是根据组织目标对员工的绩效行为进行管理的活动。绩效目标的确定、绩效指标体系的建立，是绩效管理运行的基础。在绩效管

理的最初阶段，绩效计划制订是绩效管理过程中建立评估方与被评估方之间联系的重要手段，更是绩效沟通的产物。绩效计划不能由评估方单独制订，还需要将被评估方的意见引入绩效计划的制订过程中。绩效目标的确定、绩效评价指标体系的建立，都不能直接

以被评估方的意见为准，但是，被评估方的意见也不能完全忽视，绩效目标的确定离开被评估方的参与，就有可能脱离实际。过高的目标、不科学的指标体系可能导致被评估方产生不满和愤慨，直接影响员工的工作心态，这与绩效管理的出发点是相违背的。

绩效润滑剂之二：明确的绩效管理主客体。

绩效评估的主体和客体问题，说的是谁对谁进行绩效评估的问题。弄清这一问题，可以明确绩效沟通的对象。具体分析绩效管理过程中的主客体，可以分为两种情况：一种情况，被评估方是一个部门或者组织，另一种情况，是被评估方是个体。如果被评估方是部门，则由具体的部门领导，或者委托一定的代理人进行绩效沟通。部门领导对部门的绩效情况更为了解，所以，由其进行绩效沟通，更有利于提高效率和解决问题。如果是对个人的绩效进行评估，则由被评估方本人或者委托代理人进行绩效沟通。考虑现实情况，因为本人对自己的工作绩效会更加熟悉，且便于与评估方进行绩效沟通，由本人进行绩效沟通，效果会更好。只有在本人不方便，或者不能直接进行绩效沟通的情况下，才可以让代理人进行。绩效沟通的另一方主体则由评估方产生。由于绩效评估的目的是为了提高工作的绩效，一般情况下，绩效沟通都应由绩效评估主体参与，直接的沟通便于问题的解决。那么，谁是评估主体，就是一个值得考虑的问题了。如果是部门内部管理者对工作人员进行绩效评估，则绩效沟通由工作人员和管理部门直接进行。如果是上级管理部门对下级部门进行绩效评估，绩效沟通由下级部门和上级部门选出代表进行。

绩效润滑剂之三：公正的绩效评估程序。

评估结果的公正性很重要，但是，除了保证结果的公正外，还需要保证程序的公正。因为在很多情境下，程序公正是结果公正的前提和保证。

所谓程序公正，是指制定和实施法律、法规、条例及其他政策时应遵循公正合理的流程安排。绩效管理中的程序公正，是指绩效管理过程中，应遵循公正合理的程序和流程安排，其基本特征是普惠性、公平正义、多方参与、公开性和科学性等。设计合理的公正的绩效评估管理程序，有助于保护绩效评估双方尤其是被评估方的基本权利，有助于减少绩效评估过程中的技术性失误，有助于排除绩效评估过程中不当的外界干扰，有助于促进绩效评估双方对绩效评估结果达成共识。

绩效润滑剂之四：良好的绩效结果运用。

绩效评估的目的不是为了评估而评估，也不是为了惩罚被评估方，绩效评估的目的是为了提高个人、部门和组织的绩效。绩效反馈与申诉的存在体现了绩效评估的实质，即提高工作绩效。因此，可以将绩效评估是否以提高绩效为目的，视为绩效管理的润滑剂。提高工作绩效需要绩效评估方指出影响绩效的问题所在，同时，也需要被评估方积极主动地参与，更需要绩效评估的双方当事人共同制订改进工作的方案。绩效反馈与申诉，将绩效评估的双方有效地联系在一起，就实质问题进行沟通。违背此目的，会导致被评估方的不满，为评估而评估也不是绩效评估的目的，这就是将良好的绩效结果视为绩效管理润滑剂的原因。

四、如何添加绩效管理的润滑剂

在绩效管理过程的多个环节中，都需要添加润滑剂，减少员工在绩效管理过程中的不满和愤慨，保证绩效管理过程顺利进行，直到绩效提高。当被评估方觉得对自己的绩效评估不合理时，需要通过绩效申诉机制提出申诉来维护其利益。但是，绩效申诉往往是对绩效评估实现过程中出现的问题进行申诉，一般不包括绩效计划制订阶段，也很难到达绩效评估结果运用阶段。从绩效计划制订开始，到绩效评估实施过程，再到绩效结果的实际运用，被评估方都可参与其中。如何鼓励员工参与这些环节，促进评估方与被评估方进行有效深入的绩效沟通，很值得研究。

（一）绩效计划阶段的绩效沟通

绩效计划阶段有两个环节，即绩效目标审议和绩效指标讨论需要绩效沟通。只有评估方与被评估方之间进行充分的绩效沟通，才可能制订科学的绩效计划。绩效目标在这一阶段需要落到实处，也就是说，要从哪些方面来对员工的绩效进行考核、需要达到什么程度，是绩效计划制订阶段需要完成的工作。绩效目标可从三个方面落实，即明确工作业绩、工作能力和工作态度为考核的内容，而这些因素的确立，离不开双方的有效沟通。同样道理，绩效指标体系的确立，也离不开绩效管理双方的深入讨论。

绩效计划阶段如何添加润滑剂，需要扩大作为被评估方的员工参与，使绩效计划成为评估方和被评估方共同参与的过程。具体而言，在绩效目标确定上，由评估方依据组织整体战略设计绩效考核的内容和目标，但是，绩效考核的内容和目标需要员工进行审议。在组织战略引导下，评估方与被评估方需要形成考核共识，加深对评估内容的认可、对目标的认同。在内容与目标确定之后，可操作的指标体系构建，同样也需要评估方与被评估方进行讨论，这是指标合理化、指标合法化、绩效辅导的过程。

（二）绩效评估阶段的绩效沟通

绩效实施阶段同样也有两个环节需要绩效沟通：一是绩效辅导，二是绩效评估实施。所谓绩效辅导，是指管理者与员工讨论有关工作进展情况、潜在的障碍和问题、解决问题的办法措施、员工取得的成绩，以及存在的问题、管理者如何帮助员工等过程。绩效辅导的作用在于能够前瞻性地发现问题，并在问题出现之前解决，还在于能把管理者与员工紧密联系在一起。管理者与员工经常性地就存在和可能存在的问题进行讨论，共同解决问题，排除障碍，共同进步，共同提高，可以实现提高绩效的目的。绩效辅导是一种特别的绩效沟通方法，不仅有利于提高被评估方绩效，而且有利于建立管理者与员工良好的工作关系。

绩效评估又称绩效考核，它是按照一定的标准，采用科学的方法，检查和评定组织内部职位所规定的职责的履行情况，以确定其工作成绩的管理过程。绩效评估实施的方法、方式和时间，都是值得思考的问题，而这些问题处置是否合理，也同样会影响绩效评估的结果公正与执行。绩效评估的目的有多维作用。从组织战略角度考虑，绩效评估目的是为了改进绩效；从组织管理角度考察，可以把绩效评估结果用于一般的人力资源决策，如人员晋升、调职、解聘等。从员工发展角度考察，可以确认员工缺乏哪些能力或技能，通过什么方法弥补。从上述几个维度可以看出，绩效评估离不开员工的充分参与，员工参与的最重要的方式是进行绩效沟通，这一阶段员工的充分参与是又一次添加绩效润滑剂的过程。

（三）绩效结果运用前的双向沟通

绩效结果运用前的双向沟通，包含绩效反馈和绩效申诉。绩效反馈是一个双向的动态过程，是一种特殊形式的沟通与交流，是绩效评估方将绩效评估的结果，以某种方式传达给被评估方的过程。评估方应该将绩效评估的结果向被评估方通报外，还应该将绩效评估的过程，以及计算出绩效结果的过程向被评估方通报。充分的信息传递是绩效管理双向绩效沟通的前提，因此，除了绩效反馈之外，还应该有绩效申诉环节。

被评估方在接受绩效反馈后，可能对结果产生异议，进而对绩效管理体系中的一些环节产生不同的看法。被评估方在获得绩效反馈之后，并不适合对以上各点都提出申诉。因为在绩效目标制定、绩效评估的具体过程中，评估方与被评估方都会进行绩效沟通。在结果出来之后再提出异议，不合理。但是，根据指标体系对被评估方的工作进行比照，重新认定被评估方的工作绩效，可以视为绩效申诉的范围。

（四）绩效改进过程中的绩效沟通

组织绩效管理的整体战略是绩效改革，这也是组织推动绩效管理的真正意义所在。绩效评估结果得到运用的一个重要前提，就是被评估方认可绩效评估结果。让被评估方认可绩效评估结果的方法不是靠上级对下级的权威和压力，也不是靠欺骗和隐瞒，而靠评估方与被评估方之间的绩效沟通。让被评估方表达个人对评估结果的认知，在沟通中弄清双方关于评估结果的差异所在，可以促使绩效管理双方在绩效结果认知上达成共识。

绩效结果运用是否恰当，也是值得关注的一个问题。无论如何，绩效评估结果不能被用来惩罚员工，而应该激励员工不断提高个体绩效，提高部门绩效。使用绩效评估结果，应该在绩效计划过程中，经过绩效管理双向沟通后明确规定，这样可以避免绩效结果运用阶段产生不必要的压力。除此之外，如何运用绩效评估的结果进一步提高员工绩效，更是值得双方沟通的大事。绩效评估方需要指出被评估方在提高绩效过程中存在的问题，从评估者角度提出如何提高绩效；被评估方也可以提出自己的看法。

总之，双方深入地沟通，是提高绩效的基础。

第三节　绩效管理沟通的体系

绩效管理是一个由绩效计划、绩效实施、绩效评价，以及绩效反馈等一系列活动构成的有机系统。绩效沟通贯穿于绩效管理的各个环节，是绩效管理的灵魂与核心，为有效整合、衔接各项工作，提升绩效管理效用发挥着重要作用。绩效沟通指企业的管理者与员工为了达到绩效评估目的，在共同的工作的过程中分享各类相关绩效信息，以期得到对方的反应和评价，通过双方多种形式、内容、层次的交流，提高企业绩效的过程。

能否做好绩效沟通，直接影响绩效管理的效果，有国际权威机构调查发现，企业绩效的提高，70%来源于企业内部的沟通和反馈。如果缺少绩效沟通与反馈，再科学的绩效考核工具或方法也难以发挥作用。然而，在企业现实绩效管理过程中，受于管理理念、制度设计推行、管理技巧等因素影响，绩效沟通有效实施遇到各方面的阻力。

一、绩效沟通在绩效管理中的作用

绩效管理作为人力资源管理系统中的一个重要环节，对企业目标的实现有着非常重要的作用。国内许多企业都已经认识到绩效管理的重要性，并采取了许多方法将其付诸实践，但效果却不尽如人意。究其原因，沟通不力是中国目前大多数企业绩效管理中存在的最大问题，是绩效管理的核心所在。可以说，沟通决定了绩效管理的进程，如果不能解决绩效管理中这一"隐性杀手"，绩效管理将不能达到其应达到的效果，必将沦为"食之无味，弃之可惜"的"鸡肋"的下场。

企业实施绩效管理的一个最关键环节便是沟通，离开了沟通的绩效管理，是不可能取得成功的。只有充分认识到绩效管理的实质和目标，并且充分考虑到组织的实际情况和各个层面的意见、想法，才能够得到具有可行性的方案，最大限度地减小实施的阻力。整个绩效管理系统流程包括绩效计划、绩效辅导、绩效考核和绩效反馈四个环节，绩效沟通贯穿于绩效管理的全过程，并对绩效管理的成败起着决定性作用。

（一）绩效计划阶段的绩效沟通

绩效计划是绩效管理的开始，这一环节是要明确绩效目标。从本质上讲，绩效计划就是管理人员与员工的双向沟通，对员工的工作目标和标准达成一致意见，形成契约的过程。在目标设定时，经营班子的绩效目标是由董事会与经营班子的沟通达成共识的过程，经营者拿到指标后，尽快把压力传递下去，员工根据分解给本人的工作进行详细的计划，提出本期的主要工作，并就这些工作与管理人员进行反复的沟通。沟通基本上是自下而上，然后自上而下，经过充分讨论以达成共识。

在绩效计划的制定过程中，管理者与员工之间的沟通能使其相互之间有深入的了解。一方面，管理者可以根据员工的实际情况确定合适周全的绩效合约；另一方面，员工在参与绩效计划的制订过程中，能感受到自己是有发言权的，是被尊重的，同时，也能了解到绩效管理的实质、目标，以及对自己的好处，因此，只要"合约"制定合理，他们会尽量配合领导完成这一过程。

沟通也让员工感到自己对绩效计划中的内容做了很强的公开承诺。这样，他们就会更加倾向于坚持这些承诺，履行自己的绩效计划。有效的绩效沟通是绩效计划顺利进行的保证，管理者与员工以一种相对平等的关系进行沟通，双方一起做决定，而不是代替员工做决定，更多地发挥员工的主动性，更多地听取员工的意见，才能使员工积极参与并接受工作任务。员工参与的程度越深，绩效计划就越容易成功。

（二）绩效实施与辅导阶段的绩效沟通

绩效目标制定之后的下个环节是绩效辅导，管理者的主要工作就是辅导、帮助员工提高业绩操作能力，实现绩效目标。在员工实现目标的过程中，管理者要对员工的工作进行指导和监督，对发现的问题及时予以解决，并随时根据实际情况对绩效目标进行调整。

管理者与员工通过沟通共同制订了绩效计划，但是，并不意味着此后的绩效执行过程就会一帆风顺，绩效辅导阶段在整个绩效管理中耗时最长，它是连接绩效计划和绩效考核的重要环节。要想做好绩效辅导这个环节，不是一件容易的事情，它要求管理者与员工进行持续不断的有效沟通。由于工作环境的多变，在制订绩效计划时，很难预见到所有的困难和障碍，有效的沟通能够让员工在工作进展中遇到障碍时向上级求助，寻求帮助和解决方法。此外，员工在做出成绩时希望被上级关注，得到上级及时的认可。同时，上级需要在员工完成计划的过程中，及时掌握工作的进展情况，根据员工的工作与目标计划之间出现的偏差，进行及时纠正。

（三）绩效考核阶段的绩效沟通

绩效考核是依据绩效计划期间双方达成一致意见的关键绩效指标，按照预先制订好的计划和既定的标准，主管人员对下属的绩效目标完成情况进行考核，以确定其工作成绩的一种管理方法。绩效沟通在绩效考核中的作用，却往往被许多组织所忽视，认为绩效考核是直线经理的工作，与员工无关，甚至考核后的结果，员工也无法知道，忽略了员工的沟通与参与，考核结果势必是不全面、不客观、不公平的。有效的考评沟通是绩效考评过程中一个十分关键的环节，直接影响着绩效考评的效果，绩效考评的一些重要作用，必须经过考评沟通这一环节，才能得以实现。

绩效沟通实质上是要求对被考核者的工作状况进行回顾，以获取更加真实、准确的考评信息，对员工在考核期内的工作进行合理公正和全面的评价，并与员工将共同达成的有关达到或超过期望值的各个工作项目完成状况形成书面文字。所以，在绩效考核的整个过程中，都需要保持与员工有效的沟通。

（四）绩效反馈阶段的绩效沟通

绩效管理的最终目的是为了使员工实现目标，从而组织实现目标。因此，填完了考核表，算出了考核成绩，绩效管理并没有结束，让绩效考核真正起到改进和增值作用的，正是绩效考核结果反馈这个环节。

绩效沟通在绩效反馈中的作用主要是通过面谈的方式，通过反馈面谈，员工了解管理者对自己的评价和期望，从而能根据要求不断提高自己。管理者也可以随时了解员工的表现和需求，有的放矢地进行激励和辅导。唯有如此，绩效管理才能发挥好的效果。通过面谈沟通使管理者和员工对员工的行为达成一致，为制订下一步的绩效改进计划打下基础。员工通过绩效反馈面谈认识到自身的成就或优点，从而对员工起到积极的激励作用。当员工的绩效出现不足时，在绩效反馈面谈时指出员工有待改进的方面，管理人员和员工一同制订绩效改进计划，有利于员工今后往更好的方面发展。

二、绩效沟通四步循环在绩效管理过程中的重要作用

对于现代企业而言，有效的绩效管理在企业的人力资源管理中占着核心的位置，国内的很多企业开始意识到绩效管理的重要性，并用多种方法进行尝试，但是，效果却不明显，这是因为许多管理者在对待绩效沟通的态度上不积极，不重视绩效沟通，因而也达不到绩效管理的预想效果。认识到现状，将绩效沟通在理念上提升一个高度，并且把握贯穿

与绩效管理中每个环节的绩效沟通的关键点，才能改进现状，完成企业的绩效管理目标。

绩效管理的过程是一个循环往复过程，有学者研究运用 PDCA 循环系统，在此基础上构建了绩效管理的 PDCA 循环模型。循环模型从零开始，循环过程每一阶段终点即为新循环的起点。具体来说：P（Plan）是绩效计划、D（Do）是绩效实施与辅导、C（Cheek）是绩效考核、A（Action）是绩效反馈。在绩效管理的循环流程中，绩效沟通又以其核心作用贯穿其每一个环节之中，同时形成绩效沟通的四步循环，即目标制定沟通、绩效实施沟通、绩效面谈沟通、绩效改进沟通。绩效沟通贯穿绩效管理循环的每一个环节，决定其成败，起着极其重要的作用。

（一）目标制定沟通

作为绩效管理的首个环节，绩效计划是循环的起点。而绩效计划就是确定企业对员工绩效期望，与员工双向沟通且获得员工认可的一个过程，这一环节主要目的是要明确绩效目标。

目标设置过程中，要遵循一定的原则，即 SMART 原则：目标要具体、可衡量性、可行性、关联性、有时限的。沟通遵循先自管理者到员工，再由员工到管理者的原则。管理者应当尽可能多地让员工参与到绩效计划的制订过程中，同样尽可能多地了解绩效管理的本质，明确绩效管理的目的，这样就使得员工感受到自己是有地位的。另外，绩效计划的制订需要量身定做，根据员工自身的实际情况为其设立有针对性的全面绩效计划。适当的沟通也让员工觉得自己做出了公开承诺，坚持承诺并对自己的绩效计划严格履行。绩效计划顺利实施需要有效的目标设置沟通作为前提，充分发挥员工的主观能动性，员工与管理者之间相互尊重，可使绩效计划更容易顺利进行，并且最大程度上达到预期的效果。

（二）绩效实施沟通

绩效辅导环节是一个承上启下的环节，方振邦在其《绩效管理》一书中指出了建设性绩效沟通的重要性。他认为，绩效沟通是连接绩效计划和绩效考核的中介环节，可以对绩效计划的实施进行保证。同时，也为绩效的进一步改进提供手段。他将绩效沟通当作是绩效过程的一部分，是连接绩效计划和绩效考核的重要环节，在概念上实际上就等同于绩效辅导。

合格的管理者需要对员工进行持续的辅导沟通，将与绩效有关的信息进行及时的分享，将这个过程进一步完善。工作环境不断变化，竞争不断加剧，加大了沟通交流的难度，也增强了持续交流的必要性。

保证绩效实施沟通环节的有效性，首先要明确绩效辅导的两大原则。一个是员工主动汇报工作进展，同时，将工作过程中遇到的问题向管理者寻求解决。另一个是管理者明确自己的职责，及时纠正员工的工作与绩效计划之间偏差。基于此，要想做好绩效辅导这个环节，是一件有难度的事情，需要具有连续性和互动性，及时对绩效目标做出调整，以完成适应环境中变化的需要。

（三）绩效面谈沟通

为了改进工作绩效，管理者应当鼓励下属在面谈过程中多讲话，明确工作绩效改善目标，制定目标达成的时间表。有效的绩效面谈沟通，在绩效考核过程中发挥着十分重要的作用，它的结果与绩效考核成正相关。卓有成效的绩效面谈沟通下的考核与原来的绩效考核的区别在于：由于管理者和员工之间就绩效相关的问题都进行了详细的沟通，所以它的目标是一致的，标准是确定且透明的。管理者与员工沟通的过程，使得管理者能够担负起保证绩效目标实施的职责，提高考核的准确性，也增强员工绩效水平。这个过程中，对于管理者和员工双方都有利，是一个双赢的过程。

（四）绩效改进沟通

绩效反馈是一种绩效管理手段，实现方式是员工与管理者之间的合理沟通，目的是使员工了解自身绩效水平，明确下阶段改进的方向，它同时也是绩效沟通的重要目标体现。绩效考核的传统过程不包括绩效反馈，这使得绩效考核仅仅流于形式，也就不能完成使员工实现目标，从而组织实现目标这个绩效管理的最终目的。

进行过第三环节的绩效面谈沟通后，在绩效反馈环节的绩效改进沟通需要有很明确的目的性。这个环节的四个目的：第一，对被考核者的绩效达成双方一致的看法，因为在实际中管理者和员工对于自己绩效的看法往往是不同的，所以在这过程中沟通就显得尤为重要。第二，使员工明确到自己的成就和存在的不足。第三，经过绩效反馈环节，管理者与员工可以就如何进一步改进绩效进行互动沟通，制订出详细周密的改进计划，以求进一步的提高。第四，为下阶段绩效管理指明方向，制定新一轮周期的目标。绩效改进沟通可以使员工的绩效得到改进，又可以使绩效管理活动可持续地进行下去。

第四节　绩效管理沟通的机制

在现代人力资源管理中，卓有成效的绩效管理是其完成提高企业核心竞争力的核心问题，而绩效沟通又是绩效管理的关键因素，贯穿于绩效管理流程中各个环节。

绩效沟通贯穿于整个绩效管理过程之中，但是，由于绩效管理每个环节的侧重点不同，有的放矢掌握绩效沟通在过程中所涉及的沟通的关键点才能真正高质量地完成沟通。

持续有效的绩效沟通能弥补沟通的时间真空，消除沟通偏差。无论哪个阶段的绩效沟通，都不能离开员工的积极参与。

一、目标制定沟通阶段

在这个开始阶段，管理者需要明确沟通的目的和侧重点，管理者与员工沟通讨论就绩效目标和工作标准达成一致。

一方面，准备好相应的信息。信息包括企业和部门的信息，另外，还有关于个人的信息。在进行绩效计划沟通之前，员工和管理者都需要把握企业的战略目标的相关信息，把握本部门的目标，相关资源等方面的信息。对于个人信息方面应当注意工作描述，同时，注意前一个绩效期间的评估结果。管理者要让下属明白沟通的目的是回顾总结去工作，是下阶段工作的计划安排。

另一方面，准备好沟通的方式，通过培训规范绩效沟通的方法和技巧。使用合适的沟通方法和技巧，可让沟通变得融洽，这也是管理者必备的管理技能之一，规范沟通技巧，使员工绩效持续提高。另外，还要准备好沟通的时间和环境。确定一个专门的时间，更有利于绩效计划沟通的实施，在这个专门的时间段，管理者和员工营造一个轻松愉悦的沟通环境，更容易让双方从心理上得到放松，很大程度上减少心理抵触，保证顺利进行。

二、绩效实施沟通阶段

在这个阶段，需要明确的沟通关键点主要包括：员工及时向管理者汇报工作进展情况；员工就工作中遇到的内部和外部障碍向管理者求助，对于那些影响到绩效目标顺利完成的问题，作为管理者要对其支持，与员工一起分析问题原因，消除障碍；管理者及时纠正员工的工作与目标计划实施过程中出现的偏差，保证员工在准确的达成目标和正确的绩效标准的轨道上运行。

三、绩效面谈沟通阶段

绩效面谈沟通贯穿与绩效管理的考核阶段，员工与管理者进行沟通的关键点，首先，就员工在考核期内的工作情况给出全面公正的评价。其次，需要做好和保留沟通记录，为绩效考核评分提供依据，是为了对员工考核更合理。另外，管理者还应根据员工出现问题，通过沟通分析原因，共同确立下一阶段改进的重点。

四、绩效改进沟通阶段

绩效改进阶段常常被忽略，很多管理者认为没有必要，觉得对于绩效考核的结果进行沟通作用不大，其实不然。这个阶段沟通的关键点主要是为了整改措施的落实情况进行跟踪了解，同时，管理者为员工提供一些相关支持，能够确保在下一绩效管理期间里解决存在的问题，并且改进计划实施中的不足。

综上所述，有效的绩效管理离不开卓有成效的沟通过程，绩效沟通贯穿其中，并与企业的绩效管理流程一一对应，对绩效管理来说是它的核心与灵魂。企业必须重视绩效管理，同时转变观念，把绩效沟通提升到一个核心的高度，重视做好每一个环节的沟通，更好地实施绩效管理，有效完成企业的绩效目标，提高企业的核心竞争力。

第五节　绩效沟通偏差及克服方法

绩效沟通在整个绩效管理中占据着相当重要的地位，通过持续有效的绩效沟通，有助于及时了解企业内外部存在的问题，也有助于帮助员工优化下一个绩效管理循环阶段的工作绩效，提高工作满意度，从而达成企业整体战略目标。同时，绩效沟通对企业文化的构建也具有助推作用。

一、强化绩效沟通理念，形成良好沟通氛围

良好的绩效沟通对于提升员工工作士气、组织气氛、上下级关系具有重要作用，是保

证绩效管理效果的重要手段。企业应强化绩效沟通观念，将绩效沟通作为绩效管理的关键与核心加以研究和发展，使其成为管理者的工作习惯。首先，企业高层应注重自身绩效提升，发挥标杆作用，倡导并促进组织形成开放、平等的沟通氛围；其次，绩效管理部门应加强各种形式的绩效沟通宣传，强化各级管理者与下属的绩效沟通意识，在企业内部形成自上而下、从高层到基层员工共同遵守的价值理念——绩效沟通，为绩效管理工作有效推行培养良好环境土壤。

二、建立系统完善的沟通制度，保障绩效沟通的有效推行

绩效沟通贯穿于绩效目标完成的全过程，是一种循序渐进、封闭环式的沟通，要保证绩效沟通的有效执行与落实，必须使其上升到企业管理制度层面，加以规范化和常规化。通过建立科学、规范、合理的绩效沟通制度，促使各级管理者及全体员工加强对绩效沟通重要性的认识，严格要求和强化沟通的执行，有助于培养管理者和员工主动沟通意识，养成为提高绩效而乐意主动沟通的习惯。

一方面，按照绩效计划、绩效辅导、绩效考评与结果反馈等不同阶段的沟通，从沟通目的、沟通方式、沟通内容等方面制定明确的规章制度，提升绩效沟通工作规范化程度。

另一方面，将管理者对下级的绩效沟通落实情况作为其绩效考评的重要内容，有效地推动绩效沟通制度落实。最后，要结合公司文化与实际，在平等、互动的基础上，建立开放、及时的绩效反馈机制，使员工的绩效考评结果能够得到及时反馈，同时，员工拥有良好的反馈渠道，与上级管理者能够就自身工作困难、绩效改进计划、方法、途径等问题，进行及时沟通与讨论，寻求有效的辅导与帮助，共同促进组织与员工工作绩效的改进。

三、注重绩效沟通培训，提高管理者绩效沟通的技巧和能力

绩效沟通是一种双向的沟通方式，任何完美的考核制度，都无法弥补管理者与员工缺乏有效沟通带来的负面影响，要发挥绩效沟通对绩效管理效果的积极促进与提升作用，企业必须注重对管理者与员工绩效沟通的培训，提升管理者的绩效沟通技巧与水平。完善培训制度，制定绩效沟通内容准则，规范绩效沟通过程，强化直线管理者绩效沟通技能。企业人力资源管理部门应发挥主体意识，制订详细绩效沟通培训计划，采取宣传汇报、专题培训、学习考察等途径，加强直线管理者绩效沟通意识、沟通方式、方法及技巧的培训，切实提升管理者绩效沟通管理的能力和素质，保障绩效沟通达到理想效果。

四、加强管理过程中的绩效沟通，将绩效沟通贯穿绩效管理各环节

绩效管理是一个循序渐进的系统性过程，它包括绩效目标与标准的设定、绩效实施、绩效评估，以及绩效反馈四大环节。这四个环节的顺利、有效开展，都离不开管理者与员工之间的充分沟通。在这过程中，管理人员应具备更多的沟通理念和意识，在绩效管理中，拓宽沟通的层面，针对绩效问题与员工展开更多的交流。

绩效目标与标准的设定过程中，管理者需要与员工进行研讨，确定计划期内员工应该做什么，不应该做什么，做到什么程度，为什么要做，何时完成，以及其他内容。绩效实

施时通过对员工绩效指标完成情况进行分析，找到问题，管理者在进一步沟通的前提下对被考评者给予辅导、建议、绩效评估是对被考评者的目标成果进行客观公正的评价，之后进行绩效反馈，将结果反馈给员工，并进行面对面沟通，对完成不好的指标进行分析，并确定改进的措施。通过绩效考评各个环节中，管理者与员工之间充分、有效的沟通，达成绩效管理的预期目标，进而实现员工绩效的改进和组织效益的提升。

五、采取多渠道、多角度、多层次的绩效沟通宣传

一是在实施绩效沟通时，加强对相关人员的培训与教育。包括对绩效管理的理念、意义和作用等内容做广泛的宣传，为未来成功运作绩效管理做充分动员，让广大员工认识到绩效管理的意义所在，只有这样，才能拥有良好的沟通环境，才能获得更多人的参与和支持。

二是明确绩效沟通工作，是各级管理者的职责，需全体员工共同参与。可通过各类会议，将绩效沟通的作用、意义进行宣传贯彻。

三是利用内外部媒体宣传。包括利用现有的宣传栏、内部刊物、网站平台，开设"绩效沟通与激励专栏"，以静态形式诠释绩效沟通的内涵与外延。

六、建立健全绩效管理制度，落实各环节的沟通工作

"工欲善其身，必先利其器"，只有建立完善的绩效管理制度，绩效沟通工作才能得以保障，具体落实以下四个环节的工作。

1. 沟通绩效计划，实现绩效管理基点的转变

直接上级与员工在考核期初明确业绩目标、权重、考评标准、完成时限等要素，让员工清楚地知道其做什么、怎样做、做到何种程度，可获得什么样的考核等次，使得绩效考核思路转变为"立足现在，看未来"。这样，就可以促使员工主动去获取有关的绩效信息。通过对绩效管理目的的认识，增强主动沟通的欲望，从而为绩效管理工作打下牢固的基础。

2. 加强绩效辅导，注重过程沟通

一是定期与每名员工进行绩效交流；二是定期召开部门会议，让每位员工汇报各自任务和工作的完成情况；三是针对出现的问题进行专门沟通。这一阶段重点把握以下要点：第一，保持日常沟通，掌握工作进展；第二，控制好绩效沟通的频率，通常一个季度不少于三次，但在问题出现时必须随时沟通；第三，做好特殊事项的记录，通过关键事项的记录，作为绩效沟通反馈的依据。

3. 细化绩效评估，重视结果沟通

绩效评估主要依据的是期初制订的绩效计划，即绩效目标是什么就考核什么，绩效标准是什么就按什么标准来考核。通常采用员工自评与上级考评的方式进行。通过考评得分，直接上级可以及时发现员工对考评事项认识的差距，并将考核结果及时反馈给员工，与员工一起总结过去取得的成绩，找出存在的不足，并提出下一周期的改进计划。

重视不同阶段沟通技巧的把握与学习，特别是绩效反馈技巧的应用，沟通技巧对于员工的综合能力的提高有一定的推动作用，应注意以下几方面上的应用。

（1）绩效计划制定阶段

直接上级必须掌握两方面信息，一是下属的实际工作情况和需求；二是部门的任务要求。研究表明，通过提问的方式，诱发员工回答直接上级想告诉他们的任务是较好的沟通方式。

（2）绩效实施过程

沟通应掌握的三个方面内容。一是直接上级对员工表示关心与认可，为员工提供心理支持；二是对员工在绩效计划执行过程遇到的困难提供工作指导；三是经常性为员工提供工作反馈，以便员工能够及时调整。

（3）绩效反馈面谈环节

直接上级应首先做好面谈计划，明确本次绩效面谈主要谈什么，通过面谈要达到的目的，解决的问题。一般应在一周前事先告知员工面谈的时间、地点，让员工有充分的时间准备。其次，直接上级应收集各种与绩效相关的信息资料，如原始记录、业绩数据、计划总结等。同时，辅导、督促员工也收集相关绩效信息，以此作为面谈的依据。

具体应把握以下细节：第一，反馈的地点，一般以会议室为宜，面谈过程中应防止外界的干扰。第二，反馈的时机，应在取得一定数量与范围

的统计数据之后。沟通要用数据说话，而不是泛泛而谈，从指标数据上，找出与部门工作目标存在的差距，评价工作好坏。第三，反馈的方式，根据不同的对象应采取指导式、授权式的引导反馈方式。对业绩良好的员工，采用授权式，注重帮助员工独立地找到解决问题的方法；针对业绩平平的员工，则采用指导式，通过不断地提问来帮助员工。如：什么工作没完成好？是否知道怎样做得更好？你认为哪种处理方法最好？假如出现问题怎么办等等。这样，员工就能在对某事取得一致意见之前，与管理者一起探讨可行的方法。

第六节　绩效考核对员工积极性的调动作用

企业实行绩效考核制度的主要目的是要客观的、真实地反应企业每位员工的实际工作能力和其具备的各种技能情况，这样才能够根据个人特点有的放矢地进行管理和分配。这样就使得员工可以更好地为企业服务，组成一个高效的队伍。

1. 根据各职位的特点做好职务分析工作

从人力资源管理方面来讲，岗位的分析，评价、描述以及分类是企业实施绩效考核制度的基础。绩效考核主要检查的就是员工在各自的岗位上的工作状态，为了保证考核结果的客观性和科学性，首先要做的事情就是制定一个准确、完善的岗位说明书。其主要内容是明确每个岗位的工作职责、工作程序、工作的标准，这个岗位的考核办法以及其任职资格条件等，这不仅为新员工上岗提供了统一，规范的基础标准，同时也是企业制定这个岗位绩效考核的标准，为绩效考制度的有效实施提供了明确的基础信息。

2. 根据职务特点对员工进行合理的分类

企业要良好的运行，就需要每个不同岗位的员工都要积极的努力和配合，因此，根据各自的岗位性质，将员工进行合理的分配，这样有利于企业对员工的管理。根据目前企业的具体情况，可以分为管理岗位、技术岗位、生产岗位等，其中，管理岗位根据其具体的管理内容又可以分成基层管理人员、中层管理人员和高层管理人员三类。这样明确的划分，有利于员工们的管理，同时也有利于绩效考核制度的实施。

3. 完善企业绩效考制度的考核标准

一套完整的考核制度需要有一个准确的标准进行衡量，这是其最根本的。企业要根据人力资源部制定的各个岗位的说明书，确定每个工作岗位的具体考核标准。不同的岗位，考核的侧重点也是不同的。我们公司在制定考核标准的时候尽可能将其量化，这样不仅有便于日后的操作，而且还能保证绩效考核的效果。

4. 组织建立绩效考核小组

为了确保绩效考核制度的顺利实施，企业需要建立一个专门的小组进行考核，组内成员由企业总经理、各个部门的副总经理、人事部和其他相关部门的主管组成，总经理为考核小组的组长。这个绩效考核小组，主要是负责绩效考核制度的实施和宣传，审核考核制度的实施办法以及其相关的制度，处理考核过程中的各项工作事项。人事部作为此制度的主要承办部门，要负责绩效方案的拟定，考核方法的制定，积极组织协调各项工作，检查记录和汇总等工作，其他参与考核的部门按照人事部制定的各项工作内容落实本部门的考核工作。

5. 组织对考核人员的培训工作

在实施绩效考核制度之前要对企业的员工进行与此相关的各项培训工作，这对考核的效果有着直接的影响。绩效考核培训的内容主要围绕着参与考核人员的角色定位，提高各部门领导对此项管理制度的重视程度，加强员工对考核制度的认识等。其主要目的还是让企业内的所有员工都要在思想上认识到绩效考核制度的重要性，积极主动的配合考核的各项工作，使绩效考核的结果更完美。

6. 绩效考核制度的具体实施

绩效考制度的实施可以采取每月考核、每季考核以及年终考核相结合的方法进行。绩效考核的主要流程：人事部制定考核的标准、计划和相关的考核表格，并将其下发到各个部门；各部门的主管根据考核的具体事项对所管理的员工进行考核；完成后于指定日期上交给人事部门进行汇总；人事部总结出考核的结果，交给考核小组组长进行审批；最后，公布绩效考核的结果。往往的，绩效考核的结果与员工的工资都是息息相关的。

7. 实施绩效考核制度的注意事项

企业的绩效考核制度关系到企业内每个员工的利益，对于新生的绩效考核制度，因为经验的不足，在实施的过程中不免会存在一定的问题和困难，人事部要注意向各个部门的员工提取意见和建议，进而不断地完善考核的办法。

案例范本

案例一　农村合作社绩效考核制度参考范本

隆尧县农村信用合作联社年度绩效工资考核办法

为促进农村信用社健康发展，更好地完成各项任务目标，激励先进、鞭策后进，结合信用社实际情况，经联社研究，制定本考核办法。

一、考核对象

全辖在岗员工。

二、考核原则

（一）坚持多劳多得，适当拉开收入差距且兼顾平衡的原则。

（二）坚持向一线倾斜的原则。

三、考核指标及分值

（一）有信贷业务的社

1. 指标：存款、收息、信贷系统不良贷款余额下降

2. 分值：基础分值100分，奖励分值50分，规范管理10分，共计160分。

（1）基础分值100分

第一季度：存款（日人均）占60分、收息占20分、不良贷款余额下降占20分；

第二季度：存款（日人均）占40分、收息占20分、不良贷款余额下降占40分；

第三、四季度：存款（日人均）占30分、收息占30分、不良贷款余额下降占40分。

（2）奖励分值为50分

各项奖励分值按各项基础分值的50%计算。

（3）规范管理分值为10分

按4个季度平均分的10%计算。

3. 分值计算：

（1）基础分值计算

①按任务完成比例计算得分，完成任务得满分。

②未完成任务的社按比例倒扣分值。

存款（日人均）低于任务比例1个百分点扣2分，扣完为止；

收息低于任务比例1个百分点扣1分，扣完为止；

不良贷款余额下降低于任务比例1个百分点扣1分，扣完为止。

（2）奖励分值计算

①存款（日人均）每超 1 个百分点奖励 1 分，最高不超过基础分值的 50%；

②收息每超 1 个百分点奖励 2 分，最高不超过基础分值的 50%；

③不良贷款余额下降每超降 1 个百分点奖励 2 分，最高不超过基础分值的 50%。

（二）无信贷业务的社

1. 指标：存款

2. 分值：基础分值 100 分，奖励分值 50 分，规范管理 10 分，共计 160 分。

（1）基础分值 100 分

存款（日人均）占 100 分。

（2）奖励分值为 50 分

奖励分值按基础分值的 50% 计算。

（3）规范管理分值为 10 分

按 4 个季度平均分的 10% 计算。

3. 分值计算：

（1）基础分值计算。

①按任务完成比例计算得分，完成任务得满分。

②未完成任务的社按比例倒扣分值。

存款（日人均）低于任务比例 1 个百分点扣 3 分，扣完为止。

（2）奖励分值计算：

存款（日人均）每超 1 个百分点奖励 1 分，最高不超过基础分值的 50%；

四、综合考评

1. 三项主要业务指标（存款、收息、不良贷款），连续 3 个月任何一项指标倒数第 1 名（未完成任务），信用社（分社）主任引咎辞职。

2. 年终按每月平均完成任务情况，对前三名的社进行奖励，分别为 15000 元、12000 元、10000 元。

五、信用社等级划分

以 20xx 年底存款余额和 20xx 年收息任务为基数，将信用社划分为四个等级，每个等级执行相应的绩效工资；每季度按划分等级标准进行调整。（详见信用社等级划分表）

（一）等级划分标准

1. 有信贷业务的社，按存款余额、收息任务、不良下降三项主要业务指标进行考核，其中存款余额、收息任务两项指标分别划分为四个档次。各社每月人均绩效工资为两项合计，分配比例：主任（部室正职）、委派会计（部室副职）、员工分别按系数 1.4、1.2、1 进行分配。

（1）存款余额

一档社：存款余额在 1.7 亿元（含）以上，存款人均绩效工资每月 1400 元。

二档社：存款余额在 1.7 亿元 –1.2 亿元（含），存款人均绩效工资每月 1350 元。

三档社：存款余额在 1.2 亿元 –0.7 亿元（含），存款人均绩效工资每月 1300 元。

四档社：存款余额在 0.7 亿元以下，其中存款人均绩效工资每月 1250 元。

（2）收息任务

一档社：收息任务在150万元（含）以上，收息人均绩效工资每月1300元。

二档社：收息任务在150万元－80万元（含），收息人均绩效工资每月1250元。

三档社：收息任务在80万元－40万元（含），收息人均绩效工资每月1200元。

四档社：收息任务在40万元以下，收息人均绩效工资每月1150元。

2. 无信贷业务的社均为四档社，人均绩效工资每月2400元，主任、员工分别按系数1.3、1进行分配。

3. 营业部按一档社标准执行，人均绩效工资每月2700元，主任、委派会计、员工分别按系数1.4、1.2、1进行分配。

（二）绩效考核比例

1. 有信贷业务的社：

第一季度：存款、收息、不良贷款绩效工资分别占绩效工资的60%、20%、20%；

第二季度：存款、收息、不良贷款绩效工资分别占绩效工资的40%、20%、40%；

第三、四季度：存款、收息、不良贷款绩效工资分别占绩效工资的30%、30%、40%；

2. 无信贷业务的社：存款绩效工资占绩效工资的100%。

3. 客户经理部：收息、不良贷款绩效工资各占绩效工资60%、40%。

六、绩效工资计算方法

（一）存款考核

1. 考核原则

存款任务分解到月，按月末时点增长额和日人均增长额两项计算，月末时点增长额和日人均增长额分别占存款绩效工资的40%、60%。实行累计考核、按月兑现。

2. 考核对象

以社为单位考核。

3. 考核奖罚

（1）对完成两项任务的社，按月全额计发绩效工资。

（2）对未完成任务的社，每月完成60%（含）以上的按比例分别计发绩效工资；完成60%以下不再计发绩效工资。

（3）对超额完成日人均增长任务的社，超额部分实行奖励。1季度每月存款超额奖金为9.2万元，其中有信贷业务社7.2万元，无信贷业务社2万元。2－4季度待市办任务下达后另行制定。

①有信贷业务社每月存款奖金为7.2万元，其中日人均额超额部分奖金为5.7万元，增长率超额部分奖金为1.5万元，日人均额超1万元每月最高奖励800元，超1个百分点每月最高奖励50元，两项之和每社每人每月最高奖励1000元，当月未发完的奖金将结转到下月。

②无信贷业务社每月存款奖金为2万元，其中日人均额超额部分奖金为1.6万元，增长率超额部分奖金为0.4万元，日人均额超1万元每月最高奖励1000元，超1个百分点每

月最高奖励 60 元，两项之和每社每人每月最高奖励 1500 元，当月未发完的奖金将结转到下月。

（二）无信贷业务的社

1. 指标：存款

2. 分值：基础分值 100 分，奖励分值 50 分，规范管理 10 分，共计 160 分。

（1）基础分值 100 分

存款（日人均）占 100 分。

（2）奖励分值为 50 分

奖励分值按基础分值的 50% 计算。

（3）规范管理分值为 10 分

按 4 个季度平均分的 10% 计算。

3. 分值计算：

（1）基础分值计算。

①按任务完成比例计算得分，完成任务得满分。

②未完成任务的社按比例倒扣分值。

存款（日人均）低于任务比例 1 个百分点扣 3 分，扣完为止。

（2）奖励分值计算：

存款（日人均）每超 1 个百分点奖励 1 分，最高不超过基础分值的 50%；

四、综合考评

1. 三项主要业务指标（存款、收息、不良贷款），连续 3 个月任何一项指标倒数第 1 名（未完成任务），信用社（分社）主任引咎辞职。

2. 年终按每月平均完成任务情况，对前三名的社进行奖励，分别为 15000 元、12000 元、10000 元。

五、信用社等级划分

以 20xx 年底存款余额和 20xx 年收息任务为基数，将信用社划分为四个等级，每个等级执行相应的绩效工资；每季度按划分等级标准进行调整。（详见信用社等级划分表）

（一）等级划分标准

1. 有信贷业务的社，按存款余额、收息任务、不良下降三项主要业务指标进行考核，其中存款余额、收息任务两项指标分别划分为四个档次。各社每月人均绩效工资为两项合计，分配比例：主任（部室正职）、委派会计（部室副职）、员工分别按系数 1.4、1.2、1 进行分配。

（1）存款余额

一档社：存款余额在 1.7 亿元（含）以上，存款人均绩效工资每月 1400 元。

二档社：存款余额在 1.7 亿元 – 1.2 亿元（含），存款人均绩效工资每月 1350 元。

三档社：存款余额在 1.2 亿元 – 0.7 亿元（含），存款人均绩效工资每月 1300 元。

四档社：存款余额在 0.7 亿元以下，其中存款人均绩效工资每月 1250 元。

（2）收息任务

一档社：收息任务在 150 万元（含）以上，收息人均绩效工资每月 1300 元。

二档社：收息任务在 150 万元 – 80 万元（含），收息人均绩效工资每月 1250 元。

三档社：收息任务在 80 万元 – 40 万元（含），收息人均绩效工资每月 1200 元。

四档社：收息任务在 40 万元以下，收息人均绩效工资每月 1150 元。

2. 无信贷业务的社均为四档社，人均绩效工资每月 2400 元，主任、员工分别按系数 1.3、1 进行分配。

3. 营业部按一档社标准执行，人均绩效工资每月 2700 元，主任、委派会计、员工分别按系数 1.4、1.2、1 进行分配。

（二）绩效考核比例

1. 有信贷业务的社：

第一季度：存款、收息、不良贷款绩效工资分别占绩效工资的 60%、20%、20%；

第二季度：存款、收息、不良贷款绩效工资分别占绩效工资的 40%、20%、40%；

第三、四季度：存款、收息、不良贷款绩效工资分别占绩效工资的 30%、30%、40%；

2. 无信贷业务的社：存款绩效工资占绩效工资的 100%。

3. 客户经理部：收息、不良贷款绩效工资各占绩效工资 60%、40%。

六、绩效工资计算方法

（一）存款考核

1. 考核原则

存款任务分解到月，按月末时点增长额和日人均增长额两项计算，月末时点增长额和日人均增长额分别占存款绩效工资的 40%、60%。实行累计考核、按月兑现。

2. 考核对象

以社为单位考核。

3. 考核奖罚

（1）对完成两项任务的社，按月全额计发绩效工资。

（2）对未完成任务的社，每月完成 60%（含）以上的按比例分别计发绩效工资；完成 60% 以下不再计发绩效工资。

（3）对超额完成日人均增长任务的社，超额部分实行奖励。1 季度每月存款超额奖金为 9.2 万元，其中有信贷业务社 7.2 万元，无信贷业务社 2 万元。2 – 4 季度待市办任务下达后另行制定。

①有信贷业务社每月存款奖金为 7.2 万元，其中日人均额超额部分奖金为 5.7 万元，增长率超额部分奖金为 1.5 万元，日人均额超 1 万元每月最高奖励 800 元，超 1 个百分点每月最高奖励 50 元，两项之和每社每人每月最高奖励 1000 元，当月未发完的奖金将结转到下月。

②无信贷业务社每月存款奖金为 2 万元，其中日人均额超额部分奖金为 1.6 万元，增长率超额部分奖金为 0.4 万元，日人均额超 1 万元每月最高奖励 1000 元，超 1 个百分点每月最高奖励 60 元，两项之和每社每人每月最高奖励 1500 元，当月未发完的奖金将结转到

下月。

（二）无信贷业务的社

1. 指标：存款

2. 分值：基础分值100分，奖励分值50分，规范管理10分，共计160分。

（1）基础分值100分

存款（日人均）占100分。

（2）奖励分值为50分

奖励分值按基础分值的50%计算。

（3）规范管理分值为10分

按4个季度平均分的10%计算。

3. 分值计算：

（1）基础分值计算。

①按任务完成比例计算得分，完成任务得满分。

②未完成任务的社按比例倒扣分值。

存款（日人均）低于任务比例1个百分点扣3分，扣完为止。

（2）奖励分值计算：

存款（日人均）每超1个百分点奖励1分，最高不超过基础分值的50%；

四、综合考评

1. 三项主要业务指标（存款、收息、不良贷款），连续3个月任何一项指标倒数第1名（未完成任务），信用社（分社）主任引咎辞职。

2. 年终按每月平均完成任务情况，对前三名的社进行奖励，分别为15000元、12000元、10000元。

五、信用社等级划分

以20xx年底存款余额和20xx年收息任务为基数，将信用社划分为四个等级，每个等级执行相应的绩效工资；每季度按划分等级标准进行调整。（详见信用社等级划分表）

（一）等级划分标准

1. 有信贷业务的社，按存款余额、收息任务、不良下降三项主要业务指标进行考核，其中存款余额、收息任务两项指标分别划分为四个档次。各社每月人均绩效工资为两项合计，分配比例：主任（部室正职）、委派会计（部室副职）、员工分别按系数1.4、1.2、1进行分配。

（1）存款余额

一档社：存款余额在1.7亿元（含）以上，存款人均绩效工资每月1400元。

二档社：存款余额在1.7亿元－1.2亿元（含），存款人均绩效工资每月1350元。

三档社：存款余额在1.2亿元－0.7亿元（含），存款人均绩效工资每月1300元。

四档社：存款余额在0.7亿元以下，其中存款人均绩效工资每月1250元。

（2）收息任务

一档社：收息任务在150万元（含）以上，收息人均绩效工资每月1300元。

二档社：收息任务在 150 万元－80 万元（含），收息人均绩效工资每月 1250 元。

三档社：收息任务在 80 万元－40 万元（含），收息人均绩效工资每月 1200 元。

四档社：收息任务在 40 万元以下，收息人均绩效工资每月 1150 元。

2. 无信贷业务的社均为四档社，人均绩效工资每月 2400 元，主任、员工分别按系数 1.3、1 进行分配。

3. 营业部按一档社标准执行，人均绩效工资每月 2700 元，主任、委派会计、员工分别按系数 1.4、1.2、1 进行分配。

（二）绩效考核比例

1. 有信贷业务的社：

第一季度：存款、收息、不良贷款绩效工资分别占绩效工资的 60%、20%、20%；

第二季度：存款、收息、不良贷款绩效工资分别占绩效工资的 40%、20%、40%；

第三、四季度：存款、收息、不良贷款绩效工资分别占绩效工资的 30%、30%、40%；

2. 无信贷业务的社：存款绩效工资占绩效工资的 100%。

3. 客户经理部：收息、不良贷款绩效工资各占绩效工资 60%、40%。

六、绩效工资计算方法

（一）存款考核

1. 考核原则

存款任务分解到月，按月末时点增长额和日人均增长额两项计算，月末时点增长额和日人均增长额分别占存款绩效工资的 40%、60%。实行累计考核、按月兑现。

2. 考核对象

以社为单位考核。

3. 考核奖罚

（1）对完成两项任务的社，按月全额计发绩效工资。

（2）对未完成任务的社，每月完成 60%（含）以上的按比例分别计发绩效工资；完成 60% 以下不再计发绩效工资。

（3）对超额完成日人均增长任务的社，超额部分实行奖励。1 季度每月存款超额奖金为 9.2 万元，其中有信贷业务社 7.2 万元，无信贷业务社 2 万元。2－4 季度待市办任务下达后另行制定。

①有信贷业务社每月存款奖金为 7.2 万元，其中日人均额超额部分奖金为 5.7 万元，增长率超额部分奖金为 1.5 万元，日人均额超 1 万元每月最高奖励 800 元，超 1 个百分点每月最高奖励 50 元，两项之和每社每人每月最高奖励 1000 元，当月未发完的奖金将结转到下月。

②无信贷业务社每月存款奖金为 2 万元，其中日人均额超额部分奖金为 1.6 万元，增长率超额部分奖金为 0.4 万元，日人均额超 1 万元每月最高奖励 1000 元，超 1 个百分点每月最高奖励 60 元，两项之和每社每人每月最高奖励 1500 元，当月未发完的奖金将结转到下月。

（4）营业部日人均额超 1 万元每月最高奖励 800 元，超 1 个百分点每月最高奖励 50 元，两项之和每社每人每月最高奖励 2000 元。

（二）收息考核

1. 考核原则

任务分解到月，实行累计计算，按月考核兑现。

2. 考核对象

有信贷业务的信用社、分社、客户经理部。

3. 考核奖罚

（1）对完成任务的社，按月计发绩效工资。

（2）对未完成任务的社，每月完成 70%（含）以上的按比例分别计发绩效工资；完成 70% 以下不再计发绩效工资。

（3）对超额完成任务的社，联社 1 季度每月用 2.4 万元对超额部分进行奖励，其中收息额超额部分奖金为 1.68 万元，增长率超额部分奖金为 0.72 万元。每超一万元最高奖励 1200 元，超一个百分点最高奖励 40 元，两项之和每社每人每月最高奖励 500 元；当月未发完的奖金将结转到下月。2-4 季度待市办任务下达后另行制定。

（4）客户部每超 1 万元每月最高奖励 1200 元，超 1 个百分点每月最高奖励 40 元，两项之和每社每人每月最高奖励 2000 元。

（5）根据贷款余额累计增减 50 万元（含）以上情况，按月调整收息任务。

（6）由联社协调清收的贷款利息，以物抵债清收的按 5% 计算任务，以现金清收的按 10% 计算任务。

（三）不良贷款余额下降考核

1. 考核原则

清收任务分解到月，实行累计计算，按月考核兑现。

2. 考核对象

有信贷业务的信用社、分社、客户经理部。

3. 考核范围

以 20xx 年底信贷管理系统不良贷款余额为基数，当年新形成的不良贷款自行消化。

4. 考核奖罚

（1）对完成任务的社，按月计发绩效工资。

（2）对未完成任务的社，每月完成 60%（含）以上的按比例分别计发绩效工资；完成 60% 以下不再计发绩效工资。

（3）对超额完成任务的社，联社 1 季度每月用 2.4 万元对超额部分进行奖励，其中收息额超额部分奖金为 1.92 万元，增长率超额部分奖金为 0.48 万元。每超一万元最高奖励 350 元，超一个百分点最高奖励 30 元，两项之和每社每人每月最高奖励 500 元；当月未发完的奖金将结转到下月。2-4 季度待市办任务下达后另行制定。

（4）对未完成任务的社，每月对信用社主任和客户经理分别罚款 300 元、200 元，对完成任务的社分别奖励 200 元、100 元。

（5）对当年新形成的．不良贷款，各社必须在不良贷款形成次月内自行消化，未能自行消化的，按照不良贷款增加数额，每月分别对责任人、管户经理、主任给予万分之

二十、万分之

十五、万分之十的处罚，对责任人、管户经理、信用社主任的罚款最少不低于 50 元、30 元、20 元，最高每人每月不超过 500 元，责任人、主任、管户经理为同一人的，罚款执行最高额；此罚款从固定工资中直接扣除，罚款不再返还，直到不良贷款收回为止，当月形成当月收回的不奖不罚。

（6）连续三个月以上不能收回的，按省联社贷款五项新规相应规定进行责任追究。

（7）呆账核销的不良贷款，按 5% 计算清收任务。

（8）通过法院诉讼、执行收回的大额不良贷款按每笔贷款金额的 3% 计算任务。

（四）业务量

业务量考核办法详见（附件 5）。

（五）联社机关人员考核

1. 执行标准

机关人员按二档社标准计发绩效工资；

2. 考核挂考情况

联社机关人员的绩效工资 30% 与科室日常管理挂考，70% 与所包社任务完成情况挂考。

（1）所包社完成任务，计发绩效工资；

（2）所包社未完成任务，按所包社任务平均完成比例计发；

（3）所包社超额完成任务，按所包社人均超额奖计发。

七、考核组织

本办法由计划财务部、风险监控部、风险资产管理经营中心、电子银行部、会计结算部、人力资源部负责修改、解释和考核兑现，自印发之日起执行。

信用社综合绩效考评暂行办法

第一章　总　则

第一条　为促进我社经营管理水平的提高，引导信用社转变经营模式，增强可持续发展能力，进一步调动辖内员工的工作积极性，根据《##市##区农村信用合作联社综合绩效考评暂行办法》，结合我社具体实际，特制定本办法。

第二条　考核对象：本社全体干部职工。

第三条　本考核办法：遵循实事求是、科学严谨、公平、公证、公开的原则。

第二章　工作目标

第四条　按照区联社下达的各项经营指标，层层分解落实到各岗位，落实到每个人头，落实到具体企业。做到人人有指标、有要求、有检查、有考核；进一步加大资金组织工作的力度，实现存款的持续稳定增长；进一步规范信贷管理，放好、管好增量贷款；清理好不良贷款；进一步加强财务管理，使业务经营状况进一步得到改善。

第三章　考核办法及具体内容

第五条　考核范围主要依据：个人的政治表现、业务素质、工作岗位、组织和劳动纪律、服务质量、核算质量、规章制度执行情况等。

第六条　综合考核办法

一、遵守签到、签退和请、销假制度

1. 工作人员上班在岗，要自觉严格遵守作息时间（上午：7.30—11.30；下午：1.00—5.00），储蓄人员和当班清扫人员早晨7.00前到岗，其他人员提前10分钟到岗为当天的工作打造一个良好的卫生工作环境；不准提前就餐或提前下班，储蓄中午值班人员和守库员提前半个小时就餐。

2. 每周五不准休息（特殊情况除外），周六、周日值班的可以轮休，休假三天以上的（含三天）须经领导同意后方可休息，值班假不准相互顶替。

3. 不准迟到、早退，工作时间外出办私事。无故迟到、早退和工作时间外出办私事的，发现一次罚款50元；如有事请假必须认真做好记录，按时间扣工，累计8小时为一天，按事假处理；如有违反或弄虚作假者，一经发现追究负责人和当事人的责任。

4. 对事假者，每休一天扣20元，并取消当天小伙食补贴，超过三天（含三天）取消当月奖金和劳务分红。

5. 对病假者（有诊断书），五天内工资照发，劳务分红不扣减，但取消当月奖金；超过五天的取消当月奖金和劳务分红；对病假无诊断书的按事假处理。

6. 对休息不请假者视为旷工，每天扣一个月奖金和劳务分红；超过三天扣发半年奖金和劳务分红；超过五天的扣发全年奖金和劳务分红，并写出书面检查报联社备案。

二、遵守组织和劳动纪律　提高服务质量

爱惜客户的时间就是维护客户的利益。为了能准确、快速、高效地为客户办理业务，具体工作人员应不断地提高服务质量和工作效率，以服务求生存，以效率求发展，要求所有窗口一律实行站立服务，坚持文明用语。

1. 服务态度要做到"四心"即：诚心、热心、耐心、虚心。

2. 服务行为要做到"四个站立"、"四个一样"、"四个主动"、"五不计较"、"八个不准"。

3. 服务语言要坚持使用文明用语，杜绝服务禁语，提倡使用普通话。

4. 服务中要规范职业形象，做到：服务牌号，规范佩戴；统一着装，保持整洁；发型自然，不染异色；仪表大方，装饰得体；精神饱满，举止端庄。

以上每条应认真遵守，如有违者，一次罚款50元；如与客户吵架的，一次罚款200元，并向客户赔礼道歉，挽回不良影响。

5. 对工作时间打扑克等违反劳动纪律的现象，发现一次罚款200元。

6. 中午服务不坚守岗位的，一次罚款50元；发现中午关门不服务的（含周六、周日），每次每人罚款100元；未经批准擅自缩短营业时间或停业的罚款500元。

三、遵守安全保卫制度　确保安全无事故

加强安全防范和应急工具（包括灭火器和工具）的管理和使用，责任落实到人，做到便门随开随关，应手工具人手一件，上岗后立即打开报警系统，下班前关闭所有开关和门窗，确保安全。

1. 营业网点便门随开随关，如发现便门没关，发现一次罚当事人 100 元，如责任不清，罚在场负责人 100 元。

2. 非工作人员禁止进入营业室，如有违者，罚当事人和负责人各 200 元。

3. 应手工具和报警器材丢失或损坏不报的，发现一次扣罚当事人 50 元，如责任不清，罚责任人 50 元。对突发事件不按要求操作规程执行，造成责任事故或直接经济损失的，交有关部门处理。

4. 营业期间尾箱现金不得超规定数额，违者对当事人罚款 100 元，严重者加重处罚。

5 重要凭证、大小印章按规定保管使用，营业人员临时离开柜台，现金、印章、密押、重要凭证必须入库上锁，违者罚款 100 元，导致严重后果的，要给予纪律处分。

四、其它

1. 环境卫生做到"四净"即：门窗净、门前净、用具净、服务设施净。室内要做到"四无"即：天棚无灰挂、地面无赃物、墙壁无污迹、桌椅无灰尘。做到每天一小扫，每周一大扫，责任到人。以上如有不合格的，每次罚责任人 30 元。

2. 政治、业务学习或集体活动未经批准，擅自不参加者，每次罚款 100 元；迟到者，每次罚款 20 元；会议记录不完整、不整洁的每次罚款 50 元。

3. 牢记"同生共赢"的核心价值观，树立诚信亲和、严谨规范、求真务实、拼搏进取的工作作风，发扬团结、敬业、创新、奉献精神，不说和不做有损于信用社形象的话和事；不说和不做不利于职工之间团结的话和事，共同营造和－谐工作环境。职工之间闹矛盾打架斗殴，一次罚款 200 元，重者另行研究处理。

4. 爱护集体财产，维护整体利益。盗窃、故意破坏集体财产的，按损坏价值赔款，并按损失额的 1% 罚款。

5. 服从组织分配，听从组织安排。如组织安排工作 2 日内不到岗的，视为自动停职，每月只发生活费 300 元，作为下岗分流首选对象。

6. 职工发现不合理问题，应主动向领导提出异议，严禁背后搞小动作或讲有损于信用社利益的言论，违者罚款 200 元。

7. 全体职工要严格执行为"客户保密"的原则。如有泄露存款秘密，损害信用社声誉和在社会上造成极坏影响的，经调查属实的，一次罚款 500 元，并上报联社处理。

第七条　会计出纳岗位考核办法

为使会计、出纳工作达到"三化"（数字标准化、文字工整化、鉴章规范化）标准，进一步提高会计核算质量，达到农村信用合作社达标考核标准及内部控制制度的要求，坚决贯彻执行会计出纳 16 项基本规定（双人临柜、钱账分管；凭证合法、传递及时；科目账户、使用正确；当日记账、账折见面；现金收入、先收款后记账，现金付出、先记账后付款；转账业务先记借后记贷；它行票据收妥抵用；有账有据，账据相符；账表凭证，换人复核；当日结账，总分核对；内外账务，定期核对；联行（社）密押，两人分管；重要凭证，领用登记；会计档案，完整无损；人员变动，交接清楚），违者一项罚款 50 元。

一、会计主管

1. 认真贯彻执行国家金融法规和上级行各项规章制度，做好信用社会计工作。

2. 负责组织社内会计、出纳、储蓄的核算工作，会计核算、储蓄核算要达到标准化、制度化、规范化、效率化。实现"五无"、"六相符"，对核算质量要经常性地进行监督检查，上级如检查出问题，则加倍处罚。

3. 善于发现和解决工作中的疑难问题，积极参与本单位业务计划的拟定、考核与分析，当好领导的参谋。

4. 根据上级行的要求，组织编报好各种报表，保证数字准确，上报及时，并做好相关统计、档案管理、内勤人员变动、交接等工作管理，如发现一次错报、漏报，罚款100元。

5. 加强财务管理，严格控制费用开支，科目、项目归属正确，未经领导同意，随意购买和报销的或开支不合理，发现一次罚款100元，并追回报销款项或费用自负。

6. 结算收费，不错、不漏，应收未收、应付未付利息计算要准确，错提、漏提一笔罚款100元。

7. 做好上下级、内外勤之间的协调工作，加强配合、搞好团结。

二、临柜人员

1. 认真审查凭证要素是否齐全，会计凭证的填制必须做到：要素齐全、内容完整、反映真实、数字准确、字迹清楚。发现凭证要素填制不齐全、数字不准确、内容不真实的，每笔罚款20元；发现印鉴、大小写不符的，后果自负并罚款100元。

2. 要认真做到按时记账，当日轧平，当天业务当天完，不能隔日处理。发现积压一笔罚款20元；因记堆账发生透支，后果自负，每笔罚款100元。

3. 对账面有款的贷户，应及时与外勤人员沟通并扣收贷款利息。因本人工作失误造成贷款利息应收而未收回的，按贷款利息或账面存款较小额处以50%的罚款。

4. 每日业务终了后，应认真做好传票的整理、装订工作。传票、分户账的装订，应认真按上级行的要求去执行，凡发现不符合规定、装订不及时的，每册（本）罚款50元；发现票据丢失，每笔（份）罚款200元，其后果自负。

5. 搞好内外账核对工作，及时分发信企余额对账单，并按时收回，查清未达账项并勾挑，保证内外账相符。未及时收回的，每份罚款20元；账务检查不符的，罚款100元。

三、会计微机记账员

1. 认真贯彻执行党和国家的各项方针政策和财经纪律，严格按照会计制度处理业务，做到符合政策、合乎手续、真实及时、准确无误。对结算账户管理按人民银行最新颁发的"结算账户办法"执行。

2. 按规定做好个人密码的保密工作，操作员要做到一人一码，定期更改（最长不能超过1个月）。密码使用者应对自己使用的密码保密，绝不允许告知他人，与他人混用，由此造成的损失由责任人自负。若发现自己密码泄露，要及时更换密码。更换密码时，其他人员应回避。违者每次罚款100元。

3. 认真审查凭证各要素的正确性、真实性和合法性。根据凭证要素，按照操作程序进行数据输入输出。因工作失误造成记账串户的，每笔罚款50元，由此造成的损失由责任人自负。

4. 严格按要求使用和保养微机设备，清理灰尘。因保养不当或因违章操作造成数据混乱、丢失、设备损坏的，每次罚款 200 元，费用自负。

5. 每天应按规定做好数据备份，并异地妥善保管好备份软盘。发现漏或少备份一次罚款 20 元；备份软盘丢失的，一次罚款 100 元。

四、票据交换员与重要空白凭证管－理－员

1. 认真贯彻执行《票据法》，准确及时做好提出、提入票据工作，保证票据交换工作正常运行。发现交换票据漏提、错提，每笔罚款 200 元。

2. 正确清算票据交换差额，按规定办理退出、退入票据，做好联系与记录。因个人失误造成不合格交换票据无法退回的，后果自负，每笔罚款 200 元。

3. 严格履行重要空白凭证出入库手续，根据凭证领取单填制表外科目收、付方传票。使用出库时，要在登记簿上由领用人签收。发现漏登一次罚款 10 元；做好自用凭证登记销号工作，发现重要空白凭证丢失，后果自负，每份罚款 200 元；对库存凭证，每日盘点一次，并做好查库记录。

4. 质押贷款的存单保管，要严格管理，根据抵（质）押品出入库凭证履行手续。如有存单丢失、质押额不足的、质押存单与质物保管清单及贷款凭证内容不符的、或更换质押存单而不重新办理贷款手续的，每项（笔）罚款 100 元，因此而造成贷款本息不能及时收回的，其后果自负。

五、出纳员

1. 按国家货币政策和有关法令、法规办理现金收付业务，严格执行现金收入先收款后记账；现金付出先记账后付款，违者每笔罚款 50 元。

2. 严禁挪用库款，违者按贪污论处；严禁白条抵库，发现一次罚款 500 元。

3. 做好库存现金的限额管理工作，及时上缴超限额库存现金和损伤残币，做到现金的合理占用。无正当理由超限额的，每次罚款 50 元。

4. 做好库房管理，消除隐患，确保现金、有价证券和重要空白凭证的安全。如有丢失后果自负，每笔罚款 100 元。坚持双人临柜、双人入库的规定，发现单人临柜和单人出入库的现象，每次罚款 100 元；金库钥匙按规定管理使用，违者罚款 100 元。

5. 宣传爱护人民币，要进行反假－币和反破坏人民币的斗争。发现假－币应按规定予以没收，因工作失职而误收假－币的，除包赔损失外，每次罚款 100 元。

6. 对到信用社兑换零钱的顾客，应无条件予以办理。有意刁难推诿，无故拖延办理的，发现一次罚款 200 元。

第八条　储蓄岗位考核办法（含事后监督）

一、各项规章制度执行情况

1. 双人临柜，钱账分管；章证分管，账折见面；当时记账，当日结账；全面复核，月核余额；人员变动，交接清楚。违者一次罚款 50 元。

2. 工作时间要坚守岗位，不准擅离职守，严禁单收单付。存入时先收款后记账；付出时先记账后付款。收付现金要唱收唱付，发给储户存单（折）时，须呼名对数，违者发现一次扣款 50 元；如因空岗或违规操作发生差错，造成经济损失的，后果自负，并罚款 100 元。

3. 公章私章，妥善保管，章在人在，离柜收起。业务终了，业务公章及时入库保管。发现违者，一次罚款 50 元。

4. 储蓄存取款凭条、利息清单、挂失申请书等要求储户签字和加盖手印的，一定按要求办理，不得有误。违者发现一笔罚款 50 元；因未签字或盖手印而引发纠纷造成经济损失的，经办人除包赔损失外，罚款 200 元。

5. 储蓄人员在办理存取款业务时，必须具备鉴别真假人民币能力，要严防死守，坚决杜绝误收假钞现象发生和储户取款，储蓄临柜人员不履行有关手续，既不用手清点，又不使用反假－币验钞机清点，把款项直接付给储户，导致后果的由责任人负责，并罚款 100 元；付款时未提醒储户当面用反假－币验钞器具验别真伪的，罚当事人 50 元。

6. 事后监督人员要及时准确地监督储蓄专柜报来的日常业务，与其被监督的储蓄人员不得相互替班、顶岗和同室办公；储蓄专柜人员也不得私自替班、顶岗。发现一次罚款 50 元。

二、储蓄核算要求

1. 按规定设置和使用各种账、簿、表，账簿记载要干净、整洁、印章齐全、日结余额。如发现有缺项或没按规定登记使用的，每项罚款 20 元。

2. 按时做好总分核对，做到账账、账款、账表、账实、账折相符。发现一项不符的，一次罚款 200 元。

3. 库款管理要干净整齐，无长短款现象发生。如有白条抵库、挪用库款的行为，将严肃处理。

4. 空白重要凭证的领缴均应填制"空白重要凭证领用单"，做到领用登记、使用销号。作废凭证要及时上缴，不得自行销毁。如发现有丢失的，一份罚款 200 元，并做书面说明备案，以后出现问题，后果自负。

5. 在办理提前支取时，要严格按照操作程序和核算要求办理。存单上必须由储户签名和按手印，否则，对在岗责任人罚款 100 元；因工作失误，造成存款损失的，后果自负，并罚款 200 元。

6. 在办理存单（折）挂失手续时，要严格审核挂失人的身份证件及其提供的线索，以防误挂。严格按照挂失手续办理，正确使用挂失申请书的各联，违者罚款 100 元；如因经办员工作失误，造成冒领的，后果自负，并罚款 200 元。

7. 事后监督人员对储蓄专柜上报的账表要及时监督、全面复查，发现问题要认真查询并做好记录。传票装订要及时整洁，月核余额。如发现工作消极，敷衍了事，有差错监督不出来的，每笔罚款 50 元；不按监督程序操作，上级检查发现问题的，加倍进行处罚。

8. 发现传票有漏印、涂改现象或不规范的，一笔罚款 5 元。

9. 提高安全防范意识，善于识别真伪，严防诈骗、冒领，保障存款安全，维护储户利益。

三、微机管理的核算要求

1. 操作员要做好微机及附属设备的日常维护和保养工作，确保微机的正常工作运转，延长其使用寿命。如发现人为原因造成微机故障和损坏，影响业务工作的，每次罚款200元，依照损失金额按比例承担。

2. 操作员要按工作日认真填写微机运行记录，摘记一天的工作情况。漏记一次罚款20元。

3. 操作员必须使用本人密码进行操作，密码不得相互串用或混用，由此造成的损失由责任人自负；记账员、复核员的密码必须由双人输入，不得一人掌管双码，违者一次罚款200元，对负责人罚款200元。

4. 每天业务结束前，当日临柜操作员必须做柜员签退，最后一名操作员负责查看柜员签退情况，并做好机构签退工作；如有被上级清算中心通报批评并罚款，一切后果均由当日操作员自负，单位将按同等罚金给予其相应处罚。

第九条　安全保卫工作

1. 守库室要按内务规定要求进行整理，非业务、保安人员禁止入内。营业期间，守库保安员不准在守库室看电视或搞与守库无关的事宜。违者每项罚款100元。

2. 守库人员必须按《大连市经保队伍建设细则》规范自己的言行、举止；上岗时按规定着装。违者罚款50元；屡教不改者，给予行政处分。

3. 守库人员必须按规定执行24小时双人武装守库制度，不得泄露守卫目标的相关情况，不得私自串班。上岗前和在岗期间，不准饮酒；不准离岗、空岗和《规定》不允许的其它事宜。违者处以200元的罚款。严重者给予行政处分。

4. 在员工休节假日期间，必须做到按时到岗，交接清楚，不准外出购餐、就餐，门窗要关严锁好，严防严守。违者处以500元的罚款，造成后果的给予行政处分。

5. 持（管）枪人员违反枪 - 支 - 弹 - 药管理规定的，对责任人处以200元罚款。枪支丢失或发生涉枪案件的，移交司法机关追究法律责任。

6. 交接 - 班时，各种记录要认真登记、详细填写，接 - 班人员未到岗，交 - 班人员不得离开岗位。按规定检查场所，查看各种设施是否处于正常状态，各种设备、器具是否齐全。违者处以100元的罚款。导致后果的，后果自负。

7. 接受上级查岗时，必须按照《操作规程》进行操作，夜间必须两人查岗，必须审核《安全工作检查证》和个人身份证件，确认无误后，方可开门接受检查。违者处以100元的罚款或给予行政处分。

8. 守库人员必须熟记公安、消防、联社、信用社等有关部门及相关人员的通讯号码。守库期间周围无论发生何种非侵害库款安全情况，都必须坚守岗位，必须报告有关部门。擅离职守者，处以500元的罚款，并给予行政处分。

9. 守库人员未按《操作规程》进行操作，导致事故、案件时，临阵脱逃或消极逃避的，要处以1，000元的罚款，包赔经济损失，并给予行政处分。

10. 守库人员要协助大库出纳将中心库款包移交保安公司押运车工作，在中心库款包进入信用社正门前，当日值班守库人员一名持枪在正门后担任警戒，另一名负责款包进入正门后，立即将其上锁，以确保款包及人员安全。

以上未尽事宜，按市联社员工违反规章制度处罚的相关规定的标准执行。

第十条　司机

1. 严禁酒后驾车，违者一次罚款 200 元。

2. 无论是工作时间，还是休息时间，司机出车须经领导同意。如不经请示，擅自出车，违者一次罚款 200 元；如发生意外，后果自负。

3. 应做好车辆保养与维护工作，保证车辆处于良好状态，确保车辆随时使用，违者罚款 100 元。

4. 如果车辆需要大修，应提前请示领导，报请联社同意后，方可进行，否则，费用自负。

5. 工作时间必须保持精力充沛，严格遵守交通规则，确保行车安全。如因个人违章或失职而造成罚款或发生事故，后果自负，并罚款 100 元。

6. 以上未尽事宜，按省、市联社员工违反规章制度的相关规定的标准执行。

第十一条　信贷人员的考核办法

1. 严格执行贷款的政策、原则，履行贷款操作程序，严格贷前审查，把好准入关，确保信贷资金安全。

2. 新增量贷款，信贷人员包放包收，农户小额信用贷款由信贷人员调查，主任审批，每户不超 3 万元。企业、个体工商户的贷款，一律由信贷人员调查，审贷小组研究，同意后上报联社审批。

3. 强力推进贷款营销工作，信贷人员不能坐门等客，必须做到深入村屯，了解情况，加大贷款投放力度，增加利息收入，提高经济效益。每名信贷人员必须确保小额收息 30 万元以上，年末按超、减额多少给予 1% 奖、罚。

4. 加强到期贷款管理，准确掌握每笔贷款到期时间，按期收回；未能按期收回，形成逾期一个月以上的，从第二个月开始，只发生活费 400 元，直到该贷款收回为止。

5. 当年账内利息必须百分之百收回，当月利息当月清，否则，按差额 50% 罚款。

6. 凡是不严格按照贷款操作程序办理业务的，每少一个环节，对经办人员处以 100 元的罚款。

7. 要严格管理信贷档案，必须做到资料齐全、内容完整。被检查时，每少一项，罚款 50 元。

8. 逾期、呆滞贷款要加紧催收，必须加大工作力度，因工作失误造成法律失效的，罚款 500 元；因此而导致资金损失的，除包赔损失外，追究其行政责任和法律责任。

9. 不良贷款清收和利息回收，按联社下达的任务指标，逐户逐月分解落实，采取工效挂钩的办法，按完成百分比计发工资。

10. 保证工作时间，严格遵守工作纪律，包片下乡要做好工作记录，定期汇报。违者发现一次，罚款 100 元。

11. 强化信贷管理，严肃信贷纪律，不准向贷户吃、拿、卡、要，一经发现，严肃处理。

第十二条　其他各专业的考核办法

稽核、辅导、计划、统计、工会等专业，按联社制定的目标考核办法进行专项考核。被联社扣分或罚款的，将对责任人进行相应处罚。

第十三条 各岗位及各岗位的工作人员，既要分工明确，各司其职，又要相互协作，严谨相互推诿、扯皮，贻误工作者，罚款100元。

第四章 附 则

第十四条 信用社的全体员工应自觉遵守各项规章制度，严格要求自己。如有知情不举、包庇有关责任人的，视同责任人一同处罚；所有领导及储蓄负责人，应以身作则，如有同职工一道不遵守劳动纪律的，则加倍处罚。

第十五条 如有被上级行检查，受到处罚的，信用社也一并处罚。

第十六条 本办法的未尽事项，请参照辽宁省农村信用联社编写的各岗位管理手册。如与上级的有关制度、办法相抵触时，则以上级行的标准执行。

案例二　××农商银行2012年度员工绩效薪酬考核方案

为进一步规范员工绩效考评，完善激励约束机制，有效发挥绩效考评激励作用，充分调动员工积极性，实现我行可持续发展，根据《江西省农村信用社员工绩效薪酬考核的指导意见（简化版)》，结合我行实际制定本方案．

第一章 总 则

第一条 绩效薪酬考核原则

绩效考评坚持以合规管理为基础，以风险控制为核心，以业务发展和经营效益为目标，以公开公正为前提的考评总体原则；坚持员工与单位业绩的统一性，考核体系的系统性，分类指标的可比性，多劳多得与不劳不得，控制总量与拉开差距的薪酬考核分配原则，实现人力资源和财务资源的优化配置，实现责权利相对等。

第二条 组织领导

为加强员工薪酬发放的组织领导，总行成立绩效考评委员会，为副主任委员，人力资源部、办公室、计划信贷部、授信评审部、财务会计部、业务拓展部、资金营运部、信息科技部等部门负责人为成员．绩效考评委员会下设办公室在人力资源部。绩效考评委员会及其办公室领导并组织执行本单位绩效考评的各项工作。

第三条考核对象和分类

考核对象分为对单位的考核和对个人的考核两大类。

对单位的考核分为内设部门、总行营业部、各支行营业部、各分理处。

对个人的考核根据工作职责及岗位性质的不同，分为综合柜员、客户经理、会计主管、分理处主任（副主任）、支行内设部门负责人、支行负责人（含副职）、总行机关部室员工、总行机关部室负责人等岗位类别，分类考核。

根据各网点所处地理环境和有无信贷业务，将全行考评单位分为三类：

1. 一类考评单位（6个）。

2. 二类考评单位（10)。

3. 三类考评单位（24 个）。

第四条 考核方法

对分支机构的考核采用平衡记分卡考核模式，将发展理念和战略目标分解为发展与质量、客户与市场、管理与流程、组织与创新四大模块进行考核．根据全年经营和管理目标计划，从风险防范、业务发展和经营效益三大方面制定年度经营目标工作计划，并分解落实到考核对象，作为绩效年度考核的依据．对内设部门实行目标管理考核，对个人实行产品计价考核．

第五条 考核周期

绩效考评分为季度绩效考评和年度综合考评，季度绩效考评决定季度绩效薪酬，年度综合考评作为评优评先及年度奖励发放和岗位末位淘汰的依据．

季度绩效考评于下一季度初 15 日内完成，年度综合考评于下一年度初 20 日内完成．

第六条 考核实施

1. 数据整理．根据"谁分管、谁负责"的原则，由财务、信贷、资金营运、业务拓展部、信息科技等部门负责相关考核数据的审核工作，并确保数据的真实性．

2. 绩效考评．人力资源部每月 10 日前根据平衡计分卡计卡计算出经营单位绩效薪酬总额，并向员工及其所在网点通报考核结果，经营单位按照本办法附件中各个岗位的考核办法，每月 20 日前计算出本单位员工绩效薪酬并报人力资源部计发。

3. 争议复议．如考核对象对考核工作存在疑问的，可提出复议申请，人力资源部在 5 个工作日内核实，并予以回复；

4. 核实调整．经核实确为有误的，在 3 个工作日内提交考核工作领导小组复议，据实给予调整。

5. 考核兑现。实行按月考核按季兑现，按规定管理风险保证金、风险扣减薪酬额。

6. 检查监督．稽核监察部负责对员工绩效考评情况进行稽核检查。经检查发现并核实存在弄虚作假等违规的现象，除扣回多发的绩效薪酬外，按《江西省农村信用社工作人员违规处罚暂行办法》及有关规定，对责任人员予以处罚。

第二章 当期绩效考评

第七条 当期绩效考评直接考核到个人，按照业绩指标、工作量指标、绩效薪酬扣减项进行考核，按季（或月）进行，科学选择不同的计价指标，结合分理处平衡计分卡得分情况，实行多维度立体考核，综合评价考核对象贡献度。考核结果作为计发考核对象绩效薪酬的主要依据．

第八条 对总行内设部门的考核。对内设部门实行目标管理考核，与各支行完成情况挂钩．

第三章 年度综合考评

第九条 对分支机构的年度考评分为综合考评和单项考评。综合考评是对分支机构当年平衡计分卡在发展与质量、客户与市场、管理与流程、组织与创新四大版块工作的综合评价，实行百分制考评（见附件 1《分支机构平衡计分卡》）．单项考评是对分支机构存款、中间业务、效益、资产质量的考核。

第十条 对内设部门年度综合考评按照部门季度（月）考核得分平均分计算得出。

第十一条 对个人的年度考评分为综合考评和单项考评. 个人年度综合考评按照员工季度（月）工作业绩汇总进行全行综合考核排名，个人业绩单项考评分为存款、中间业务、效益、资产质量的考核。

第十二条 对年度综合考评、单项考评优秀的单位和个人，给予年度表彰奖励。对没有完成全年经营管理目标任务的单位和个人，不参与年度评优评先和年终奖金发放。

第十三条 凡出现下列情况之一的取消年度综合考评资格：

（一）发生 10 万元以上（含）经济案件的；

（二）发生重大安全保卫事故或重大责任事故的；

（三）经营效益或资产质量明显恶化或下降的；

（四）违规经营，弄虚作假受到省联社和银监部门通报处理的。

第四章 薪酬分配

第十四条 薪酬的构成

根据省联社及董事会下达的年度经营计划预算本行年度薪酬总额. 薪酬总额划分为基本薪酬、绩效薪酬和年终奖金三部分，分配比例一般为基本薪酬占 35%、绩效薪酬占 55%、年终奖金占 10%。

薪酬总额的增长与本行经营效益挂钩，薪酬总额的增长以不高于营业收入的增长幅度、有效风险控制为原则，具体标准根据省联社相关规定执行。个人绩效薪酬按照本方案进行考核分配，上不封顶。

第十五条 薪酬计算方法

员工薪酬由基本薪酬、绩效薪酬、奖励薪酬组成. 三项薪酬的计发办法执行以下规定：

（一）基本薪酬

基本薪酬是员工的基本生活保障. 基本薪酬由省联社员工薪酬制度改革确定的标准按月计发.

（二）绩效薪酬

绩效薪酬是根据员工工作业绩大小而支付的报酬，完全与员工个人业绩挂钩，按劳取酬，按月反映个人业绩，按季发放绩效薪酬.

（三）年终奖金

奖金分现金发放和非现金发放两种方式，非现金发放方式指外出培训、学习考察、弹性福利等。现金发放具体见年度综合考评办法。

第十六条 绩效薪酬的计算及考核

（一）考核指标单价的确定过程

1、全行绩效薪酬总额的核定

按照全行员工基本薪酬总额的 1.5 倍核定全行绩效薪酬总额。

2. 全行各网点工作人员的核定

按照省联社关于机构网点人员编制管理办法，根据各网点业务实际情况，对各网点实行定员定岗，核定工作人员。

3. 全行单位系数绩效薪酬的确定

在同工同酬原则下（指职员、代办员、劳务派遣工柜员，不包括工勤人员），同一岗位在同一网点完成相同的业绩获得的绩效金额是相等的，即"计划完成率相同、支付绩效薪酬相同"。据此，全行单位系数绩效薪酬金额＝全行可分配的绩效薪酬总额/$\sum$（在岗人员数 * 所在岗位系数）。

4. 平均绩效薪酬的确定

全行平均绩效薪酬金额＝全行可分配的绩效薪酬总额/在岗人员数。

支行平均绩效薪酬金额＝支行可分配的绩效薪酬总额/在岗人员数。

分理处平均绩效薪酬金额＝分理处可分配的绩效薪酬总额/在岗人员数。

（二）各岗位考核指标及权重的确定

1. 综合柜员（含兼职信贷 C 岗）

50% 与所在分理处平衡计分卡考核指标挂钩，50% 与本人业务量挂钩。（具体考核办法附后）

2. 客户经理

100% 与所在分理处平衡计分卡考核指标挂钩。（具体考核办法附后）

3. 分理处会计

40% 与所在分理处平衡计分卡考核指标挂钩，60% 与本职工作挂钩。（具体考核办法附后）

4. 分理处主任、副主任

100% 与所在分理处平衡计分卡考核指标挂钩。（具体考核办法附后）

5. 支行管理人员（含行长、副行长、行长助理、综合科工作人员）

85% 与支行所辖各分理处平均得分挂钩，15% 与本职工作挂钩。

3. 绩效薪酬扣减项（适合所有岗位）

（1）工作质量指标。经查实存在拖延本岗位业务办理时间现象的每次扣减绩效薪酬 50 元；未按本行业务流程规范操作的每次扣减绩效薪酬 100 元；在上级检查中发现存在违规操作或因个人疏忽造成不良后果的扣减绩效薪酬 500 元。

（2）服务质量指标。未按时完成上级交代的临时任务造成不良影响的每次扣减绩效薪酬 50 元；服务态度恶劣或客户投诉经查实的每次扣减绩效薪酬 100 元。

（三）岗位绩效系数的确定。

1. 综合柜员、客户经理绩效工资系数为 1。0。

2. 业务岗位工勤人员、司机绩效工资系数为 0.6。

3. 委派会计、分理处副主任、支行营业部副主任、机关员工，绩效工资系数 1。2。

4. 分理处主任、支行营业部主任、支行部门经理，绩效工资系数 1.5。

5. 部门副总经理、支行副行长、总经理助理、支行行长助理、二级支行负责人，绩效工资系数为 1.8。

6. 主持工作副总经理、主持工作的支行副行长、部门负责人、一级支行负责人，绩效工资系数为 2.1。

总行本部联行岗、对账员、中心库出纳、远程监控员、保卫部押钞人员等岗位员工，视同总行机关人员考核。

（四）绩效薪酬的计算

1. 综合柜员的绩效薪酬按其个人完成的业绩及工作量直接计价．

$$综合柜员个人绩效薪酬 = \sum（各指标的完成数 \times 单价）$$
$$\times 岗位系数 \times 收入完成率 — 绩效薪酬扣减金额$$

2. 客户经理的绩效薪酬按其个人完成的业绩及工作量情况直接计价。

$$客户经理个人绩效薪酬 = \sum（各指标的完成数 \times 单价）$$
$$\times 岗位系数 \times 收入完成率 – 绩效薪酬扣减金额$$

3. 委派会计的绩效薪酬的 40% 与所在单位经营业绩挂钩，60% 按总行财务会计部工作考评结果确定．

委派会计个人绩效薪酬 =（全行单位系数绩效薪酬 × 岗位系数 × 财务会计部考核得分 ×60% + 全行单位系数绩效薪酬 × 岗位系数 × 所在单位考核得分）—绩效薪酬扣减金额

4. 分理处副主任（含支行营业部副主任，或相当级别的员工）的绩效薪酬与本网点综合柜员及客户经理的平均绩效薪酬挂钩计发。

$$副主任的绩效薪酬 = \sum（各指标的完成数 \times 单价）\times 收入完成率 \times$$
$$岗位系数 – 绩效薪酬扣减金额$$

5. 分理处负责人（支行营业部、支行及总行营业部综合管理部负责人，或相当级别的员工）的绩效薪酬的 100% 与本网点平衡计分卡考核得分挂钩，并按照工作考评结果确定。

分理处负责人的绩效薪酬 = 本网点综合柜员及客户经理的平均绩效薪酬 ×100% × 岗位系数—绩效薪酬扣减金额

6. 非管理岗其他岗位的绩效薪酬按一定比例与本网点综合柜员或客户经理的平均绩效薪酬挂钩。

（1）信贷专职 C 岗：100% 与本网点综合柜员及客户经理的平均绩效薪酬挂钩。

其绩效薪酬 = 本网点综合柜员及客户经理的平均绩效薪酬—绩效薪酬扣减金额．

（2）兼职信贷 C 岗：在本人原岗位绩效计算基础上，增加兼职部分，兼职部分为 10% 与本网点综合柜员及客户经理的平均绩效薪酬挂钩。

（3）兼职库柜员：在本人原岗位绩效计算基础上，增加兼职部分为 10% 与本网点综合柜员的平均绩效挂钩。

（4）三级综合柜员岗：在本人原岗位绩效计算基础上，增加兼职部分为 10% 与本网点综合柜员的平均绩效挂钩。

7. 支行行长、副行长、行长助理、支行综合科工作人员的绩效薪酬的 85% 与本支行综合柜员及客户经理的平均绩效薪酬挂钩，15% 与本职工作挂钩，并按照工作考评结果确定。

支行行长、副行长、行长助理、支行综合科工作人员的绩效薪酬＝本支行综合柜员及客户经理的平均绩效薪酬×85%×岗位系数＋本职工作得分×单位绩效薪酬×岗位系数×15%－绩效薪酬扣减金额

8. 总行机关部室人员，含本部联行柜员、对账员、中心库出纳、远程监控员、押运中心工作人员等，绩效薪酬与其管理工作挂钩，70%与本职工作挂钩，30%与包片支行得分挂钩。

无包片网点的机关部室，则100%与本职工作挂钩。

机关部室人员个人绩效薪酬＝（全行单位系数绩效薪酬×70%×考核分数×本人岗位系数＋包片支行得分×30%×本人岗位系数）—绩效薪酬扣减金额．

9. 总行班子成员的绩效薪酬与全行任务完成情况和挂点网点完成情况挂钩。总行班子成员包片网点以总行下发文件为准。

公式中，收入完成率是指被考核机构完成各项收入计划的比例，收入完成率＝各项收入当期实际完成数/各项收入当期计划数×100%；收入完成率≥1的取1，收入完成率＜1的取实际数。

第十七条　绩效平衡和调整

网点的业务发展与员工的个人努力密不可分，同时也与网点所处的经济、社会环境息息相关，在本绩效考评系统实行的1年内，为平衡绩效，总行对达到正常出勤要求的综合柜员、客户经理提供最低绩效薪酬保底，按季在绩效系统计算结果确定后再单独调整。

3. 其他类型

（1）由于员工存在婚假、产假、病假、事假等非正常休假情况，休假期间的绩效薪酬不享爱。

（2）在本行内借调人员的绩效薪酬按借入机构所在岗位的业绩计算，借用到本行上级机构工作人员，按总行机关人员计算绩效薪酬。

（3）受到行政警告及以上处分的员工在处分期内绩效工资系数作相应的下调，也不执行最低绩效条款，待解除处分后再重新确定绩效工资系数。受到留用察看的员工从处分次月起，不执行最低绩效条款，解除处分或重新上岗后，重新确定绩效工资系数。

第十八条绩效薪酬考核的分工。根据"谁分管、谁负责、谁监督"的原则，由人力资源、财务会计、计划信贷、授信评审、信息科技等相关部门负责考核数据的审核工作．稽核监察部门负责对员工绩效薪酬考核情况进行稽核检查．经检查发现并核实存在弄虚作假等违规的现象，除扣回多发的绩效薪酬外，按《江西省农村信用社工作人员违规处罚暂行办法》及有关规定，对责任人予以处罚。

第五章　附　　则

第二十条本办法由＊＊农商银行负责制定、解释和修改。

第二十二条在运行期间根据实际情况，经总行绩效考评委员会研究，可以进行调整。

第二十三条本办法从2012年1月1日起开始执行。

附件2　＊＊农商银行平衡计分卡考核说明

（一类经营单位）

核心提示：存款指标加分后不超过本小项分值的130%，其他指标加分后不超过本小项分值的120%，扣分均不计负分。

（一）存款增长（31分）

1．计划完成情况（17分）

①存款增量（10分）

得分＝考核期存款增量/考核期存款增量计划×10分。

②日均存款新增额（7分）

得分＝考核期日均存款新增额/考核期日均存款新增计划×7分．

2．横向比较（14分）

1存款增幅横向得分（7分）

存款增幅＝考核期存款增量/上年末存款余额

得分＝基准分5.6分＋（考核期被考核单位存款增幅－考核期所在类别单位存款平均增幅）×100×加减分0。8分．

2日均存款增幅横向得分（7分）

季度考核：日均存款增幅＝考核期存款日均增量/2011年四季度存款日均余额

全年考核：全年日均存款增幅＝（2012年全年存款日均增余额—2011年四季度存款日均余额）/2011年四季度存款日均余额

得分＝基准分8。4分＋（考核期被考核分理处日均存款增幅—考核期所在类别单位存款日均增幅）×100×加减分1.2分。

（二）贷款增长（4分）

得分＝考核期贷款新增额/考核期贷款净增计划×4分。本项按完成比例得分，不加分。

（三）不良贷款下降指标（14分）

1．表内不良贷款。按贷款五级分类标准，不良贷款包括次级、可疑、损失类贷款，本年度核销贷款的不良贷款纳入考核。

表内不良贷款绝对额下降＝（考核期初不良贷款余额—考核期期末不良贷款余额）/考核期不良贷款压缩计划×4分。

2．隐形不良贷款。隐形不良贷款绝对额下降＝（考核期初隐形不良贷款余额—考核期期末隐形不良贷款余额）/考核期隐形不良贷款压缩计划×6分。

3．表外不良贷款。表外不良贷款绝对额下降＝（考核期初表外不良贷款余额－考核期期末表外不良贷款余额）/考核期隐形不良贷款压缩计划×4分。

（四）贷款到期收回指标（10分）

以贷款到期收回率计划值为标准值，达到标准值的，得满分；每超标准值一个百分点，加1分；每低于标准值一个百分点，扣2分。

（五）正常贷款利息收回率（12分）

以正常贷款利息收回率计划值为标准值，达到标准值满分；每超标准值一个百分点，加1分；每低于标准值一个百分点扣减2分。

（六）贷款利息收入指标（15 分）

得分＝考核期实际利息收入/考核期利息收入计划×15 分。

（七）票据业务（3 分）

得分＝考核期承兑增长数/考核期承兑增长计划×3 分。

（八）考核期中间业务收入（6 分）

得分＝考核期中间业务收入/考核期中间业务收入计划×6 分。

（九）自助转账终端布放（5 分）

得分＝考核期自助转账终端布放数/考核期自助转账终端布放计划×5 分，不加分。

附件3　＊＊农商银行平衡计分卡考核说明

（二类经营单位）

核心提示：存款指标加分后不超过本小项分值的130%，其他指标加分后不超过本小项分值的120%，扣分均不计负分。

（一）存款增长（90 分）

1. 计划完成情况（50 分）

①存款增量（25 分）

得分＝考核期存款增量/考核期存款增量计划×25 分。

②日均存款新增额（25 分）

得分＝考核期日均存款新增额/考核期日均存款新增计划×25 分。

2. 横向比较（40 分）

3 存款增幅横向得分（20 分）

存款增幅＝考核期存款增量/上年末存款余额

得分＝基准分14 分＋（考核期被考核单位存款增幅—考核期所在类别单位存款平均增幅）×100×加减分1。4 分。

4 日均存款增幅横向得分（20 分）

季度考核：日均存款增幅＝考核期存款日均增量/2011 年四季度存款日均余额

全年考核：全年日均存款增幅＝（2012 年全年存款日均增余额－2011 年四季度存款日均余额）/2011 年四季度存款日均余额

得分＝基准分21 分＋（考核期被考核分理处日均存款增幅—考核期所在类别单位存款日均增幅）×100×加减分3 分。

（二）考核期中间业务收入（5 分）

得分＝考核期中间业务收入/考核期中间业务收入计划×5 分。

（八）自助转账终端布放（5 分）

得分＝考核期自助转账终端布放数/考核期自助转账终端布放计划×5 分，不加分。

附件4　＊＊农商银行平衡计分卡考核说明

（三类经营单位）

核心提示：存款指标加分后不超过本小项分值的130%，其他指标加分后不超过本小项分值的120%，扣分均不计负分。

（一）存款增长（28分）

1. 计划完成情况（18分）

①存款增量（10分）

得分＝考核期存款增量/考核期存款增量计划×10分。

②日均存款新增额（8分）

得分＝考核期日均存款新增额/考核期日均存款新增计划×8分。

2. 横向比较（10分）

5 存款增幅横向得分（5分）

存款增幅＝考核期存款增量/上年末存款余额

得分＝基准分4。2分＋（考核期被考核单位存款增幅—考核期所在类别单位存款平均增幅）×100×加减分0。6分。

6 日均存款增幅横向得分（3分）

季度考核：日均存款增幅＝考核期存款日均增量/2011年四季度存款日均余额

全年考核：全年日均存款增幅＝（2012年全年存款日均增余额－2011年四季度存款日均余额）/2011年四季度存款日均余额

得分＝基准分6.3分＋（考核期被考核分理处日均存款增幅—考核期所在类别单位存款日均增幅）×100×加减分0。9分。

（二）贷款增长（3分）

得分＝考核期贷款新增额/考核期贷款净增计划×3分。本项按完成比例得分，不加分。

（三）不良贷款下降指标（15分）

1. 表内不良贷款。按贷款五级分类标准，不良贷款包括次级、可疑、损失类贷款，本年度核销贷款的不良贷款纳入考核。

表内不良贷款绝对额下降＝（考核期初不良贷款余额—考核期期末不良贷款余额）/考核期不良贷款压缩计划×5分。

2. 隐形不良贷款。隐形不良贷款绝对额下降＝（考核期初隐形不良贷款余额－考核期期末隐形不良贷款余额）/考核期隐形不良贷款压缩计划×5分。

3. 表外不良贷款。表外不良贷款绝对额下降＝（考核期初表外不良贷款余额－考核期期末表外不良贷款余额）/考核期隐形不良贷款压缩计划×5分。

（四）贷款到期收回指标（12分）

以贷款到期收回率计划值为标准值，达到标准值的，得满分；每超标准值一个百分点，加1分；每低于标准值一个百分点，扣2分。

（五）正常贷款利息收回率（12分）

以正常贷款利息收回率计划值为标准值，达到标准值满分；每超标准值一个百分点，加1分；每低于标准值一个百分点扣减2分。

（六）贷款利息收入指标（20分）

得分＝考核期实际利息收入/考核期利息收入计划×20分。

（七）考核期中间业务收入（5分）

得分 = 考核期中间业务收入/考核期中间业务收入计划 × 5分。

（八）自助转账终端布放（5分）

得分 = 考核期自助转账终端布放数/考核期自助转账终端布放计划 × 5分，不加分。

附件5：

＊＊农商银行综合柜员绩效计价考核办法（试行）

为科学、合理地评价综合柜员的工作业绩，探索、建立、完善全面绩效考评体系，形成有效的激励约束机制，充分调动综合柜员拓展与服务客户，促进业务发展和服务水平。根据《江西省农村信用社员工绩薪酬考核的指导意见（简化版)》，结合我行实际，特制定本办法。

一、考核对象

本办法的考核对象为宜春农商行综合柜员，以及从事综合柜员岗位的工勤人员。

二、考核内容

（一）业绩指标

1. 存款日均余额。柜员所管理的存款从1月1日至考核期末的日均余额。

2. 存款日均增量。柜员存款日均增量 = 年初至考核期末存款日均余额—上年度存款日均余额（上年1月1日至上年12月31日存款日均余额）；在统计存款日均增量本期完成数时，计算公式为：存款日均增量本期完成数 = （本期存款较上年度日均增量 × 本期期数 – 上期存款较上年度日均增量 × 上期期数）÷总期数。

3. 中间业务收入。综合柜员考核期内的全部中间业务收入。主要以营销紧密相关的代理保险业务手续费收入、代理评估手续费收入等经营指标。中间业务收入本期完成数 = 年初至本期末的中间业务收入 – 年初至上期末的中间业务收入。

4. 不良贷款收回额及利息（是指根据网点下达的任务，综合柜员在柜台外，利用业余时间上门催收的不良贷款）。

（二）工作量指标。

1. 柜员办理业务量。综合柜员业务量 = 某综合柜员考核期内办理的存贷款类、内部账交易类、中间业务类、电子银行类、结算类、授权类、特殊业务类等各项业务笔数。考虑手工统计量大并难以核实，以核心业务系统及客户管理信息系统的统计数为准。其中：授权类业务笔数按网点业务量单价折半计算。

2. 现金量。综合柜员在考核期内办理业务的现金收付量，指标数据由网点会计按日统计按月汇总，上报总行财务会计部核定。

三、考核周期、指标权重及单价。

绩效薪酬实行按月考核分配，权重计算参照平衡计分卡分值。

四、绩效薪酬计算方法。

综合柜员个人绩效薪酬 = $\sum$ （各指标的完成数 × 单价）× 岗位系数 × 收入完成率 — 风险扣减项

收入完成率是指被考核支行考核期各项收入实际完成计划的比率，完成率≥1的取1，完成率<1的取实际数。

公式：收入计划完成率 = ×100%

五、本办法自 2012 年 1 月 1 日起开始执行。

案例二　农业公司绩效考核制度参考范文

为保证农作物种子质量检验机构独立、公正、科学、客观地开展种子检验活动，提供准确可靠的数据和结果，根据《农作物种子质量检验机构方法》农业部相关规定，制定考核标准。

共分 7 章，1 – 3 章为概述，4 – 7 章规定了考核要求。考核要求主要依据《农作物种子质量检验机构考核管理方法》、《农作物种子检验员考核管理方法》和《农作物种子检验规程》（GB/T 3543）等对农作物种子质量检验机构的相关规定和要求，以及《种子检验室认可标准》（国际种子检验协会 – ISTA）和《检测和校准实验室能力的通用要求》（GB/T 27025）对检测实验室能力的通用要求，并吸收了《质量管理体系根底和术语》（GB/T 19000）和《质量管理体系要求》（GB/T 19001）中有关质量管理原那么、质量管理体系模式等内容。

1　范围

1.1　本准规定了农作物种子质量检验机构（以下简称检验机构）获得省级以上人民政府农业行政主管部门（以下简称考核机关）颁发合格证书所必须满足的条件和要求。

1.2　本准适用于从事对外开展农作物种子检验效劳，出具具有证明作用数据和结果的检验机构资格考核的能力考评。

注：根据《农作物种子质量检验机构考核管理方法》，对外开展农作物种子检验效劳主要包括农作物种子质量监督、行政执法、质量纠纷处理以及贸易流通等方面的检验活动。

1.3　本准适用于检验机构建立、保持和改进质量、行政和技术运作的管理体系。

1.4　检验机构不从事本准所包括的一种或者多种活动，可以不采用本准中相关条款的要求。

注：不从事本准的活动可以包括扦样、方法选择等。

2　标准性引用文件

以下文件中的条款通过本准的引用而成为本准的条款。但凡不注日期的引用文件，其最新版本适用于本准。

农作物种子检验规程（GB/T　3543）

农作物种子质量检验机构考核管理方法

农作物种子质量检验机构能力验证方法

农作物种子检验员考核管理方法

农作物种子检验员考核大纲

农作物种子质量监督抽查管理方法

3　术语和定义

以下术语和定义适用于本准：

3.1　考核

考核机关对检验机构的根本条件和能力是否符合法律法规规定和技术标准要求而实施的评价和确认活动。

注1：根本条件是指检验机构开展种子检验工作应满足的组织管理、专业人员、仪器设备、设施环境和管理体系等方面的要求。

注2：能力是指检验机构被证实具有运用根本条件完成种子检验工作出具准确可靠数据和结果的本领。

3.2　检验工程范围 testing scope

检验机构对外开展农作物种子检验效劳的范围，包括检验工程、检验内容及其适用范围。

注1：检验工程范围由检验工程、检验内容和适用范围三局部构成。检验工程是指扦样、净度分析、发芽试验、水分、品种纯度鉴定等检验活动或者质量指标；检验内容是指检验工程的关键检验特性或者检验方法；适用范围是指检验内容所适用的作物种子种类或者特定对象、特定特性。

注2：局部检验工程之间存在着相互依存的关系。例如：不少检验工程是采用净种子作为试验样品进行检验的，发芽试验出现较多的新鲜不发芽种子需要采用四唑染色方法测定种子生活力。

注3：考核合格证书附表给出了检验机构的检验工程范围。

3.3　管理体系 management system

为实现管理目的，由组织机构、职责、程序、过程以及资源构成的且具有一定活动规律的有机整体。

注：本准那么所称管理体系，是指控制检验机构运作的质量、行政和技术体系。

3.4　审核 audit

3.5　管理评审 management review

由检验机构行政负责人组织，为确保管理体系适宜性、充分性、有效性和效率，以到达规定的质量目标所进行的活动。

3.6　预防措施

为防止潜在的不符合或者其他不希望情况发生，消除其原因所采取的措施。

3.7　纠正措施

为防止已出现的不符合或者其他不希望情况的再次发生，消除其原因所采取的措施。

注：纠正措施与纠正有所不同，纠正是指对已出现的不符合所进行的处置。

3.8　检验报告

检验机构出具检验结果和其他有关检验信息的文件。

注：根据《农作物种子检验规程》，种子检验报告分为种子批检验报告和种子样品检验报告。种子批检验报告是指出具与种子批相关的结果报告文件，其扦样、检验可以由同一检验机构进行，也可以按照《农作物种子质量监督抽查管理方法》规定由不同机构分别

进行；种子样品检验报告是指出具只对委托方的送验样品检验结果负责的结果报告文件。

4　组织和管理

4.1　组织法律地位

4.1.1　检验机构应有农业行政主管部门或者政府其他部门批准机构设置的证明文件。

4.1.2　检验机构应是相对独立的专职机构，有法人资格证明或者法人授权证明，能够独立开展种子检验工作并承担相应的法律责任。

4.2　组织责任

4.2.1　检验机构应有责任确保所从事的种子检验活动符合本准那么和考核机关的要求，符合国家法律、法规、规章、技术标准和标准的相关规定，并能满足委托方的需求。

4.2.2　检验机构应按时完成农业行政主管部门下达的为实施《种子法》提供技术保障的各项指令性检验任务，自觉接受其监督和管理。

4.3　组织结构

4.3.1　应构建与其从事种子检验工作相适应的组织结构，有组织机构框图明示组织和管理结构，适用时还包括其在母体组织中的地位，以及质量管理、技术运作和支持效劳之间的关系。

注：检验机构的组织结构，对于规模较大或者检验工程较多的鼓励采用职能型结构，对于规模较小或者检验工程较少的可以采用直线型结构。

4.3.2　对检验工作质量有影响的所有管理、操作和核查人员的职责、权力和相互关系应有明确规定。

4.3.3　检验机构行政负责人、技术负责人和质量负责人应有任命文件，独立法人检验机构行政负责人由其上级部门任命；行政负责人发生变换需向考核机关办理变更手续，技术负责人、质量负责人发生变换需经考核机关认可。

4.3.4　技术负责人应有全面负责技术运作的职责和权力，质量负责人应有确保与质量有关的管理体系得到有效实施的职责和权力。

4.3.5　应指定由熟悉检验方法、程序和结果评价的人员担任监督员，对检验机构其他人员按其经验、能力和职责进行相应的和监督。

4.3.6　应确保所有人员参与组织管理活动并为实现管理体系质量目标发挥积极作用。

4.3.7　行政负责人应确保在检验机构内部建立适宜的沟通机制，确保管理体系的有效运行。

4.4　根本要求

4.4.1　管理体系应覆盖检验机构所有场所进行的工作。

4.4.2　检验机构及其主管部门应有公正性声明，确保种子检验工作不受干扰，能够独立、公正地开展检验活动。

4.4.3　检验机构及其人员不得与其从事的种子检验活动以及出具的数据和结果存在利益关系，不得参与任何可能降低其判断独立性和检验诚信度的活动。

4.4.4　应有措施确保其人员不受任何内外部的不正当的商业、财务和其他方面的压力和影响，并防止商业贿赂。

4.4.5 应有措施保证在考核合格证书明确的检验工程范围和有效期限内对外开展种子检验效劳，不得超范围出具标注 CASL 标志的检验报告，不得伪造检验记录、数据或者出具虚假结果和证明。

4.4.6 检验机构及其人员应对其在检验活动中所知悉的国家秘密、商业秘密和技术秘密负有保密义务，并有相应保密措施。

5 资源配置和管理

5.1 人员

5.1.1 应配备与其从事种子检验工作相适应的技术人员和管理人员，有 5 名以上符合《农作物种子检验员考核管理方法》规定的种子检验员，其中至少有 3 名室内检验员；检验工程范围涵盖扦样的，至少有 1 名扦样员；检验工程范围涵盖品种真实性和品种纯度鉴定的，至少有 2 名田间检验员。

5.1.2 应使用正式在编人员，需要时可聘用长期制人员。应确保合同制人员是胜任的且受到监督，并按照管理体系要求开展工作。

5.1.3 应编制各岗位人员的任职资格和岗位职责的工作描述。

5.1.4 技术负责人应具有农艺师以上技术职务，从事种子检验相关工作 5 年以上，熟悉种子检验业务；质量负责人应具有中级以上专业技术职务，从事检验机构管理工作 3 年以上，熟悉质量管理业务。

5.1.5 授权签发检验报告的人员应掌握种子法律法规、检验方法、种子标签标注与制作要求、种子质量标准、结果评价、报告审核签发程序等内容，并经现场评审确认。

5.1.6 应根据《农作物种子检验员考核管理方法》和《农作物种子检验员考核大纲》要求，按照检验机构当前和预期的目标，建立短期和长期教育培训方案，明确要求，确定需求，并对教育培训活动的有效性进行评价。

5.1.7 应保存所有人员的教育培训、资格考核、工作经历和年度工作考评等档案，并及时更新。

5.2 仪器设备

5.2.1 应配备正确进行扦样、样品制备、检验、贮存、数据处理与分析等种子检验工作所需的仪器设备。用于检验的仪器设备应到达规定要求的准确度，符合《农作物种子检验规程》相应的标准要求。

5.2.2 应制定仪器设备管理程序，明确由专人管理。

5.2.3 应制定和实施仪器设备的检定、校准和确认的总体要求，明确分类管理，确保对检验准确性和有效性有影响的仪器设备的检验结果能够溯源至国家基准或者比对试验满意的结果。

5.2.4 应制定仪器设备和标准物质检定、校准和确认周期性方案，保证在用仪器设备和标准物质在投入使用之前和使用过程中进行周期检定、校准和确认。

5.2.5 应具有平安处置、运输、存放、使用标准物质（含标准样品、标准溶液）的程序，防止污染或者损坏，确保其完整性。

5.2.6 用于检验并对结果有影响的仪器设备应有惟一性明显标识来说明其状态。

5.2.7　仪器设备应由经过授权的人员操作，其使用和维护的有关技术资料应便于相关人员取用。仪器设备使用应有记录，记录能满足检验再现性和溯源要求。

5.2.8　仪器设备曾经有过载、处置不当，或者显示可疑结果和其他缺陷的，应立即停止使用，予以隔离并加贴明显的停用标签。经修复并通过测试说明能够正常工作的，方可恢复使用。

5.2.9　应建立仪器设备档案，内容包括：

a）仪器设备名称；

b）制造商名称、型号和编号或者其他惟一性标识；

c）接收、启用日期和验收记录；

d）放置地点；

e）制造商提供的资料或者使用说明书；

f）历次检定、校准报告和确认记录；

g）使用和维护记录；

h）仪器设备的任何损坏、故障、改装或者修理记录。

5.3　设施与环境

5.3.1　应有与从事种子检验事务管理、检验工作、仪器设备使用、样品保管、化学药品保管、档案保管等要求相适应的固定场所，面积不得少于100平方米。

5.3.2　固定场所应有足够的便于进行操作和必要移动的空间，仪器设备、电气线路和管道布局合理，便于检验工作开展，并符合平安要求。对互有影响或者互不相容的区域应进行有效隔离，必要时明示需要控制的区域范围。

5.3.3　应确保环境条件满足检验工作需要并确保平安，不会影响检验结果有效性或者对检验质量产生不良影响。检验场所应有预防超常情况发生的保护措施。发现环境条件影响检验结果有效性的，应停止检验。

注：超常情况包括超常的温度、湿度、灰尘、电磁干扰或者相互作用等。

5.3.4　《农作物种子检验规程》对环境控制条件有要求的，应安装适宜的设备进行监测、控制和记录。

5.3.5　应有措施保证检验机构具有良好的内务。危害性废弃物管理、废弃物处理和消防平安管理应符合国家有关规定。

5.4　效劳和供应品的采购

5.4.1　应建立并保持对检验质量有影响的效劳和供应品的选择、购置、验收和贮藏的程序，以确保效劳和供应品的质量。

5.4.2　应确保所购置影响检验质量的供应品、试剂和消耗材料经检查或者证实符合有关规定要求后，方可投入使用。应保存符合性检查活动的记录。

6　检验实施

6.1　合同评审

6.1.1　检验机构应建立并保持评审委托方要求和合同的程序，明确检验工程、检验方法、检验时间和费用等相关要求。

6.1.2 合同由样品接收人员和委托方经充分有效沟通达成一致，以样品委托单书面签字的形式进行确认。委托方的要求与合同之间的任何差异，应在检验工作开始之前解决。属重复性例行检验且委托方要求不变的，只需进行初次评审。应保存包括任何重大变化在内的评审记录。

注：通过等口头协议进行合同评审的，应保持记录。

6.1.3 对农业行政主管部门下达的监督抽查检验任务，应按照《农作物种子质量监督抽查管理方法》等有关规定编制实施方案并组织实施。

6.2 扦样

检验样品的扦取、分取以及包装运送应执行《农作物种子检验规程》的规定，扦取样品的数量不得超过检验合理需要或者抽查标准规定的数量。扦样应记录被扦单位名称、扦样日期、品种名称、种子批号、标签标注的种子质量指标、扦样员姓名等相关的信息。

6.3 样品处置

6.3.1 应有用于检验样品接收、入库、流转、检验、保存、处置的程序，确保检验样品的完整性。

6.3.2 检验样品应具有相应的状态标识和分类编号标识，防止样品或者记录发生混淆。

6.3.3 应记录接收检验样品的状态，并有措施防止检验样品在制备、保存和处置过程中发生质量劣变、丧失和包装损坏。监督抽查时，应有措施保证备份样品保存完好。

6.4 检验方法

6.4.1 承担监督抽查检验任务或者向行政机关、司法机构、仲裁机构以及有关单位和个人提供有证明作用的数据和结果的检验效劳，应按照《农作物种子检验规程》规定的检验方法进行检验。对于《农作物种子检验规程》未作规定的特殊检验工程，可以使用相应国家强制性标准所规定的方法。

注1：对于以性能表现为根底的检验方法，需经能力验证确认前方可列入考核认定的检验工程范围。

注2：《农作物种子检验规程实施指南》给出的方法指南，可以作为检验方法的补充件。

6.4.2 对于其他委托检验，检验机构可以选择使用国家标准、行业标准、国际标准规定的方法，并经委托方同意。

6.4.3 对于检验机构自行制定的方法，需经方法确认前方可列入考核认定的检验工程范围。自行制定的方法仅限于特定委托方的检验。

注1：方法确认是指通过核查并提供客观证据，以证实该方法的某一特定预期用途的特殊要求得到满足。

注2：方法确认可以参照国际种子检验协会（ISTA）制定的《种子检验方法确认标准》的规定。

6.5 数据处理

应有适当的计算、数据转换以及处理规定，并有效实施。利用计算机对检验数据进行采集、处理、记录、报告、存储或者检索的，检验机构应建立并实施数据保护程序。

6.6   分包

6.6.1   因工作需要分包扞样、检验局部工作的，应将其工作分包给符合本准那么要求并获得考核合格证书的分包检验机构。应确保分包检验机构有能力完成分包任务。检验机构与分包检验机构之间的责任、权利和义务应通过分包合同或协议的形式确定。

6.6.2   检验机构应将分包安排以书面形式征得委托方同意，并就分包的工作对委托方负责。

6.7   检验报告

6.7.1   应按照《农作物种子检验规程》规定，明确签发种子批检验报告和种子样品检验报告的条件。

6.7.2   检验报告使用统一的格式，用电脑打印。检验报告不能有添加、修改、替换或者涂改的迹象。检验报告通常一式两份，一份给委托方或者被抽查企业，另一份与原始技术记录一并存档。

6.7.3   检验报告应保证数据和结果准确、客观、真实，正确使用 CASL 标志，有授权签字人签字或者印章，并有检验机构公章。

6.7.4   检验报告可以作出检验结果符合或者不符合法规、标签标注的种子质量指标、质量标准、技术标准要求的声明，其结论用语应符合有关规定要求，并在管理体系文件中规定。

6.7.5   检验报告包含由分包方所出具检验结果的，应予清晰标明。分包方应以书面或者电子方式报告结果。

6.7.6   应按规定发送检验报告，并进行登记。采用或者其他电子方式传送检验结果的，应确认委托方的身份并进行记录。

6.7.7   对已签发检验报告进行实质性修改或者补充的，应以追加报告或者更换报告形式实施。修改应满足本准那么的所有要求，追加报告包括 "对编号 XX 检验报告的补充（更正）" 或者其他等效文字的声明；更换报告应有惟一性标识，注明所替代的原报告。

6.7.8   检验报告存放应防止损坏、变质、丧失，保存期不少于 6 年。

7   管理体系运作

7.1   管理体系

7.1.1   检验机构应按照本准那么建立、实施和保持与其检验活动相适应的管理体系，将其政策、、方案、程序和指导书形成管理体系文件。管理体系文件应传达至所有相关人员，并被其理解、获取和执行。

7.1.2   管理体系文件构成应与检验机构检验效劳和运行方式相适应，覆盖本准那么的内容。其结构和文件类型可以由质量手册、程序文件、作业指导书以及记录、表格、报告等构成。

注 1：质量手册是指说明质量方针、质量目标，并描述与之相适应管理体系的根本文件。质量手册内容通常包括检验机构行政负责人对手册发布的声明及签名、公正性声明、质量方针声明、检验机构概况、范围、术语定义、涵盖本准那么 4～7 章的组织管理、资源管理、检验实施和管理体系运作的描述及其所引用的支持性程序等。其中质量方针是指组织的质量宗旨和质量方向，主要包括良好职业行为的效劳质量承诺、效劳标准的声明以及质量目标等。

注2：程序文件是指规定质量活动和控制要求的文件，是质量手册的支持性文件。程序文件内容通常包括保证公正性和保密程序、人员培训管理程序、仪器设备管理维护程序、仪器设备和标准物质检定校准确认程序、合同评审程序、外部效劳和供应管理程序、检验样品管理程序、数据保护程序、检验报告和 CASL 标志使用管理程序、文件控制程序、记录控制程序、质量控制程序、内部审核程序、申诉投诉处理程序、不符合工作控制程序、纠正和预防措施控制程序、管理评审程序等。

注3：作业指导书是指描述具体作业活动的操作性文件。作业指导书内容主要包括扦取和制备样品的工作标准、使用仪器设备的操作规程、指导检验过程的方法细那么、修约数据的表征标准等。

7.2　文件控制

7.2.1　检验机构应建立和保持程序来控制构成其管理体系的所有文件，包括内部制定或者外部的文件。例如：法律、法规、规章、标准性文件、扦样方法、检验方法、质量标准，以及软件、标准或者程序、指导书和手册等。

注1：文件是指信息及其承载媒体。承载媒体可以是硬拷贝或者电子媒体，可以是数字的、模拟的、图片的或者书面的形式。

注2：检验数据控制见6.5规定，记录控制见7.9规定。

7.2.2　所有文件应以适当的方式予以登记，并加施惟一性标志后予以发放、使用。该标志包括发布日期、修订标志、页码、总页数、发布机构等信息。文件应适宜存放，出于知识保存目的而保存的无效或者作废文件应有适宜的标记。

7.2.3　应确保所有使用场所都能得到相应的现行有效文件，及时撤出无效或者作废的文件。

7.2.4　应对文件进行定期审查，必要时予以修订。文件修订、废止、改版或者更新，应按照规定的程序进行。

7.2.5　应有程序规定更改和控制保存在计算机系统中的文件。

7.3　结果质量控制

7.3.1　检验机构应明确将参加能力验证活动作为外部质量保证和内部质量控制活动的有效手段。应按规定参加国家农作物种子质量检验中心组织开展的能力验证活动，独立完成验证样品检验工作，及时报送检验结果，并保存能力验证结果报告。

7.3.2　检验机构能力验证结果不满意或者不合格的，应按照《农作物种子质量检验机构能力验证方法》规定，采取相应的纠正措施或者整改措施，并保存实施效果有效性的记录或者证明。

7.3.3　检验机构应有质量控制程序以监控检验结果的有效性。这种监控应有方案并加以评审，可以包括以下内容：

a）使用多人进行比对试验；

b）对保存样品或者备份样品进行再检验；

c）利用相同或者不同方法进行重复检验；

d）使用仪器设备进行比对试验；

e）定期使用标准物质开展内部质量控制。

注：选用的方法应与所从事的检验活动和工作量相适应。

7.3.4　检验机构应分析质量控制的数据。分析发现质量控制数据超出预先确定判定依据的，应采取预先方案的措施来纠正所出现的问题，并防止报告错误的结果。

7.4　申诉和投诉

检验机构应建立完善的申诉和投诉机制，处理委托方或者其他方面的申诉和投诉。应保存所有申诉和投诉的记录，以及检验机构针对其所开展的调查和采取纠正措施的记录。

注1：申诉是指委托方或者其他方面要求检验机构就其作出的检验结果断定进行重新考虑的请求。

注2：投诉是指委托方或者其他方面对检验机构的种子检验活动表达不满意并期望得到回复的行为。

7.5　内部审核

7.5.1　检验机构应根据预定的方案和程序，对其质量活动进行内部审核，以验证其运作持续符合管理体系和本准那么的要求。内部审核每年至少开展1次。

7.5.2　内部审核方案应涉及管理体系的全部要求，包括扦样和检验活动。质量负责人按照预定方案和管理要求进行筹划和组织内部审核。审核应由受过培训和具有经验的人员执行，只要资源允许，审核人员应独立于被审核的工作。

7.5.3　审核所发现的问题可能会影响运作的有效性或者对检验结果正确性产生疑心的，检验机构应及时采取纠正措施。调查说明检验机构出具的检验结果可能已受影响，应书面通知受影响的委托方。应对审核活动进行跟踪，并验证和记录纠正措施的实施情况及有效性。

7.5.4　应记录审核活动领域、审核发现和由此采取的纠正措施。

7.6　不符合工作控制

7.6.1　发现扦样、检验工作过程或其检验结果不符合法规、技术标准、标准、体系文件要求的，检验机构应实施既定的不符合控制程序。

7.6.2　不符合控制程序应确保：

a）指定专人负责处理不符合工作控制，明确对不符合工作采取的措施，包括必要时暂停开展检验效劳、扣发检验报告；

b）对不符合工作的严重性进行评价；

c）立即实施纠正，同时对不符合工作的可接受性作出决定，必要时通知委托方；

d）确定批准恢复工作的职责。

注：不符合工作和问题可以通过委托方反响、质量控制、仪器检定和校准、试验消耗品检查、监督、检验报告核查、内部审核和管理评审等管理体系和技术运作的各个环节进行识别。

7.6.3 评价说明不符合工作可能再度发生或者对检验机构的运作与其规定和程序的符合性产生疑心的，检验机构应立即执行纠正措施程序。

7.7 纠正措施

7.7.1 已确认不符合工作或者识别出技术运作、管理体系偏离规定和程序的，检验机构应启动纠正措施程序，实施纠正措施。

7.7.2 应从确定问题根本原因的调查开始，选择和实施能够消除问题和防止问题再次发生的措施，并监控纠正措施的实施效果。纠正措施应与问题的严重性和风险大小相适应。纠正措施所导致的任何变更均应制定文件并加以实施。

注1：技术运作或者管理体系中的问题可以通过内部或者外部审核、不符合工作控制、管理评审、委托方反响或者员工观察等活动进行识别。

注2：原因分析是纠正措施程序的关键步骤，需要综合各方面情况仔细分析才有可能找到产生问题的潜在原因。

注3：在证实了问题严重或者对业务有危害时，可以在纠正措施实施后按7.5条规定对相关活动区域进行附加审核。

7.8 预防措施

检验机构应识别技术运作、管理体系方面所需的改进和潜在不符合的原因。识别出改进时机或者需要采取预防措施的，检验机构应启动预防措施程序，制定、执行和监控预防措施方案，以减少此类不符合情况发生的可能性并借机加以改进。

注：预防措施是事先主动识别改进时机的过程，而不是对已发现问题或者申诉的反响。主动识别可以通过运作程序评价、趋势和风险分析以及能力验证结果分析等途径。

7.9 质量和技术记录

7.9.1 检验机构应建立和保持填写、更改、识别、收集、索引、存档、维护和清理质量记录和技术记录的程序。使用电子形式存储记录的，应有程序来保护和备份记录，并能预防非授权的入侵或者修改。

注：记录是指说明所取得的结果或者提供所完成活动的证据的文件，可以分为质量记录和技术记录。质量记录包括内部审核、管理评审、纠正和预防措施、申诉投诉、人员培训考核等方面的记录；技术记录包括扦样、检验、计算和导出数据、检定或者校准等方面的记录。

7.9.2 所有记录应有固定格式、设计合理，记录真实可信、清晰明了，并予以平安保护和保密。

7.9.3 对于技术记录还应符合以下要求：

a）在工作的当时予以记录，不允许事后补记或者追记；

b）包含足够的信息，详细记录检验条件以保证检验在接近原有条件的情况下能够复现，并有记录人员和校核人员的签字；

c）发生过失的，每一错误应划改，将正确值填写在其旁边，并能识别出更改前内容；

d）所有改动应有改动人的印章或者签名缩写；

e）使用电子形式存储的，也应采取等效措施，以防止原始数据丧失或者更改。

7.9.4 应对所有记录分类管理、及时归档、妥善保管，保存期限为 6 年。

7.10 管理评审

7.10.1 检验机构行政负责人应根据预定的方案和程序，定期对检验机构的管理体系和技术活动进行管理评审，以确保其具有持续的适宜性、充分性和有效性。管理评审周期为 1 年。

7.10.2 管理评审应考虑以下信息：

a）政策和程序的适宜性；

b）管理和监督人员的报告；

c）近期内部审核的结果；

d）纠正措施和预防措施；

e）检验机构能力验证的结果；

f）检验机构的能力考评；

g）工作量和工作类型的变化；

h）委托方反响和申诉投诉；

i）其他如质量控制活动、资源需求以及检验员考核情况。

7.10.3 应记录管理评审所发现的问题和由此所采取的管理体系改进、检验活动改进、资源配置改善等相应措施。检验机构负责人应确保这些措施在适当和约定的时限内得到实施。

7.11 持续改进

检验机构应通过实施质量方针和质量目标，利用能力验证、审核结果、纠正措施、预防措施和管理评审来改进管理体系，使之持续有效。

农业开发用工管理制度

为标准公司用工制度，建立灵活机动、相对稳定、结构合理、优质高效的员工队伍，根据有关法律法规和公司章程制定本制度。

第一条 本规定所指用工是指为生产作业和田间管理需要而临时使用的一线生产工人。

第二条 公司生产作业和田间管理工人的使用和管理由生产技术部负责。生产作业和田间管理工人的用工数量由生产技术部根据工作需要确定。作息时间由生产技术部根据季节变化和工作内容及时进行调整。

第三条 生产作业和田间管理工人一般应符合以下条件：

1. 品行端正，无不良记录；

2. 身体健康，无重大疾病；

3. 有劳动能力，能胜任工作；

4. 年龄一般不超过 65 岁。

第四条生产作业和田间管理工人应品行端正，热爱公司，谦虚谨慎，服从管理，勤劳好学，忠于职守，各司其职，各负其责，熟练掌握生产技术，努力完成生产任务。

第五条 生产作业和田间管理工人有以下行为之一的，根据情节轻重，由生产技术部给予批评教育，罚款，责令赔偿损失，直至停止工作处理。情节严重，给公司造成较大损失的，责令赔偿损失、予以并在一年内不得重新录用。情节特别严重的，司法机关依法追究刑事责任。

1. 不服从管理的；

2. 品行不端，有搬弄是非，拉帮结派，散布，酗酒闹－事，聚众赌博，打架斗殴，制造混乱行为之一的；

3. 有盗窃公司财物行为的；

4. 不遵守劳动纪律，经常迟到早退的；

5. 上班时间干私活、聊天、磨洋工的；

6. 经反复培训，不能掌握技术标准，无法胜任工作的；

7. 不能按时完成生产任务，经批评教育仍然不改正的；

8. 成心损坏公司财物或生产工具，造成生产资料浪费或者无法使用的；

9. 因成心或过失给公司造成较大损失的；

10. 有其它不适当行为，不适合继续在公司工作的。

第六条　具备以下条件的工人在同等条件下优先使用：

1. 曾经在公司工作过，无不良行为记录，工作受到大家认可的；

2. 熟练掌握种植和管理技术的；

3. 有生产作业和田间管理经验的；

4. 有操作机械资质和经验的；

5. 居住较近，生活方便的。

第七条　生产作业和田间管理工人的工资报酬由生产技术部根据工作任务量情况和市场用工行情确定，报总经理批准后施行。对于技术要求不高，能够量化计资的，优先使用按数量计资的方法；对于有一定技术要求或者工作任务不好量化的施行按天计资。局部生产和管理任务可以经总经理批准后对外施行总体承包。工资发放一般在阶段性工作完成后统一核算发放；工作周期较长的，一般按月在次月初（6号）发放。

第八条　公司用工实行登记制度。生产技术部应按照作息时间要求，对工人上下班情况进行登记。工人应自觉签到。迟到早退的，由生产技术部进行批评教育或处以50元以下罚款。未经批准上工的不予登记，不发工资。工人有事请假的需要提前一天申请并做好工作交接安排。

第九条　生产作业和田间管理工人需要使用机械作业的，应具备相应的资质，熟练掌握技术，生产过程中严格按规定操作，注意生产平安，因成心或过失造成自己或他人人身损害、财产损失的，操作人员应予以赔偿。

第十条　生产作业和田间管理工人应妥善保管和使用公司生产工具，用后及时归还。成心或过失造成生产工具损坏的，应予以赔偿。苗木、化肥、农药等生产资料要根据生产需要领取，合理使用并妥善保管，成心或过失造成浪费或导致生产资料无法使用的，应赔偿损失。

第十一条生产作业和田间管理工人应自觉接受技术培训，并严格按照生产技术部确定的技术标准生产作业。对未能按照技术标准生产作业的，责令返工，造成损失的，应予以赔偿。

第十二条　对能够保质保量完成生产任务的工作组和工人，生产技术部应予以表彰；特别优秀的，报总经理批准后予以奖励。

第十三条　公司按年度对表现优秀的工人进行表彰。

第十四条　本规定由公司董事会负责解释。本规定自公布之日开始施行。

案例三　员工绩效考核管理办法细则

第一章　总则

第一条　目的

为建立和完善公司人力资源绩效考核体系和激励与约束机制，对员工进行客观、公正地评价，并通过此评价合理地进行价值分配，特制订本办法。

第二条　原则

严格遵循"透明、民主、科学"的原则，真实地反映被考核人员的实际情况，避免因个人和其他主观因素影响绩效考核的结果。

指导思想

建立客观、公正、公开、科学的绩效评价制度，完善员工的激励机制与约束机制，为科学的人事决策提供可靠的依据。

第四条　适用范围

本办法适用于公司除管理干部以外的全体员工。

第二章　考核体系

第五条　考核对象

公司全体员工。

第六条：考核内容

业绩考核：员工依据岗位职责进行考核。

能力考核：通过员工的工作行为，观察、分析、评价其具备的工作能力。

态度考核：通过员工日常工作表现和行为，考察其工作责任感和工作态度。

考核内容	权重	综合考核得分
业绩考核	50%	业绩×50%＋能力×40%＋态度×10%
能力考核	40%	
态度考核	10%	

第七条：考核方式

考核实行直接主管评分和部门主管签名确认的两级考核方式。

第三章　考核实施

第八条　考核机构

人力资源部：作为公司人力资源工作的归口管理部门，负责绩效考核制度的制定，并组织公司各职能部员工的绩效考核。

第九条　考核周期

以半年为考核周期，年终进行综合评定；新聘员工以试用期为考核周期。上半年：1月1日–6月30日；下半年：7月1日~12月31日。具体时间以通知为准。

考核流程

根据职位说明书，每年1月和7月份由人力资源部协助各部门对该部门员工工作绩效进行综合评定，各部门应于1月15日和7月15日前将考核结果报公司力资源部。

第四章　考核结果的应用

考核结果等级分布

分数段	90~100	80~89	70~79	70分以下
等级	A	B	C	D
意义	优	良	中	差

培训

在进行人力资源开发工作时，应把员工绩效考核结果作为参考资料，了解员工的培训需求，从而有效地开展培训工作。

第十三条　岗位轮换和晋升

在进行岗位轮换和晋升时，应参考员工绩效考核的评定结果，把握员工的工作和环境适应能力。

第十四条　调薪

考核结果	A	B	C	D	备　注
工资序列升（降）级数	2	1	0	–1	当职务不发生变化时，工资序列只能升到该职位的最高级。

注：工资序列升（降）每半年进行一次，在每年2、8月份根据考核结果进行调整。

第十五条　绩效收益

某普通员工年中(终)绩效收益 = 该职能部普通员工年中(终)绩效收益发放总额 ×
计提系数

$$计提系数 = Ei \times Pi / \sum Ei \times Pi$$

Ei = 某员工工资月标准额 × 在考核单位工作时间（按月计算）

Pi = 该员工个人绩效评价得分

i = 表示某普通员工

注：个人考核结果为 C、D 等者，取消奖金的发放；试用期员工不享受奖金；在考核单位工作时间按转正后计算。

第十六条　审批流程

考核结果处理表按被考核者——直接主管——部门主管——人力资源部的流程进行审批，但汇总报表要报公司总经理审批。

第五章　考核面谈与绩效改进

第十七条　考核面谈

员工考核的核心是结合工作计划和目标，目的在于干部对下属的工作进行监督和指导，在工作思路和绩效改进上提供帮助，因此每次考核结束后，考核者应当与被考核者进行考核面谈，加强双向沟通。

考核面谈为考核者与被考核者就绩效改进与能力提升所进行的沟通应做到：

（1）让被考核者了解自身工作的优、缺点；

（2）对下一阶段工作的期望达成一致意见；

（3）讨论制定双方都能接受的书面绩效改进和培训计划。

第六章　考核结果的管理

第十八条　考核指标和结果的修正

由于客观环境的变化，员工需要调整工作计划、绩效考核标准时，经考核负责人同意后，可以进行调整和修正。考核结束后人力资源部还应对受客观环境变化等因素影响较大的考核结果重新进行评定。

第十九条　考核结果反馈

被考核者有权了解自己的考核结果，人力资源部应在考核结束后五个工作日内，向被考核者通知考核结果。

第二十条　考核结果归档

考核结束后考核结果作为保密资料，由人力资源部归入被考核者个人档案并负责保存。

第七章　附则

第二十一条　本办法由公司人力资源部负责制订、解释及修订；

第二十二条　本办法自发布之日起开始实施。

附表：

员工工作业绩评估表

员工工作能力评估表

员工工作态度评估表

员工绩效考核结果处理表

员工绩效改进计划表

员工绩效考核评定细则及相关评价指标的说明。

重庆市旸腾现代农业发展有限公司

二〇一三年八月六日

员工工作业绩评估表

编号：KH01

姓　名		工作岗位	
单位名称		部门名称	
考核期	年　月—— 年　月		
工作概要			

<table>
<tr><td colspan="4" align="center">工作效果评价</td></tr>
<tr><td>序号</td><td>主要工作职责</td><td>重要性基数
（10 分制）</td><td>评分</td></tr>
<tr><td>1</td><td></td><td></td><td></td></tr>
<tr><td>2</td><td></td><td></td><td></td></tr>
<tr><td>3</td><td></td><td></td><td></td></tr>
<tr><td>4</td><td></td><td></td><td></td></tr>
<tr><td>5</td><td></td><td></td><td></td></tr>
<tr><td>6</td><td></td><td></td><td></td></tr>
</table>

总得分 $= \sum$（实际得分）$/ \sum$ 重要性基数 $\times 100 =$

被考核者		直接主管		部门主管	
备　注	1. 考核者每项评分最高不能超过每一项重要性基数 2. 考核结果需到人力资源部备案				

员工工作能力评估表

编号：KH02

姓名			岗　位	
单位名称			部门名称	
考核期		年　月——　年　月		

能力考核项目	权重	考核要点	评分
知识、技能	40%	基础知识和专业知识 工作经验 3. 工作技能	
逻辑思维能力	10%	对岗位工作内容的理解 对上级下达的指示的理解 分析、归纳和总结能力	
创新能力	20%	管理创新 技术创新 合理化建议被采纳	
人际沟通能力	20%	上下级、同事之间沟通 部门之间的沟通与协调	
表达能力	10%	口头表达能力 文字表达能力	
总得分：			
被考核者		直接主管		部门主管	
备　注	考核结果需到人力资源部备案		

员工工作态度评估表

编号：KH03

姓 名		岗 位	
单 位		部 门	
考 核 期		年　月—— 年　月	

考核项目	考核要点	评 分
纪律性 30%	是否严格遵守工作纪律，很少迟到、早退、缺勤；	
	对待上级、同事、外部人员是否有礼貌，注重礼仪；	
	是否严格遵守工作汇报制度（口头、书面），按时完成工作报告；	
团队协作 20%	工作是否充分考虑他人处境，互帮互助；	
	是否能够主动协助上级、同事和下属的工作；	
	是否努力使工作气氛活跃、协调，充满团队精神；	
敬业精神 30%	工作是否热情饱满，且能经常提出合理化建议；	
	对分配的任务是否讲条件、主动、积极、尽量多做工作；	
	是否积极学习与业务相关的知识，不断提高业务技能；	
	是否积极参加公司组织的各类培训；	
	是否敢于承担责任，不推卸责任；	
奉献意识 20%	为公司和组织的目标和利益不计较个人得失；	
	不搞部门本位主义，坚持公司全局观点；	
总得分		
被考核者	直接主管	部门主管
备 注	考核结果需到人力资源部备案。	

员工绩效考核结果处理表

编号：KH04

姓　名		岗位		所属部门	
评估时间		年龄		工龄	
业绩 考核 得分		能力 评估 得分		态度 评估 得分	
综合考核得分 = 业绩得分 × 50 ％ + 能力得分 × 40 ％ + 态度得分 × 10 ％					
绩效考核等级： □ A（90 – 100 分）　　□ B（80 – 89 分）　　□ C（70 – 79 分）　　□ D（70 分以下）					

考核结果处理意见	岗位异动		工资序列变动		其他
	被考核者意见	直接主管意见	部门主管意见		人力资源部意见
备注					

员工绩效考核评定细则及相关评价指标的说明

员工工作业绩评估表

非常重要	9—10
较重要	8—9
重要	7—8
一般重要	6—7

员工的评价标准：根据员工岗位的主要工作职责及相应标准进行综合评定，各项指标为：

主要工作职责：参照员工岗位职责填写。

（2）重要性基数：反映各项工作内容的相对重要程度，采用10分制。

（3）评分：反映各项工作的综合完成情况，采用百分制评分：

超过工作要求	90—100 分
完全达到要求	80—89 分
基本达到要求	70—79 分
未能达到要求	70 分以下

$$各项实际得分 = 评价得分 \times 重要性基数 \div 100$$

$$总得分 = \sum (各项得分) / \sum 重要性基数 \times 100$$

二、员工工作能力评估表

《员工工作能力评估表》的考核项目包括：（1）知识和技能（2）逻辑思维能力（3）创新能力（4）表达能力（5）人际沟通能力

1. 知识和技能—任职者具有工作所需要的基础知识和专业知识，以及相关的工作经验和专业技能。

超过工作要求	90—100 分
完全达到要求	80—89 分
基本达到要求	70—79 分
未能达到要求	70 分以下

2. 逻辑思维能力—任职者具有工作需要的逻辑思维能力，如归纳、总结、分析和判断等。

非常强	90—100 分
较强	80—89 分
一般	70—79 分
较差	70 以下

3. 创新能力—要求任职者能够根据个人工作的性质和内容，结合实际情况，提出切合实际的新观点、新方法，如管理创新、技术创新、合理化建议等。

非常强	90—100 分
较强	80—89 分
一般	70—79 分
较差	70 分以下

4. 表达能力—任职者所具备的文字和口头表达能力。

非常强	90—100 分
较强	80—89 分
一般	70—79 分
较差	70 分以下

5. 人际沟通能力—任职者所具备的沟通技巧、倾听技巧和协调能力。

非常强	90—100 分
较强	80—89 分
一般	70—79 分
较差	70 分以下

6. 总得分 $= \sum$ 权重 × 各项得分

三、员工工作态度评估表

《员工工作态度评估表》中的考核项目包括：（1）纪律性（2）团队协作（3）敬业精神（4）奉献精神。

1. 纪律性—反映任职者的违规、违纪情况。

非常好	90—100 分
较好	80—89 分
一般	70—79 分
较差	70 分以下

2. 团队协作—要求任职者有团队协作意识，在实际工作中，顾全大局，主动协助他人工作，充分为他人着想，乐于助人。

非常好	90—100 分
较好	80—89 分
一般	70—79 分
较差	70 分以下

3. 敬业精神—要求任职者热爱本职工作，对工作认真负责，一丝不苟，努力钻研业务知识，善于自我学习，乐于接受培训。

非常好	90—100 分
较好	80—89 分
一般	70—79 分
较差	70 分以下

4. 奉献精神—要求任职者能够以公司的利益为重，在公司和个人利益发生冲突时很好的处理，具有全局观念。

非常高	90—100 分
较高	80—89 分
一般	70—79 分
较低	70 分以下

5. 总得分 = $\sum$ 权重 × 各项得分

案例

第一章　绩效考核实施工作计划

文本名称	绩效考核实施工作计划	受控状态	
		编　号	

一、目标概述

本公司决定自 2018 年开始推行绩效考核工作，人力资源部将此项工作列为本年度的重要任务之一，其目的就是通过完善绩效评价体系，达到绩效考核应有的效果，实现绩效考核的根本目的。

人力资源部在后期将着手进行公司本年度绩效评价体系的完善，并使之能够更好地为公司发展服务。

二、具体实施计划

1. 2018 年 1 月 31 日前完成对绩效考核制度和配套考核方案的修订与撰写，提交公司总经理办公会审议通过。

文本名称	绩效考核实施工作计划	受控状态	
		编　　号	

2. 自 2018 年 3 月 1 日开始，按修订完善后的绩效考核制度在公司全面推行绩效考核。

3. 具体设想

（1）建议对绩效考核基本制度进行完善

结合绩效考核工作中存在的问题，对现行《绩效考核细则》、《绩效考核实施办法》及相关使用表单进行完善。完善考核的形式、项目、办法、结果反馈与改进情况跟踪、结果运用等方面，保证绩效考核工作的良性运行。

（2）建议将目标管理与绩效考核分离并平行进行

目标管理的检查作为修正目标的经常性工作，其结果仅作为绩效考核的参考项目之一。

（3）建议推行全员绩效考核

推行全员绩效考核，不仅对部门经理级以下员工进行绩效考核，而且必须对高层进行绩效考核，本年度人力资源部将对全体员工进行绩效考核。

4. 本年度绩效考核工作的起止时间为 2018 年 3 月 1 日到 2018 年 12 月 31 日。人力资源部完成此项工作的标准就是保证绩效评价体系平稳、有效运行。

三、注意事项

1. 绩效考核工作牵涉到各部门各员工的切身利益，因此人力资源部在保证绩效考核结果能科学合理利用的基础上，要做好各部门绩效考核的宣传与培训工作，从正面引导员工用积极的心态对待绩效考核，以期达到通过绩效考核改善工作流程、提高工作绩效的目的。

2. 绩效评价体系对于公司来说还是一件新生事物，由于经验不足，难免会出现一些意想不到的困难和问题，人力资源部将在操作过程中着重听取各方面人员的意见和建议，及时调整和改进工作方法。

3. 绩效考核工作本身既是一项沟通的工作，也是一个持续改善的过程。人力资源部在操作过程中需注意纵向与横向的沟通，确保绩效考核工作的顺利进行。

四、需支持与配合的事项和部门

1. 修订后的各项绩效考核制度、方案、表单等文本需经公司各部门经理、总经理及董事会共同审议。

2. 为保证绩效考核工作的顺利推行，公司需成立绩效考核推行委员会对绩效考核的推行与实施负责。建议公司至少应有一名高层领导参加，人力资源部作为具体承办部门将承担方案起草、方法制定、协调组织、记录核查及汇总统计等职责。

相关说明					
编制人员		审核人员		批准人员	
编制日期		审核日期		批准日期	

第2章　高层管理人员绩效考核

2.1　董事会关键绩效考核指标

序号	KPI 指标	考核周期	指标定义/公式	资料来源
1	年度利润总额	年度	经核定后的企业合并报表利润总额	财务部
2	主营业务收入	年度	经核定后的企业合并报表中的主营业务收入额	财务部
3	主营业务收入增长率	年度	$\dfrac{\text{考核期末当年主营业务收入}}{\text{考核期前一年主营业务收入}}\times100\%$	财务部
4	净资产收益率	年度	$\dfrac{\text{净利润}}{\text{净资产}}\times100\%$	财务部
5	企业战略目标实现率	年度	$\dfrac{\text{考核期内已实现的战略目标数}}{\text{考核期内应实现的战略目标数}}\times100\%$	董事会
6	董事工作报告通过率	年度	$\dfrac{\text{股东大会审议通过的董事报告数量}}{\text{董事会提交股东大会审议的报告数量}}\times100\%$	董事会

2.2　总经办关键绩效考核指标

序号	KPI 指标	考核周期	指标定义/公式	资料来源
1	部门工作计划按时完成率	月/季/年度	$\dfrac{\text{规定时间内实际完成计划任务数}}{\text{规定时间内应完成计划任务数}}\times100\%$	总经办
2	文书记录起草差错次数	月/季/年度	发生影响文书记录质量的严重错误次数	总经办
3	总经理日程安排合理性	月/季/年度	总经理对日程安排表示不满意的次数	总经办
4	印鉴违规使用次数	月/季/年度	没有按照制度规定使用印鉴的次数	总经办
5	文件传递及时性	月/季/年度	考核期内没有及时传递文件的次数	总经办
6	会议准备的充分性	月/季/年度	因会议准备不足而造成会议延误或会议中断的次数	总经办
7	档案资料归档及时率	月/季/年度	$\dfrac{\text{规定时间归档的文件数}}{\text{规定时间内应归档的文件总数}}\times100\%$	总经办
8	企业宣传网站更新频率	月/季/年度	考核期内企业宣传网站每周更新的次数	总经办

2.3 总经理绩效考核指标量表

被考核人姓名		职位	总经理	部门	
考核人姓名		职位	董事长	部门	

指标维度	KPI 指标	权重	绩效目标值	考核得分
财务类	净资产回报率	15%	考核期内净资产回报率在____%以上	
	主营业务收入	15%	考核期内主营业务收入达到_____万元	
	利润额	10%	考核期内利润额达到_____万元	
	总资产周转率	5%	考核期内总资产周转率达到____%以上	
	成本费用利润率	5%	考核期内成本费用利润率达到____%以上	
内部运营类	年度发展战略目标完成率	10%	考核期内年度企业发展战略目标完成率达到____%	
	新业务拓展计划完成率	5%	考核期内新业务拓展计划完成率在____%以上	
	投融资计划完成率	10%	考核期内投融资计划完成率在____%以上	
客户类	市场占有率	5%	考核期内市场占有率达到____%以上	
	品牌市场价值增长率	5%	考核期内品牌市场价值增长率在____%以上	
	客户投诉次数	5%	考核期内控制在____%以内	
学习发展类	核心员工保有率	5%	考核期内达到____%	
	员工流失率	5%	考核期内控制在____%以内	
本次考核总得分				
考核指标说明	1. 成本费用利润率 $$成本费用利润率 = \frac{利润总额}{成本费用总额} \times 100\%$$ 2. 品牌市场价值 品牌市场价值数据经第三方权威机构测评获得			

被考核人		考核人		复核人	
签字:	日期:	签字:	日期:	签字:	日期:

第3章 财务会计人员绩效考核

3.1 财务部关键绩效考核指标

序号	KPI 指标	考核周期	指标定义/公式	资料来源
1	公司财务预算达成率	月/季/年度	$\dfrac{公司实际年度支出}{公司预算年度支出} \times 100\%$	财务部
2	财务分析准确度	月/季/年度	财务分析报告中，对公司的整体财务状况分析出错次数	财务部
3	财务费用降低率	月/季/年度	$\dfrac{财务费用降低额}{财务费用预算额} \times 100\%$	财务部
4	账务处理及时性	月/季/年度	财务处理未在规定时间内完成的次数	财务部
5	现金收支准确性	月/季/年度	现金收支出错次数	财务部
6	财务资料完好性	月/季/年度	财务资料损坏、丢失、泄露的次数	财务部

3.2 资金部关键绩效考核指标

序号	KPI 指标	考核周期	指标定义/公式	资料来源
1	公司资金预算达成率	月/季/年度	$\dfrac{公司实际年度资金使用额}{公司资金使用预算额} \times 100\%$	
2	资金筹集计划编制及时率	月/季/年度	$\dfrac{编制及时的次数}{编制的总次数} \times 100\%$	
3	月度流动资金计划编制及时率	月/季/年度	$\dfrac{编制及时的次数}{编制的总次数} \times 100\%$	
4	资金使用目标达成率	月/季/年度	$\dfrac{资金使用目标达成数}{资金使用目标应达成总数} \times 100\%$	
5	资金收支准确度	月/季/年度	资金收支出错次数	资金部
6	资金头寸变动信息掌握的及时性	月/季/年度	因没有及时掌握资金头寸信息，导致公司损失的金额	资金部
7	资金使用评估报告编制及时率	月/季/年度	$\dfrac{编制及时的次数}{编制的总次数} \times 100\%$	

3.3 财务部经理绩效考核指标量表

被考核人姓名			职位	财务部经理	部门	财务部
考核人姓名			职位	总经理	部门	

序号	KPI 指标	权重	绩效目标值	考核得分
1	部门工作计划完成率	15%	考核期内部门工作计划完成率达 100%	
2	部门管理费用控制	10%	考核期内部门管理费用控制在预算范围之内	
3	财务计划编制及时率	10%	考核期内财务计划编制及时率在____%以上	
4	财务体系规范化目标达成率	10%	考核期内财务体系规范化目标达成率在____%以上	
5	公司财务预算控制率	10%	考核期内公司财务预算控制率在____%以上	
6	财务数据准确度	10%	考核期内提交的各类报表、报告中数据出错的次数控制在____次以内	
7	报表编制及时率	10%	考核期内报表编制及时率在____%以上	
8	财务费用降低率	10%	考核期内财务费用降低率在____%以上	
9	现金收支准确性	5%	考核期内现金收支出错次数在____次以内	
10	财务资料完好性	5%	考核期内财务资料损坏、丢失、泄露的次数控制在____次以内	
11	员工管理	5%	考核期内部门员工绩效考核平均得分在____分以上	
本次考核总得分				

考核指标说明	财务体系规范化目标达成率 $$财务体系规范化目标达成率 = \frac{目标达成数}{计划实现目标总数} \times 100\%$$

被考核人	考核人	复核人
签字: 日期:	签字: 日期:	签字: 日期:

207

第4章 技术研发人员绩效考核
4.1 技术部关键绩效考核指标

序号	KPI 指标	考核周期	指标定义/公式	资料来源
1	工作目标按计划完成率	年度	$\dfrac{实际完成工作量}{计划完成工作量} \times 100\%$	技术部
2	技术创新使标准工时降低率	年度	$\dfrac{改进前标准工时 - 改进后标准工时}{改进前标准工时} \times 100\%$	财务部
3	技术创新使材料消耗降低率	年度	$\dfrac{改进前工序材料消耗 - 改进后消耗}{改进前工序材料消耗} \times 100\%$	财务部
4	技术改造费用控制率	年度	$\dfrac{技术改造发生费用}{技术改造费用预算} \times 100\%$	财务部
5	重大技术改进项目完成数	年度	当期完成并通过验收的重大技术改进项目总数	技术部
6	技术服务满意度	年度	对技术服务对象进行随机调查的技术服务满意度评分的算术平均值	人力资源部
7	外部学术交流次数	年度	当期进行外部学术交流的次数	人力资源部
8	内部技术培训次数	年度	考核期内进行内部技术培训的次数	人力资源部

4.2 技术部经理绩效考核指标量表

被考核人姓名		职位	技术部经理	部门	技术部
考核人姓名		职位	总经理	部门	

序号	KPI 指标	权重	绩效目标值	考核得分
1	部门工作计划完成率	20%	部门工作按计划100%完成	
2	技术升级费用控制率	15%	技术升级费用控制率在____%以下	
3	部门规章制度建设	10%	部门制度建设完善并得到100%执行	
4	标准工时降低率	10%	技术创新使标准工时降低率达到____%以上	
5	材料消耗降低率	10%	技术创新使材料消耗降低率达到____%以上	
6	技术改进项目完成数	10%	重大技术改进项目完成数在____项以上	
7	技术方案提交及时率	5%	技术方案提交及时率达到100%	
8	技术方案采用率	5%	提交的技术方案被采用的比例达到____%以上	
9	外部学习交流次数	5%	考核期内进行外部学习交流的次数在____次以上	

续表

10	内部技术培训次数	5%	考核期内进行内部技术培训的次数在＿＿＿次以上	
11	部门员工管理	5%	部门员工绩效考核平均得分在＿＿＿分以上	
本次考核总得分				

考核指标说明

1. 技术方案提交及时率

$$技术方案提交及时率 = \frac{及时提交方案数}{计划提交方案总数} \times 100\%$$

2. 技术方案采用率

$$技术方案采用率 = \frac{被采用的技术方案数}{提交技术方案总数} \times 100\%$$

3. 员工管理

部门员工绩效考核平均得分以年度综合测评得分为基准

被考核人	考核人	复核人
签字：　　　日期：	签字：　　　日期：	签字：　　　日期：

4.3　技术人员绩效考核方案

方案名称	技术人员绩效考核方案	受控状态	
		编　号	

一、总体设计思路

（一）考核目的

为了全面并简洁地评价公司技术人员的工作成绩，贯彻公司发展战略，结合技术人员的工作特点，制定本方案。

（二）适用范围

本公司所有技术人员。

（三）考核指标及考核周期

针对技术研发人员的工作性质，将技术研发人员的考核内容划分为工作业绩、工作态度、工作能力考核，具体考核周期如下表所示。

考核周期分布表

（四）考核关系

由技术部门主管会同人力资源部经理、考核专员组成考评小组负责对生产人员的考核。

二、考核内容设计

（一）工作业绩指标

工作业绩考核表

（二）工作态度指标

工作态度考核表

（三）工作能力指标

工作能力考核表

方案名称	技术人员绩效考核方案	受控状态	
		编　　号	

（四）年度绩效考核

年度绩效考核表

三、考核实施

技术研发人员的考核过程分为三个阶段，构成完整的考核管理循环。这三个阶段分别是计划沟通阶段、计划实施阶段和考核阶段。

（一）计划沟通阶段

①考核者和被考核者进行上个考核期目标完成情况和绩效考核情况回顾。

②考核者和被考核者明确考核期内的工作任务、工作重点、需要完成的目标。

（二）计划实施阶段

①被考核者按照本考核期的工作计划开展工作，达成工作目标。

②考核者根据工作计划，指导、监督、协调下属员工的工作进程，并记录重要的工作表现。

（三）考核阶段

考核阶段分绩效评估、绩效审核和结果反馈三个步骤。

1. 绩效评估

考核者根据被考核者在考核期内的工作表现和考核标准，对被考核者评分。

2. 结果审核

人力资源部和考核者的直接上级对考核结果进行审核，并负责处理考核评估过程中所发生的争议。

3. 结果反馈

人力资源部将审核后的结果反馈给考核者，由考核者和被考核者进行沟通，并讨论绩效改进的方式和途径。

四、绩效结果运用

（一）绩效面谈

考评者对被考评者的工作绩效进行总结，并根据被考评者有待改进的地方，提出改进、提高的期望与措施，同时共同制定下期的绩效目标。

（二）绩效结果运用

1. 薪酬调整

技术研发人员工资与绩效考核结果直接挂钩，具体有以下标准。

① 年度绩效考核得分在95分以上的，薪资等级上调两个等级，但不超过本职位薪资等级的上限。

② 年度绩效考核得分在80分到95分（含）的，薪资等级上调一个等级，但不超过本职位薪资等级的上限。

③ 年度绩效考核得分在60分到80分（含）的，薪资等级不变；

④ 年度绩效考核得分在60分以下的，薪资等级降一个等级，但不低于本职位薪资等级的下限。

2. 培训

年度绩效考核得分在80分（含）以上的员工，有资格享受公司安排的提升培训。年度绩效考核得分在70分（含）以上的员工，可以申请相关培训，经人力资源部批准后参加。年度绩效考核得分在60分（含）以下的员工，必须参加由公司安排的适职培训。

方案名称	技术人员绩效考核方案	受控状态	
		编　号	

五、绩效申诉

（一）申诉受理

被考核人如对考核结果不清楚或者持有异议，可以采取书面形式向人力资源部绩效考核管理人员申诉。

（二）提交申诉

员工以书面形式提交申诉书。申诉书内容包括申诉人姓名、所在部门、申诉事项、申诉理由。

（三）申诉受理

人力资源部绩效考核管理人员接到员工申诉后，应在三个工作日做出是否受理的答复。对于申诉事项无客观事实依据，仅凭主观臆断的申诉不予受理。

受理的申诉事件，首先由所在部门考核管理负责人对员工申诉内容进行调查，然后与员工直接上级、共同上级、所在部门负责人进行协调、沟通。不能协调的，上报公司人力资源部进行协调。

（四）申诉处理答复

人力资源部应在接到申诉申请书的 10 个工作日内明确答复申诉人。

相关说明			
编制人员	审核人员		批准人员
编制日期	审核日期		批准日期

第 5 章　人力资源人员绩效考核

5.1　人力资源部关键绩效考核指标

序号	KPI 指标	考核周期	指标定义/公式	资料来源
1	人力资源工作计划按时完成率	月/季/年	$\frac{按时完成的工作量}{计划工作量} \times 100\%$	人力资源部
2	招聘计划完成率	月/季/年	$\frac{实际招聘到岗的人数}{计划需求人数} \times 100\%$	人力资源部
3	培训计划完成率	月/季/年	$\frac{实际完成的培训项目（次数）}{计划培训的项目（次数）} \times 100\%$	人力资源部
4	绩效考核计划按时完成率	月/季/年	$\frac{按时完成的绩效考核工作量}{绩效考核计划工作总量} \times 100\%$	人力资源部
5	绩效考核申诉处理及时率	月/季/年	$\frac{及时处理的绩效考核申诉}{绩效考核申诉总数} \times 100\%$	人力资源部
6	工资与奖金计算差错次数	月/季/年	对工资、奖金核算及发放人为出错次数为 0	人力资源部财务部

序号	KPI 指标	考核周期	指标定义/公式	资料来源
7	员工任职 资格达标率	年度	$\dfrac{\text{当期任职资格考核达标的员工数}}{\text{当期员工总数}} \times 100\%$	人力资源部
8	核心员工流失率	月/季/年	$\dfrac{\text{一定周期内流失的核心员工数}}{\text{公司核心员工总数}} \times 100\%$	人力资源部

5.2 培训发展部关键绩效考核指标

序号	KPI 指标	考核周期	指标定义/公式	资料来源
1	人才培养 计划完成率	月/季/年	$\dfrac{\text{已完成的人才培养计划工作量}}{\text{人才培养计划工作总量}} \times 100\%$	培训发展部
2	培训计划完成率	月/季/年	$\dfrac{\text{实际完成的培训项目（次数）}}{\text{计划培训的项目（次数）}} \times 100\%$	培训发展部
3	培训成本控制率	月/季/年	$\dfrac{\text{实际培训成本开支额}}{\text{培训预算额}} \times 100\%$	财务部
4	员工职业生涯 辅导计划完成率	月/季/年	$\dfrac{\text{辅导计划实际完成量}}{\text{计划工作量}} \times 100\%$	培训发展部
5	培训考核达标率	月/季/年	$\dfrac{\text{培训考核达标人数}}{\text{培训的总人数}} \times 100\%$	培训发展部
6	职称评定 申报及时率	月/季/年	$\dfrac{\text{规定时间内提交申请材料的次数}}{\text{计划申请职称评定的次数}} \times 100\%$	培训发展部
7	员工任职 资格达标率	年度	$\dfrac{\text{当期任职资格考核达标的员工}}{\text{当期员工总数}} \times 100\%$	培训发展部

5.3 人力资源部经理绩效考核指标量表

被考核人姓名			职位	人力资源部经理	部门	人力资源部
考核人姓名			职位	总经理	部门	

序号	KPI 指标	权重	绩效目标值	考核得分
1	人力资源工作 计划按时完成率	15%	考核期内人力资源工作计划按时完成率达100%	
2	人力资源成本 预算控制率	15%	考核期内人力资源成本预算控制率在____%以下	
3	人力资源规划 方案提交及时率	15%	考核期内人力资源规划方案提交及时率在____%以上	

续表

被考核人姓名			职位	人力资源部经理	部门	人力资源部
4	招聘计划完成率		10%	考核期内招聘计划完成率达100%		
5	培训计划完成率		10%	考核期内培训计划完成率达100%		
6	绩效考核计划按时完成率		10%	考核期内绩效考核计划按时完成率达到100%		
7	薪酬调查方案提交及时率		10%	考核期内薪酬调查方案提交及时率达100%		
8	员工任职资格达标率		5%	考核期内企业员工任职资格达标率达100%		
9	核心员工流失率		5%	考核期内企业核心员工流失率不得高于____%		
10	员工管理		5%	考核期内部门员工绩效考核平均得分在_____分以上		
本次考核总得分						

考核指标说明	1. 人力资源成本预算控制率 $$人力资源成本预算控制率 = \frac{实际发生费用}{预算费用} \times 100\%$$ 2. 人力资源规划方案提交及时率 $$人力资源规划方案提交及时率 = \frac{本期按时提交的方案数}{本期应提交的方案数} \times 100\%$$

被考核人	考核人	复核人
签字：　　　　日期：	签字：　　　　日期：	签字：　　　　日期：

5.4 培训部经理绩效考核指标量表

被考核人姓名		职位	培训部经理	部门	培训部
考核人姓名		职位	总经理	部门	

序号	KPI 指标	权重	绩效目标值	考核得分
1	培训部工作计划完成率	15%	考核期内部门工作计划完成率达 100%	
2	培训部门管理费用控制	15%	考核期内部门管理费用控制在预算范围之内	
3	绩效考核计划按时完成率	10%	考核期内绩效考核计划按时完成率达 100%	
4	培训方案提交及时率	10%	考核期内培训方案提交及时率达 100%	
5	绩效评估报告提交及时率	10%	考核期内绩效评估报告提交及时率在____%以上	
6	培训考核达标率	10%	考核期内员工培训考核达标率在____%以上	
7	人才培养计划完成率	10%	考核期内人才培养计划完成率在____%以上	
8	员工培训满意度	10%	考核期内员工对薪酬满意度评价达到_____分以上	
9	员工任职资格达标率	5%	考核期内员工任职资格达标率在____%以上	
10	员工管理	5%	考核期内部门员工绩效考核平均得分在_____分以上	
	本次考核总得分			

考核指标说明	1. 部门工作计划完成率 部门工作计划完成率 = $\frac{已完成工作量}{计划完成工作量} \times 100\%$ 2. 员工培训满意度 员工培训满意度通过对员工发放培训满意度调查问卷，计算其满意度评分的算术平均值

被考核人	考核人	复核人
签字: 日期:	签字: 日期:	签字: 日期:

第6章　采购供应人员绩效考核

6.1　采购部关键绩效考核指标

序号	KPI指标	考核周期	指标定义/公式	资料来源
1	采购计划完成率	季/年度	$\dfrac{考核期内采购总金额}{同期计划采购金额}×100\%$	采购/仓储部
2	采购订单按时完成率	季/年度	$\dfrac{实际按时完成订单数}{采购订单总数}×100\%$	采购/仓储部
3	成本降低目标达成率	季/年度	$\dfrac{成本实际降低率}{成本目标降低率}×100\%$	财务部
4	订货差错率	季/年度	$\dfrac{数量及质量有问题的物资金额}{采购总金额}×100\%$	生产/质检部
5	采购资金节约率	季/年度	$\left(1-\dfrac{实际采购物资资金}{采购物资预算资金}\right)×100\%$	财务部
6	采购质量合格率	季/年度	$\dfrac{采购物资的合格数量}{采购物资总量}×100\%$	生产部
7	供应商履约率	季/年度	$\dfrac{履约的合同数}{订立的合同总数}×100\%$	

6.2　产品总监绩效考核指标量表

被考核人姓名			职位	产品总监		部门	
考核人姓名			职位	总经理		部门	

指标维度	KPI指标	权重	绩效目标值	考核得分
财务类	净资产回报率	10%	考核期内净资产回报率在____%以上	
	主营业务收入	10%	考核期内主营业务收入达到_____万元	
	产品成本控制	10%	控制在预算之内	
内部运营类	年度企业发展战略目标完成率	10%	考核期内年度企业发展战略目标完成率达到____%	
	产品计划完成率	10%	达到100%	
	产品质量合格率	10%	达到____%	
	产品废品率	5%	控制在____%以内	
	产品加工设备完好率	5%	考核期内达到____%	
	劳动生产率	10%	比上一考核周期提高____%	
	生产安全事故发生率	5%	重大安全生产事故为0，一般性安全生产事故控制在_____‰以内	

	客户满意率	5%	考核期内客户满意率在____%以上	
客户类	员工满意度	5%	考核期内员工满意度在_____分以上	
学习发展类	培训计划完成率	5%	考核期内培训达到100%	
	员工流动率	5%	考核期内员工流动率控制在____%以内	
	核心员工保有率	5%	达到____%以上	
本次考核总得分				
考核指标说明	员工满意度指标获得通过向被评价人发放员工满意度调查问卷，计算员工满意度得分的算术平均值			

被考核人	考核人	复核人
签字： 日期：	签字： 日期：	签字： 日期：

6.3 采购部经理绩效考核指标量表

被考核人姓名		职位	采购部经理	部门采购部	
考核人姓名		职位	总经理	部门	

指标维度	KPI 指标	权重	绩效目标值	考核得分
1	采购计划完成率	20%	考核期内采购计划完成率达到____%以上	
2	采购成本降低目标达成率	15%	考核期内采购成本降低目标达成率达到____%	
3	采购部门管理费用控制	10%	考核期内控制在预算范围之内	
4	采购及时率	10%	考核期内采购及时率达到____%以上	
5	采购质量合格率	10%	考核期内采购质量合格率达到100%	
6	采购计划编制及时率	10%	考核期内采购计划编制及时率达到____%	
7	供应商开发计划完成率	10%	考核期内供应商开发计划完成率在____%以上	
8	供应商履约率	5%	考核期内供应商履约率达到____%	
9	供应商满意率	5%	考核期内供应商满意率在____%以上	
10	员工管理	5%	部门员工绩效考核平均得分在____分以上	
本次考核总得分				

考核指标说明	1. 采购及时率 采购及时率 = $\dfrac{\text{规定时间内完成采购订单数}}{\text{应完成采购订单总数}} \times 100\%$ 2. 采购计划编制及时率 采购计划编制及时率 = $\dfrac{\text{规定时间内完成采购计划编制的次数}}{\text{应完成采购计划编制的总数}} \times 100\%$
被考核人	考核人	复核人
签字：　　　日期：	签字：　　　日期：	签字：　　　日期：

6.4 采购人员绩效考核实施方案

方案名称	采购人员绩效考核方案	受控状态	
		编　号	

一、目的

为贯彻企业绩效考核管理制度，全面评价采购人员的工作绩效，保证企业经营目标的实现，同时也为员工的薪资调整、教育培训、晋升等提供准确、客观的依据，特制定采购人员绩效考核实施方案。

二、遵循原则

（一）明确化、公开化原则

考评标准、考评程序和考评责任者都应当有明确的规定，而且在考评中应当遵守这些规定。同时，考评标准、程序和对考评责任者的规定在企业内部应当对全体员工公开。

（二）客观考评的原则

明确规定的考评标准，针对客观考评资料进行评价，避免掺入主观性和感情色彩。做到"用事实说话"，考评一定要建立在客观事实的基础上。其次要做到把被考评者与既定标准作比较，而不是在人与人之间进行比较。

（三）差别的原则

考核的等级之间应当有鲜明的差别界限，针对不同的考评评语在工资、晋升、使用等方面应体现明显差别，使考评带有刺激性，激励员工的上进心。

（四）反馈原则

考评结果（评语）一定要反馈给被考评者本人。在反馈考评结果的同时，应当向被考评者就评语进行说明解释，肯定成绩和进步，说明不足之处，提供今后努力方向的参考意见等。

三、适用范围

适用于本企业采购部人员，以下人员除外。

①考核期开始后进入本企业的员工。

②因私、因病、因伤而连续缺勤三十日以上者。

③因公伤而连续缺勤七十五日以上者。

④虽然在考核期任职，但考核实施日已经退职者。

四、绩效考核小组成员

人力资源部负责组织绩效考核的全面工作，其主要成员包括人力资源部经理、采购部经理、采购部主管、人力资源部绩效考核专员、人力资源部一般工作人员。

五、采购绩效考核实施

（一）采购人员绩效考核指标

采购人员绩效考核以适时、适质、适量、适价、适地的方式进行，并用量化指标作为考核的尺度。主要利用采购时间、采购品质、采购数量、采购价格、采购效率五个方面的指标对采购人员进行绩效考核。量化指标如下表所示。

采购人员绩效考核指标

（二）绩效考核周期

采购部经理对于短期内工作产出较清晰的记录和印象以及对工作的产出及时进行评价和反馈，有利于及时地改进工作，以月度为周期进行考核；对于周边绩效指标，以季度或年度进行考核。

（三）绩效考核方法及说明

采购人员绩效考核采用量化指标与日常工作表现考核相结合来进行，量化指标占考核的70%，日常工作表现考核占30%。两次考核的总和即为采购人员的绩效。采购人员绩效考核计算方式如下：

采购人员绩效考核分数 = 量化指标综合考核得分×70% + 日常工作表现×30%

（四）绩效考核实施

绩效考核小组工作人员根据员工的实际工作情况展开评估，员工本人将自己的考核期间的工作报告在考核期间交于人力资源部，人力资源部汇总并统计结果，在绩效反馈阶段将考核结果告知被考核者本人。

（五）考核结果应用

考核结果分为五个层次（划分标准见表），其结果为人力资源部奖金发放、薪资调整、员工培训、岗位调整、人事变动等提供客观的依据。

绩效考核结果等级划分标准

根据员工绩效考核的结果，可以发现员工与标准要求的差距，从而制订有针对性的员工发展计划和培训计划，提高培训的有效性，使员工的素质得到提高，最终为企业管理水平的提高打下坚实的基础。

（六）绩效考核实施工具

对采购人员的绩效考核，主要的考核实施工具有采购人员绩效考核表、等级标准说明表（如下表所见）。

采购人员绩效考核表

考核人： 　　　　　被考核人： 　　　　　考核日期： 　年 　月 　日

等级标准说明表

相关说明				
编制人员		审核人员		批准人员	
编制日期		审核日期		批准日期	

第7章　销售部绩效考核

7.1　销售部关键绩效考核指标

序号	KPI 指标	考核周期	指标定义/公式	资料来源
1	销售额	月/季/年度	考核期内全部销售收入总计	营销部
2	销售量	月/季/年度	考核期内全部销售数量总计	营销部
3	销售计划达成率	月/季/年度	$\dfrac{营销实际完成销售额或销售量}{营销计划销售或销售量} \times 100\%$	营销部
4	销售增长率	年度	$\left(\dfrac{当期销售额或销售量}{上期（或去年同期）销售额或销售量} - 1\right) \times 100\%$	营销部
5	市场占有率	月/季/年度	$\dfrac{当期企业某种产品的销售额或销售量}{当期该产品市场销售总额或销售量} \times 100\%$	市场部
6	实际回款率	月/季/年度	$\dfrac{当月实际回款金额}{当月计划合同回款金额 + 往期应收欠款} \times 100\%$	营销部
7	销售费用预算	月/季/年度	在销售过程中发生的、为实现销售收入而支付的各项费用	财务部
8	坏账率	年度	$\dfrac{坏账损失}{主营业务收入} \times 100\%$	财务部
10	新品（重点推介商品）销售收入百分比	月/季/年度	$\dfrac{新品（重点推介商品）销售回款金额}{实际回款金额} \times 100\%$	营销部

7.2　销售总监绩效考核指标量表

被考核人姓名		职位	营销总监	营销部	
考核人姓名		职位	总经理	部门	

指标维度	KPI 指标	权重	绩效目标值	考核得分
财务类	净资产回报率	10%	考核期内净资产回报率在____%以上	
	主营业务收入	10%	考核期内主营业务收入达到_____万元	
	销售收入	10%	考核期内销售收入达到_____万元	
	销售费用	5%	考核期内销售费用控制在预算之内	
	货款回收率	5%	考核期内货款回收率达到____%	
内部运营类	年度企业发展战略目标完成率	10%	考核期内年度企业发展战略目标完成率达到____%	
	销售计划完成率	10%	考核期内销售计划完成率达到____%	
	合同履约率	5%	考核期内合同履约率达到____%	
	销售增长率	5%	考核期内达到____%	
	市场推广计划完成率	5%	考核期内市场推广计划完成率达到____%	
客户类	市场占有率	5%	考核期内市场占有率达到____%	
	客户保有率	5%	考核期内客户保有率达到____%	
	客户满意率	5%	考核期内客户满意率在____%以上	
学习发展类	培训计划完成率	5%	考核期内培训计划完成率达到100%	
	核心员工保有率	5%	考核期内核心员工保有率达到____%	
本次考核总得分				
考核指标说明	销售增长率 销售增长率 $= \left(\dfrac{\text{当期销售额或销售量}}{\text{上期（或去年同期）销售额或销售量}} - 1 \right) \times 100\%$			
被考核人		考核人		复核人	
签字：　　　日期：		签字：　　　日期：		签字：　　　日期：	

第 8 章　运营中心绩效考核

8.1　配送部关键绩效考核指标

序号	KPI 指标	考核周期	指标定义/公式	资料来源
1	运输任务完成率	月/季/年度	$\dfrac{\text{实际完成运量吨数}}{\text{计划完成运量吨数}} \times 100\%$	运输部
2	运输路线计划更改的次数	月/季/年度	运输过程中或重复运输路线时对运输路线计划更改的次数	运输部
3	完成运量及时率	月/季/年度	$\dfrac{\text{按运输要求时间完成的运量吨数}}{\text{完成总运量吨数}} \times 100\%$	运输部
4	运输货损率	月/季/年度	$\dfrac{\text{当月货损金额}}{\text{当月送货总额}} \times 100\%$	财务部
5	单位运输成本降低率	月/季/年度	$\dfrac{\text{单位运输成本降低额}}{\text{单位运输成本预算额}} \times 100\%$	财务部
6	装卸标准合格率	月/季/年度	$\dfrac{\text{抽样调查车次数}}{\text{抽样调查总车次数}} \times 100\%$	运输部
7	车辆完好率	月/季/年度	$\dfrac{\text{完好运输车辆数}}{\text{运输车辆总数}} \times 100\%$	运输部

8.2　仓储部关键绩效考核指标

序号	KPI 指标	考核周期	指标定义/公式	资料来源
1	物资入库差错率	月/季/年度	$\dfrac{\text{入库出错次数}}{\text{入库总次数}} \times 100\%$	仓储部
2	出货差错率	月/季/年度	$\dfrac{\text{出货差错次数}}{\text{出货总次数}} \times 100\%$	仓储部
3	单位库存成本降低率	月/季/年度	$\dfrac{\text{单位库存成本降低额}}{\text{标准单位库存成本}} \times 100\%$	财务部
4	库存货损率	月/季/年度	$\dfrac{\text{当月库存货损金额}}{\text{当月平均库存总额}} \times 100\%$	财务部
5	仓库环境良好率	月/季/年度	仓库环境抽查达到良好及以上水平的次数与环境抽查总次数的百分比	仓储部
6	库存盘点账实不符的次数	月/季/年度	仓库盘点过程中发现账实不符的次数	仓储部 财务部
7	仓库报表与台账出错次数	月/季/年度	考核期内发现仓库报表台账出错的次数	仓储部
8	仓储设施完好率	月/季/年度	$\dfrac{\text{仓储设施完好数}}{\text{仓储设施总数}} \times 100\%$	仓储部

8.3 仓储部经理绩效考核指标量表

被考核人姓名			职位	仓储部经理	仓储部	
考核人姓名			职位	总经理	部门	

指标维度	KPI 指标		权重	绩效目标值		考核得分
序号	KPI 指标	权重		绩效目标值		考核得分
1	部门工作计划完成率	20%		考核期内部门工作计划完成率达到100%		
2	仓储管理费用控制	15%		考核期内仓储管理费用控制在预算范围之内		
3	单位库存成本降低率	15%		考核期内单位库存成本降低率在____%以上		
4	库存货损率	10%		考核期内库存货损率控制在____%以下		
5	仓库环境良好率	10%		考核期内仓库环境良好率在____%以上		
6	库存盘点账实不符的次数	10%		考核期内仓库盘点账实不符的次数在____次以下		
7	仓储作业流程改进计划完成率	5%		考核期内仓储作业流程改进计划完成率达到100%		
8	仓储设施完好率	5%		考核期内仓储设施完好率在____%以上		
9	仓储事故次数	5%		考核期内一般性仓储事故在____次以下；重大仓储安全事故为0		
10	员工管理	5%		考核期内部门员工绩效考核平均得分在____分以上		
本次考核总得分						
考核指标说明	1. 仓储作业流程改进计划完成率 $$仓储作业流程改进计划完成率 = \frac{流程改进计划实际完成量}{流程改进计划完成量} \times 100\%$$ 2. 仓储事故次数 仓储事故次数是指在考核期内发生消防、安全等事故的次数					
被考核人		考核人			复核人	
签字：　　　　日期：		签字：　　　　日期：			签字：　　　　日期：	

8.4　配送部经理绩效考核指标量表

被考核人姓名		职位	配送部经理	配送部	
考核人姓名		职位	总经理	部门	

指标维度	KPI 指标	权重	绩效目标值	考核得分
1	配送计划完成率	20%	考核期内配送计划完成率达到100%	
2	发运总量（吨数）	15%	考核期内配送部发运总量在____吨以上	
3	配送管理费用控制	15%	考核期内配送管理费用控制在预算范围之内	
4	单位配送成本降低率	10%	考核期内配送成本降低率在__%以上	
5	客户满意率	10%	考核期内客户满意率在__%以上	
6	配送及时率	10%	考核期内配送及时率在__%以上	
7	配送货损率	5%	考核期内配送货损率在____%以下	
8	配送的差错率	5%	考核期内配送的差错率在__%以下	
9	收发货差错率	5%	考核期内收发货差错率在__%以下	
10	员工管理	5%	考核期内部门员工绩效考核平均得分在____分以上	
		本次考核总得分		
考核指标说明				

被考核人		考核人		复核人	
签字：	日期：	签字：	日期：	签字：	日期：

8.5　分拣配送人员绩效考核管理方案

方案名称	分拣配送人员绩效考核管理方案	受控状态	
		编　　号	

一、总则

为了提高分拣配送人员的工作效率与服务质量，规范公司分拣配送人员的工作标准，增强企业配送竞争力，特制定本考核方案。

二、考核原则

① 坚持实事求是、客观公正原则。

② 体现多劳多得、奖勤罚懒原则。

③ 遵循差异考核、结果公开原则。

④ 实行分级考核、逐级落实原则。

三、适用范围

适用本公司分拣配送部所有人员。以下人员除外：

① 因私、因病、因伤而连续缺勤 30 日以上者。

② 因公伤而连续缺勤 75 日以上者。

③ 虽然在考核期任职，但考核实施日已经退职者。

四、绩效考核程序

分拣配送人员绩效考核程序分为准备阶段、实施阶段、反馈阶段和考核结果运用阶段。

（一）准备阶段

1. 确定考核主体

一般考核主体包括上级部门、主管领导、同级员工、下级员工、被考核人。当同级员工和下级员工作为考核主体时，要确保人数在 5 人以上，保证考核结果的真实性。

2. 确定考核时机

为了保证考核结果的准确性，对考核时机的选择尤为重要。选择考核时机要参考以下三方面的因素。

① 避免选择组织气氛欠佳和工作繁忙时考核。

② 考核时间不宜过长、麻烦，应快速完成考核相关内容。

③ 接近年底，年终评比、成果鉴定、各项激励应结合在同一时期进行考核。

3. 确定考核内容

配送人员考核内容分为配送前考核、配送中考核、配送后考核三部分。各考核内容中的绩效评估指标见下表。

配送人员考核内容及考核指标

4. 确定考核周期

对分拣配送人员的考核周期采用月度考核与年度考核。月度考核结果决定分拣配送人员当月绩效评估得分，并作为绩效工资发放标准；年度考核将分拣配送人员当年各月考核评估得分进行汇总，并按照年考核次数得出年平均考核得分，结合部门主管的意见，最终作为年终奖的发放依据。

（二）实施阶段

1. 绩效考核说明

分拣配送部门主管在进入考核周期之前与配送人员进行绩效考核沟通，明确考核目标与考核标准。

2. 绩效考核指导

在考核周期内配送部主管要对被考核的分拣配送人员进行绩效指导，以帮助其随时保持正确的工作方法，最终保证绩效考核目标的顺利达成。

3. 自我绩效评价

配送部主管在考核周期结束之前向被考核配送人员下发考核表，指导其对照绩效目标进行自我绩效评价。

4. 部门主管考核

被考核配送人员完成自我绩效评价后上交考核表，由配送部主管对照绩效目标进行考评，其结果按照得分划分为以下几个等级（如下表所示）。

评分等级表

（三）反馈阶段

分拣配送部主管要与被考核分拣配送人员进行面谈，将考核评分结果告知被考核者，并一同分析考核结果，制定具体的工作绩效改进措施。

（四）考核结果运用阶段

1. 月度绩效工资发放

根据当月被考核分拣配送人员的绩效评估得分、等级确定绩效工资发放比例，发放标准如下表所示。

绩效工资发放比例

2. 年度年终奖金发放

年度考核将分拣配送人员当年各月考核评估得分进行汇总，并按照年考核次数得出年平均考核得分，按其分数进行年终奖金发放。见下表所示。

年终奖金发放标准

3. 员工培训

公司可根据分拣配送人员年度考核情况，考核等级为 A 级和 B 级的员工，有资格享受公司安排的提升带薪培训。考核等级为 C 级与 D 级的员工，可以申请相关培训，经部门主管与人力资源部批准后方可参加。考核等级为 E 级的员工，必须参加由公司安排的适职培训。

五、附则

绩效考核指标与标准可随市场与公司的实际情况进行调整，经分拣配送部直属上级同意方可调整，并将调整结果及时告知人力资源部。

相关说明					
编制人员		审核人员		批准人员	
编制日期		审核日期		批准日期	

第9章　客户服务人员绩效考核

9.1　客服部关键绩效考核指标

序号	KPI 指标	考核周期	指标定义/公式	资料来源
1	客户意见反馈及时率	月度	$\dfrac{\text{在标准时间内反馈客户意见的次数}}{\text{总共需要反馈的次数}}\times100\%$	客服部
2	客户服务信息传递及时率	月度	$\dfrac{\text{标准时间内传递信息次数}}{\text{需要向相关部门传递信息总次数}}\times100\%$	客服部
3	客户回访率	月度	$\dfrac{\text{实际回访客户数}}{\text{计划回访客户数}}\times100\%$	客服部
4	客户投诉解决速度	月度	$\dfrac{\text{月客户投诉解决总时间}}{\text{月解决投诉总数}}$	客服部
5	客户投诉解决满意率	月度	$\dfrac{\text{客户对解决结果满意的投诉数量}}{\text{总投诉数量}}\times100\%$	客服部
6	大客户流失数	月/季/年度	考核期内大客户流失数量	客服部
7	大客户回访次数	月/季/年度	考核期内大客户回访的总次数	客服部
8	客户满意度	月/季/年度	接受调研的客户对客服部工作满意度评分的算术平均值	客服部
9	部门协作满意度	月/季/年度	对各业务部门之间的协作、配合程度通过发放"部门满意度评分表"进行考核	客服部

9.2　呼叫中心关键绩效考核指标

序号	KPI 指标	考核周期	指标定义/公式	资料来源
1	呼叫中心业务计划完成率	月/季/年度	$\dfrac{\text{业务计划实际完成量}}{\text{业务计划完成量}}\times100\%$	呼叫中心
2	服务费用预算控制率	月/季/年度	$\dfrac{\text{服务费用开支额}}{\text{服务费用预算额}}\times100\%$	财务部
3	客户调研计划完成率	月/季/年度	$\dfrac{\text{客户调研计划实际完成量}}{\text{客户调研计划完成量}}\times100\%$	呼叫中心
4	呼叫中心服务流程改进目标完成率	月/季/年度	$\dfrac{\text{改进目标实际完成量}}{\text{改进目标计划完成量}}\times100\%$	呼叫中心
5	客户满意度	月/季/年度	接受调研的客户对客服部工作满意度评分的算术平均值	呼叫中心
6	转接率	月/季/年度	$\dfrac{\text{转接电话数}}{\text{全部接通电话数}}\times100\%$	呼叫中心
7	呼叫数	月/季/年度	指所有打入/打出中心的电话，包括受到阻塞的、中途放弃的和已经答复的电话	呼叫中心
8	呼叫放弃率	月/季/年度	$\dfrac{\text{放弃电话数}}{\text{全部接通电话数}}\times100\%$	呼叫中心

9.3 客服部经理绩效考核指标量表

被考核人姓名			职位	客服部经理	客服部	
考核人姓名			职位	总经理	部门	

指标维度	KPI指标	权重	绩效目标值	考核得分
1	客服工作计划完成率	20%	考核期内客服工作计划完成率在____%以上	
2	客服费用预算节省率	15%	考核期内客服费用预算节省率达____%	
3	客户意见反馈及时率	15%	考核期内对客户意见在标准时间内的反馈率达____%以上	
4	客户服务信息传递及时率	10%	考核期内在客户服务中发现重要问题或由价值信息的及时传递率达____%以上	
5	客服流程改进目标达成率	10%	考核期内客服流程改进目标达成率在____%以上	
6	客服标准有效执行率	10%	考核期内客服标准有效执行率达____%	
7	客户满意度	5%	考核期内客户对客服满意得分在____分以上	
8	部门协作满意度	5%	考核期内部门协作满意度在____分以上	
9	大客户流失数	5%	考核期内因客户服务原因造成大客户流失数量在____以下	
10	员工管理	5%	考核期内部门员工平均考核成绩在____分以上	
	本次考核总得分			

考核指标说明	1. 客服工作计划完成率 $$客服工作计划完成率 = \frac{客服工作计划实际完成量}{客服工作计划应完成量} \times 100\%$$ 2. 客服费用预算节省率 $$客服费用预算节省率 = \frac{客服费用节省额}{客服费用预算总额} \times 100\%$$

被考核人	考核人	复核人
签字:　　　　日期:	签字:　　　　日期:	签字:　　　　日期:

第 10 章　行政后勤人员绩效考核

10.1　行政部关键绩效考核指标

序号	KPI 指标	考核周期	指标定义/公式	资料来源
1	行政工作 计划完成率	季/年度	$\dfrac{行政工作实际完成量}{行政工作计划完成量} \times 100\%$	行政部
2	后勤工作 计划完成率	季/年度	$\dfrac{后勤工作实际完成量}{后勤工作计划完成量} \times 100\%$	行政部
3	行政费用 预算控制率	季/年度	$\dfrac{行政费用开支数额}{行政费用预算额} \times 100\%$	财务部
4	行政办公 设备完好率	季/年度	$\dfrac{完好设备台数}{设备总台数} \times 100\%$	行政部
5	办公用品采购 按时完成率	季/年度	$\dfrac{办公用品采购按时完成量}{办公用品应采购量} \times 100\%$	行政部
6	后勤服务满意度	季/年度	企业员工对后勤服务的满意度 评价的算术平均值	行政部
7	车辆调度合理性	季/年度	相关部门因车辆调度不合理 而对行政部投诉的次数	行政部
8	消防安全事 故发生次数	季/年度	考核期内消防安全事故发生的次数	行政部
9	部门协作满意度	年度	相关合作部门对行政部工作满意 度评分的算术平均值	人力资源部

10..2　人事部关键绩效考核指标

序号	KPI 指标	考核周期	指标定义/公式	资料来源
1	各类法律风险分析 报告提交及时率	季/年度	$\dfrac{各类法律风险分析报告提交及时数}{法律风险分析报告提交数} \times 100\%$	人力资源部
2	法律纠纷 发生次数	季/年度	考核期内因企业制度或合同、文件等存在 法律漏洞而发生的法律纠纷次数	人力资源部
3	法律纠纷 处理及时率	季/年度	$\dfrac{法律纠纷处理及时数}{法律纠纷处理总数} \times 100\%$	人力资源部
4	诉讼胜诉率	季/年度	$\dfrac{诉讼胜诉数}{诉讼总数} \times 100\%$	人力资源部
5	法律支持满意度	季/年度	参与企业经济谈判，为相关部门提供决策 参考，相关部门满意度评价的算术平均值	人力资源部
6	普法培训 计划完成率	季/年度	$\dfrac{完成培训数}{计划培训数} \times 100\%$	人力资源部
7	文书档案归档率	季/年度	$\dfrac{归档的文档数}{文档总数} \times 100\%$	人力资源部

10.3 后勤部经理绩效考核指标量表

被考核人姓名		职位	后勤部经理	后勤部	
考核人姓名		职位	总经理	部门	

指标维度	KPI 指标	权重	绩效目标值	考核得分
1	后勤工作计划完成率	20%	考核期内后勤工作计划完成率达 100%	
2	后勤费用预算控制率	15%	考核期内后勤费用预算控制率在____% 以内	
3	基建工作计划完成率	15%	考核期内基建工作计划完成率达 100%	
4	环境卫生达标率	10%	考核期内环境卫生标率达 100%	
5	公共设施维护及时率	10%	考核期内公共设施维护及时率在____% 以上	
6	维修费用降低率	10%	考核期内维修费用降低率在____% 以上	
7	维修及时率	5%	考核期内维修及时率在____% 以上	
8	食宿服务满意度	5%	考核期内员工对食宿服务满意度评分在_____分以上	
9	安全事故发生次数	5%	重大安全事故发生次数为 0	
10	员工管理	5%	考核期内部门员工绩效考核平均得分在_____分以上	
本次考核总得分				

考核指标说明	安全事故 安全事故是指企业辖区内所有消防安全、意外事故及盗窃事件等，车间工伤除外

被考核人	考核人	复核人
签字:　　　　日期:	签字:　　　　日期:	签字:　　　　日期:

10.4 行政后勤人员绩效考核方案

方案名称	行政后勤人员绩效考核方案	受控状态	
		编　号	

一、考核目的

① 通过考核，对行政后勤工作人员在一定时期内担当的职务工作所表现出来的能力、工作努力程度及工作业绩进行分析。

② 全面评价员工的工作表现，为薪资调整、职务变更、人员培训等人力资源决策提供依据。

③ 促使各个岗位的工作成果达到预期的目标，提高企业的工作效率，以保证企业经营目标的实现。

二、考核内容与标准

对行政后勤人员的考核主要从工作态度、日常工作表现、工作能力三方面进行。其具体考核内容与考核标准，详见下表。

行政后勤人员考核内容与标准

三、考核实施

① 考核分为季度考核与年度考核两种。

② 考核时成立考核评议小组，负责对考核工作的管理、指导和考核结果的最终审定，考核评议小组由后勤部经理、人力资源部工作人员组成。

③ 考核执行人员由被考核者的直接上级、人力资源部工作人员及其他相关人员组成。

④ 考核者根据被考核者日常工作表现，对其工作进行评估，并将评估结果报人力资源部。

四、考核反馈

考核工作结束后，考评者要对被考核者的工作绩效进行总结，并将考核结果告知被考核者，让考核者明确自身的优势与不足，提出改进的措施，共同制定下一阶段的绩效目标。

五、绩效评估奖惩规定

① 依公司有关绩效奖惩管理规定给付绩效奖金。

② 年度考核分数____ 分以上的人员，次年度可晋升一至三级工资，视公司整体工资制度规划而定。

③ 拟晋升职务等级之人员，其年度考核分数应高于____ 分。

④ 年度考核分数在____ 分者，应加强岗位训练，以提升工作绩效。

相关说明					
编制人员		审核人员		批准人员	
编制日期		审核日期		批准日期	

10.5 消防安保人员绩效评价方案

方案名称	消防安保人员绩效评价方案	受控状态	
		编　号	

一、绩效考核目的

为保证公司安全目标的实现，提高安保消防人员的工作积极性，为消防安保人员的薪酬调整、奖励惩罚等提供准确、客观的依据，特制定本方案。

二、绩效考核的原则

（一）公开原则

通过协商确定绩效考核的内容和评分标准，最大限度地减少考核者和被考核者之间的绩效认知差别，公开绩效考核的结果，使绩效考核工作规格化、制度化。

（二）客观原则

绩效考核必须用事实说话，切忌主观臆断。绩效考核的目的之一是引导员工改进工作，为此必须避免人与人过分攀比，破坏团队精神。

（三）重视反馈原则

绩效考核过程中，绩效考核之后，考核人员要与被考核人员进行全面的沟通，把结果反馈给被考核者，同时听取被考核者的意见，及时发现问题并解决。

三、消防安保人员绩效考核的内容和评分标准

（一）着装与行为举止（满分为34分）

① 当班时制服干净、整齐（1分）；钮扣全部扣好（1分）；领带系正（1分）。

② 制服外未显露个人物品，如笔、手机、钥匙扣等（2分）。

③ 当班期间不携带制服离开辖区（2分）。

④ 上岗时佩戴工作证（2分）。

⑤ 当班时跨立或立正姿势正确（2分）。

⑥ 不留长发（1分）不敞怀（1分）；不挽袖子（1分）；不穿拖鞋、不打赤脚（1分）；帽不歪戴（1分）。

⑦ 举止文明、大方（1分），不讲粗话、脏话（2分）。

⑧ 不与业主、来访客人争吵（5分），无打架斗殴记录（10分）。

2. 能力和工作表现（满分为46分）

① 按规定时间交接班，从不无故迟到、早退（3分）。

② 认真做好车辆（2分）与人员（2分）的出入登记；登记清晰（5分）。

③ 严格执行请假制度，无擅自离岗或不到岗行为（5分）。

④ 听从指挥，服从命令，行动迅速（4分）。

⑤ 无损害公司声誉和利益的行为（2分）。

⑥ 无损坏公司财物和辖区内的公共设施的行为（2分）。

⑦ 严格执行公司各项规定、坚持原则、秉公办事（2分）。

⑧ 当班期间不做与工作无关的事（5分）。

⑨ 不收受或索取任何形式的礼物和小费（2分）。

⑩ 主动、迅速为业主及住户解决困难，不推诿（2分）。

（11）积极参加政治与业务知识的学习，参加军事、消防等业务培训（2分）。

（12）按时完成上级交办的工作（2分）。

（13）团结互助，不说破坏团结的话，无破坏团结的行为（2分）。

（14）消费设备按时检修与更新（4分）。

3. 工作业绩（满分20分）

① 为业主、住户提供优质服务受到表扬、表彰（2分）。

② 利用工作之外时间为业主和住户提供服务（2分）。

③ 拾金不昧，主动将钱物交到管理处（4分）。

④ 敢于同坏人坏事做斗争，制止和防止了恶性事件与事故的发生（4分）。

⑤ 在发生火灾、盗窃、制止犯罪等方面有突出表现（2分）。

⑥ 保护公司财产和小区公共设施有突出表现（2分）。

⑦ 在破获和检举各类刑事及违法案件中有突出表现（4分）。

四、绩效考核实施

① 消防安保人员的绩效考核由月度考核和年度考核组成，年度考核是对当年12个月绩效考核的汇总。

② 消防安保类人员的绩效考评工作由日检、周检、不定期抽检三部分构成。

③ 消防安保班组长负责保安员、消防员的日检和周检考核。

④ 消防安保部门经理负责班组长、保安员、消防员的不定期抽检考核。

⑤ 人力资源部负责整理和汇总消防安保人员绩效考核的结果。

五、绩效考核库等级划分

消防安保人员绩效考核的等级划分，如下表所示。

消防安保人员绩效考核等级划分表

说明：消防安保人员年度绩效考核得分为当年12个月绩效考核得分总和的平均值。

六、绩效考核结果的应用

① 财务部依据绩效考核的结果确定消费安保人员月度和年度奖金的发放数额。

② 部门经理运用绩效考核的结果制订员工培训计划，提高消防安保人员的工作质量。

相关说明					
编制人员		审核人员		批准人员	
编制日期		审核日期		批准日期	

案例二　系统软件管理绩效的应用

为什么要管理绩效？为什么越来越多的企业要建立绩效管理系统？

美国一项为期4年的课题研究分析了437家公开交易上市公司的绩效管理系统和财务结果，研究清晰地显示，正式使用绩效管理系统的公司，财务表现要明显优于未使用的公司，同一公司执行正式绩效管理系统比没执行前的效果也更好。

正是由于这样的现实作用，近些年来绩效管理也被我国企业广泛讨论和应用。但是，绩效管理的实施效果大部分却差强人意，不是半途而废，就是流于形式，甚至还有的破坏了组织本身的稳定，起到了相反的作用。

目前绩效管理体系以 KPI 关键绩效指标管理、平衡记分卡和公众评价模式三类为主要代表。其中又以 KPI 关键绩效指标管理体系应用得最为广泛和成熟。

本产品是以 KPI 关键绩效指标管理体系为基础，通过办公系统实现基础数据采集，基础数据通过绩效考核系统，按照一定的规则和逻辑有机的整合并紧密关联起来，实现对员工勤、能、技等方面的全方位考核。并将考核数据通过决策分析系统处理后，能为公司领导决策提供有价值的决策分析数据，以图表的形式直观的展现。

本产品的意义，应该是让企业的所有员工，都能达成公司期许的目标与工作标准。对绩效佳的员工，让其有更多的发展空间，以追求更好的绩效，或维持现况的绩效；对绩效未达预期标准的员工，由主管与员工面谈，共同来拟定改善计划与措施，让员工能尽速达到合于标准的绩效。成功的绩效管理信息系统是提高企业绩效为前提的。

企业绩效管理的定义

绩效是指员工按照职责所达到的阶段结果以及在达到阶段性结果过程中的行为表现。

绩效管理是指管理者与员工之间在确定目标与如何实现目标上所达成共识的过程，是增强员工成功达到目标的能力，促进员工取得优异绩效的管理过程。绩效管理的目的在于提高员工的能力素质，改进与提高企业绩效水平。

系统特点与价值

·工作的过程就是记录的过程，记录的过程就是考核的过程

系统通过协同办公子系统，以办公为应用基础，通过日常的工作来采集绩效考核的基础数据。将数据进行处理后存入数据仓库，数据再由考核子系统重新按照特定的考核规则组合后计算出员工的绩效成绩，来实时对员工勤、能、技等方面进行考核。

·处处有比较，无处不比较

系统充分运用标杆理论，强调对比。从指标填报到数据审核，从登陆次数到文档上传，从纵向到横向，处处都有对比，处处体现抢前争先，进一步挖掘各员工工作潜力，激发员工工作积极性。

·增强公司高层对全局目标的掌控能力

系统包含部门间的数据对比，历史目标完成情况以及年度绩效完成情况等数据，通过对数据的实时分析，把握全局，及时调整工作的重点，预防"年终算总账"的情况发生，保证全面、均衡、有序、可控实现公司整体工作目标。

·使管理更顺畅

应用该系统，可在全市形成一个畅通的绩效考核评估的流通环境，提高整体管理水平，为领导决策提供支持，为各部门、人员的工作进行较为公正的评价。

·使工作更透明

绩效管理系统对各项工作要求是公开的，各部门目标执行过程是透明的，工作结果和评价将更加及时、公正、全面，便于各部门更好地接受监督，进一步改善企业绩效。

·提高领导管理与决策能力

通过绩效考核系统对各类工作过程数据和信息资源进行数据采集、分类整理、汇总分析，从而为领导决策服务。并且随着信息化程度的不断提高，将能使用手机、掌上电脑等设备随时获取决策信息，提高管理与决策能力。

·提高执行能力

绩效管理系统对各单位的工作进行量化，使部门间以及员工间的工作有了可比性，促进相互竞争与协作；通过引入历史数据和同类部门工作情况，确立奋斗标杆；通过预警联动加强对工作的监控和管理；通过绩效评价和改进建议促进部门工作的改善。从而整体提高人员的执行能力。

系统设计思想

绩效考核管理系统开发和实施，应遵循先进性、实用性、开放性、稳定性、安全性、符合国际标准的原则。系统设计不但要保证国内领先，而且要保证国际先进。

·稳定性：服务器采用高可靠性的容错技术，保证系统能长期稳定的不间断运行。系统采用成熟稳定的操作系统、数据库、网络协议、中间件等，保证系统的稳定性。

·先进性：绩效考核的思想，采用国际先进的体系结构、互联网技术以及先进的绩效管理模式，将系统应用系统建设成中国一流的企业绩效考核系统。

·实用性：系统应结合国际先进的开发经验和中国具体国情，设计真正具备实用价值并能马上获得实效的软件应用模型。系统应易于操作，易于使用。

·开放性：系统具备互操作性和可扩展性，具有兼容性，满足 XML，可以将各种格式的信息集成在中心平台上。

产品优势与创新

···
···

系统总体架构

业务结构图

系统作为员工日常工作考核管理工具和领导辅助决策系统，是相关企业管理绩效考核工作所依托的平台。其中目标设置，任务管理，考核设置、结果统计和决策分析等几大功能块，构成这个平台的主要信息链。任务管理，是将平时工作中领导分配给员工的任务通过任务管理系统下达给员工。考核设置是将下达给员工的工作任务自动指标化，为考核管理工作提供依据；由各被考核人员将任务的成果物上传到系统中，由系统统一、精确、即时地将结果处理成目标数据；最后系统会对考核结果数据进行处理，将被考核人员的评估结果以图表、数据表格等多种形式呈现出来，为参考单位提供准确、高效、直观的绩效分析依据。

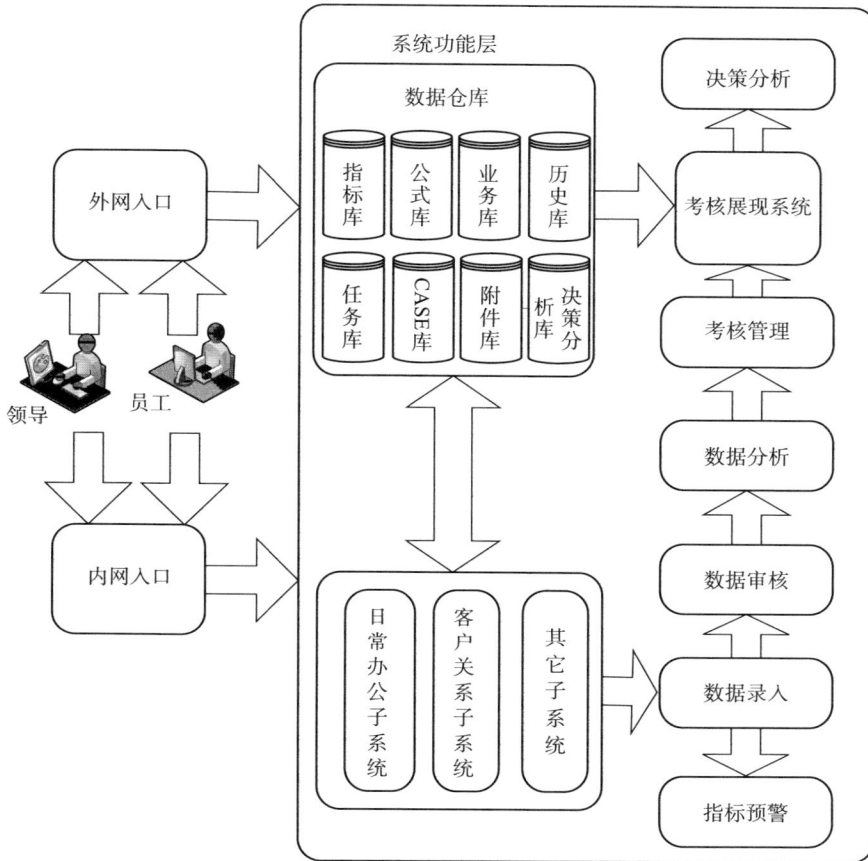

图表 1　业务结构图

技术架构图

　　系统搭建在 INTERNET 服务器上。以考核指标库、备用指标库、业务数据库、历史库、外部数据库等为基础数据库，以 JSP + JavaBean + Spring + Struts + hibernate 为底层架构；MVC 设计模式为支撑。系统的功能模块包括办公子系统绩效考核子系统、数据分析子系统、绩效沟通子系统等。并与公司网站，公司业务系统组成数据接口，实现指标下达、数据采集、统计信息查询、决策分析辅助等功能。

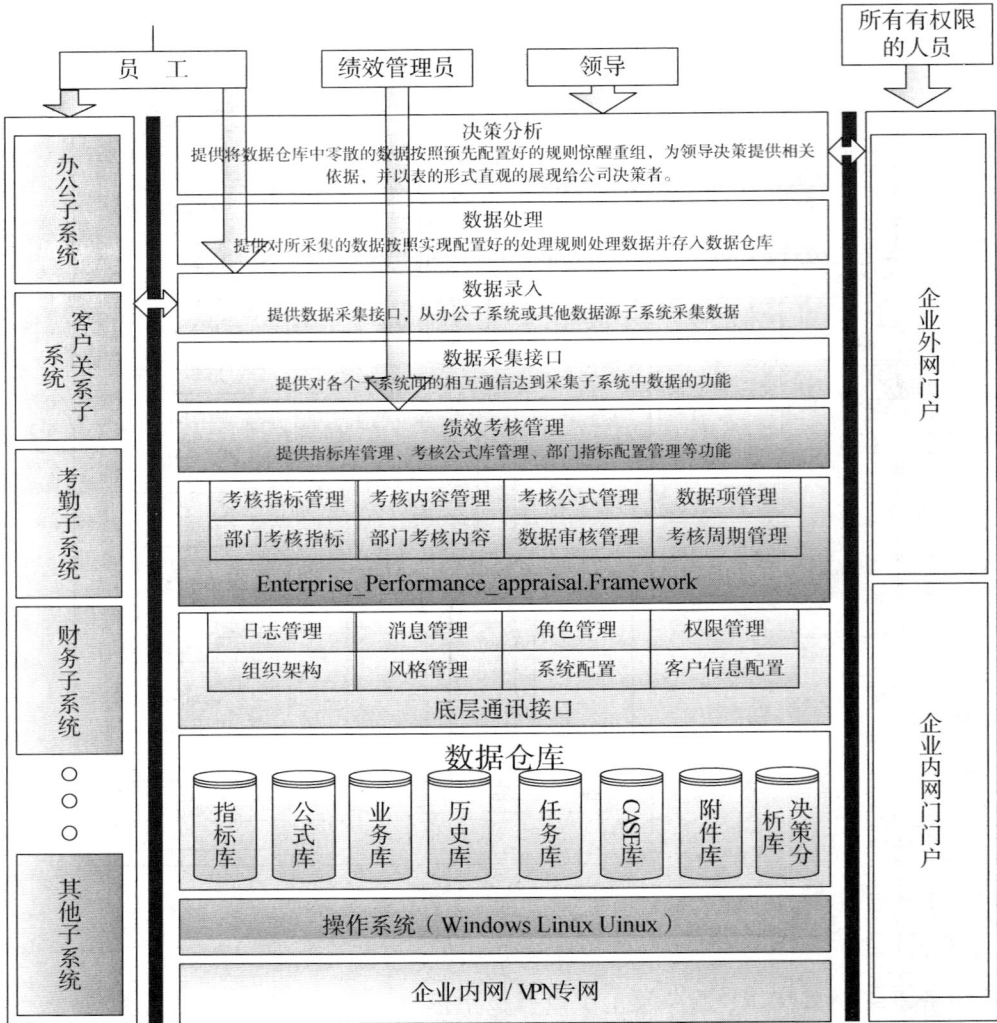

图表2 技术架构图

系统功能结构图

系统共有绩效考核管理、数据录入、数据分析、绩效预警、统计分析、文档资料柜、系统管理七大功能模块。首先由绩效办管理员在绩效考核管理功能中对考核指标进行配置；然后由各部门的绩效部门员工对各部门的指标进行填报和审核，在填报过程中，可以通过绩效预警功能来实时了解当前本部门的工作完成情况；在填报和审核工作完成之后，系统将自动启动数据分析功能对填报的数据进行分析和计算，已得出各指标的月度得分，年度得分，部门得分等数据，最后就统计分析功能通过表格或图形化的方式进行展示。

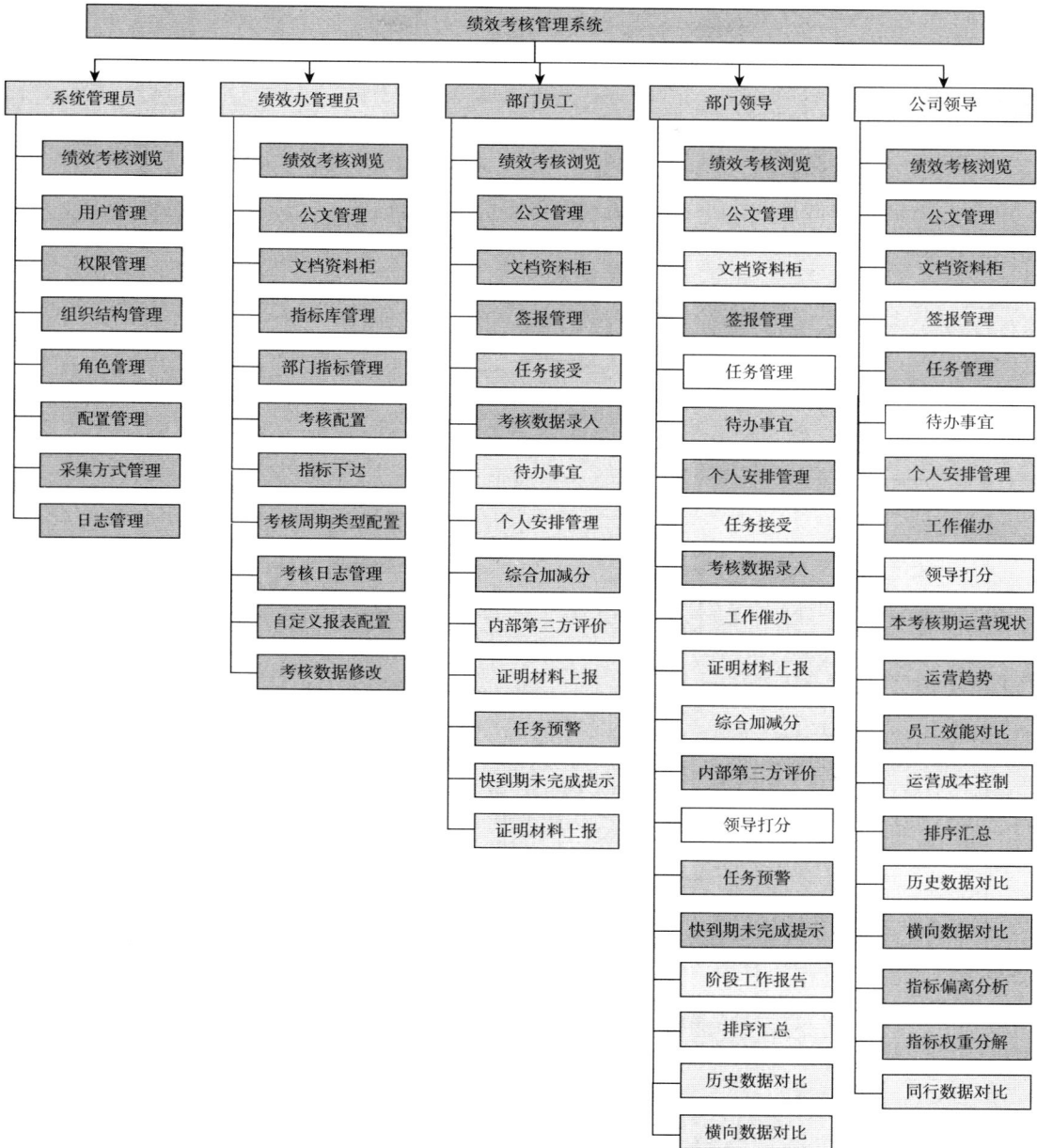

图表3　系统功能结构图

系统部署图

　　系统部署在用户公司机房（不具备条件的也可托管到 ISP 机房），系统规划有应用服务器、数据服务器和数据采集服务器（可选）。用户通过互联网进行访问，完成数据录入、数据采集和数据交换和数据查询等应用。具体部署情况如下图：

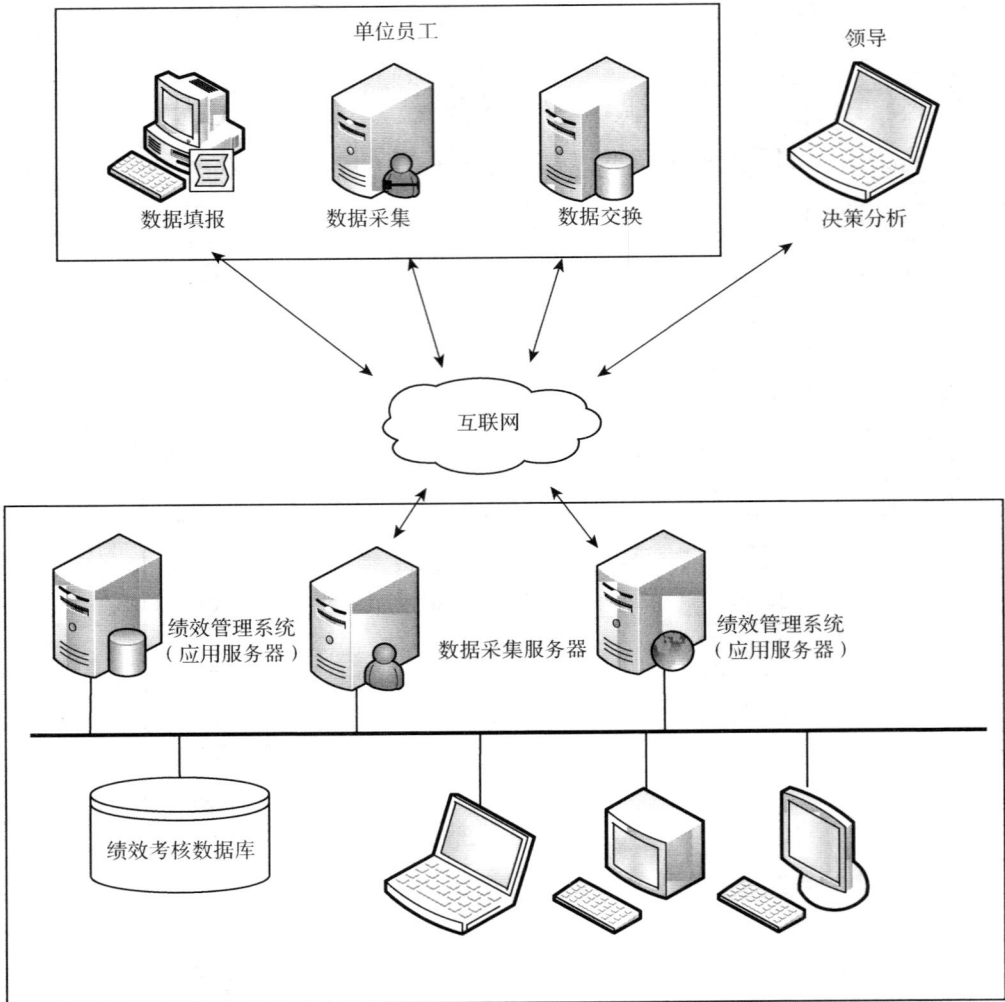

图表4　系统部署图

系统功能说明

系统角色分析

在本系统中角色共分为以下几类：

· 绩效管理员

负责考核绩效的设置与维护，通常由公司绩效管理部门人员担当。包括指标库管理，部门考核指标管理，指标下达等工作。

· 部门员工

通过协同工作系统接受任务，进入考核流程，填报工作动态，上传证明文件或者成果物，结束该项任务考核

· 部门领导

对本部门员工所填报的数据进行审核，并具有查看月度，年度报告，排序汇总，历史数据对比，横向数据对比等权限。

· 公司领导

通过各部门填报或上传的数据掌握最新的工作任务完成情况。具有进行领导打分和审核综合加减分的权限，并且可以查看排序汇总，历史数据对比，横向数据对比，报表分析，外部数据比较等所有统计信息。

· 系统管理员

负责系统的设置与维护。包括帐户管理，角色管理，组织结构管理，日志管理等工作。

以上为系统默认角色，为满足不同客户需要，系统角色和权限应该分开，并且以角色分组的形式存在，分组中选择不同角色的不同权限。

系统功能列表

功能模块	具体功能	对应角色
绩效考核管理	指标库管理	绩效管理员
	部门指标管理	绩效管理员
	考核配置	绩效管理员
	指标下达	绩效管理员
	考核周期类型配置	绩效管理员
	考核日志管理	绩效管理员
	自定义报表配置	绩效管理员
	考核数据修改	绩效管理员
	绩效考核浏览	绩效管理员、部门员工、部门领导、公司领导
协同办公	任务管理	公司领导、部门领导
	工作催办	公司领导、部门领导
	待办事宜	公司领导、部门领导、部门员工
	个人安排管理	公司领导、部门领导、部门员工
	签报管理	公司领导、部门领导、部门员工
	公文管理	公司领导、部门领导、部门员工、绩效管理员
	文档资料柜	公司领导、部门领导、部门员工、绩效管理员

功能模块	具体功能	对应角色
数据录入	任务接受	部门员工、部门领导
	考核数据录入	部门员工、部门领导
	完成情况审核	部门领导
	综合加减分	部门员工、部门领导
	内部第三方评价	部门员工
	领导打分	公司领导
	证明材料上报	部门员工、部门领导
绩效预警	任务预警	部门员工、部门领导
	快到期未完成提示	部门员工、部门领导、公司领导
决策分析	本考核期运营现状	公司领导
	运营趋势	公司领导
	员工效能对比	公司领导
	运营成本控制	公司领导、部门领导
统计分析	阶段工作报告	部门领导、公司领导
	排序汇总	部门领导、公司领导
	历史数据对比	部门领导、公司领导
	横向数据对比	部门领导、公司领导
	指标偏离分析	公司领导
	指标权重分解	公司领导
	同行数据对比	公司领导
	报表分析	公司领导
系统管理	用户管理	系统管理员
	权限管理	系统管理员
	组织结构管理	系统管理员
	角色管理	系统管理员
	配置管理	系统管理员
	采集方式管理	系统管理员
	日志管理	系统管理员

系统功能说明

绩效考核管理

1.2.1.1 指标库管理

提供了用于实施绩效考核管理的考核体系和考核模型的配置。包括考核指标配置、考核内容配置、考核部门（考核部门可以是集团的下属子公司，也可以是集团内部部门）配置、考核周期管理和等方面的管理设置等。

·考核指标配置

根据不同的考核周期，提供考核周期内的指标配置和管理功能。

·考核内容配置

根据选择的考核周期，提供考核期内的指标对应的考核内容配置功能。

1.2.1.2 部门指标管理

为部门配置指标库中的考核指标，包括年份，权重，填报人员，审核人员，合格值，挑战值等信息。

1.2.1.3 考核配置

对于考核过程中的一些具体情况做配置，如当前的年份，本部门人员是否可以看到其它部门指标完成情况，指标填报的超时时间等。

1.2.1.4 表单库配置

为需要对过程进行考核而且又没有相应的业务系统作为依托的指标，配置它所对应的表单，以便用户在指标数据录入时通过上传相应的表单来体现考核的过程。

1.2.1.5 指标下达

如果某单位的绩效考核管理系统有下属的子系统，那么可以通过指标下标功能直接将其子单位的考核指标下达给子系统。

1.2.1.6 考核周期类型配置

根据公司事物处理的情况不一样，对每件事情在时间上的安排也不一样，系统提供考核周期的类型配置，单位为天或者周或者月或者年，具体数值由绩效管理员在后台进行配置，在配置指标的时候，可根据每个指标考核的实际情况来配置考核周期长短。也可以实现批量配置

1.2.1.7 考核日志管理

查看系统每一次发生的指标填报，指标审核等事件时的详细信息。

1.2.1.8 自定义报表配置

对要生成的报表进行自定义，包括报表中的部门，考核指标，周期等内容。并可以保存下来以便反复使用。

1.2.1.9 考核数据修改

如某部门的数据录入人数将按时填写数据或填写了错误数据，考核管理员可通过该功能对其进行补填或修改。

1.2.1.10　绩效考核浏览

查看每一个部门的所有考核指标，包括指标名，考核内容，权重，责任人，合格值，挑战值等信息。

协同办公

1.2.1.11　任务管理

公司领导向部门领导下达工作任务或者部门领导向部门员工下达工作任务，下达的工作任务中包括完成时间，工作量工作周期。待员工接受任务后此任务将自动进入考核系统。带任务完成，上传相关的材料或者成果物后待部门领导审核后系统会结束对任务的考核。并且会按照任务的相关情况经过运算后给出相应的得分。自此单项任务考核结束。

1.2.1.12　工作催办

待任务下达后，如果员工未及时接受任务，系统会根据具体情况给用户已提示。如果接受了任务，超期没有完成时，领导可以跟据实际情况提交催办单。如事情还未完成，该员工此项任务的考核分数为零分，任务重新返回领导处待派发。如果超期后完成工作，延期说明单以后分数由领导按照领导意愿手动打分，也可以设置系统的算分规则让系统自动打分。

1.2.1.13　待办事宜

下达的任务在接受以后会进入待办事宜，待办事宜会在必要的时候给用户以提示，提示用户还有哪些事情未完成，哪些事情即将过期。如任务已经完成，将标注已办结，以备待查。

1.2.1.14　个人安排管理

个人安排功能主要是在任务较多或者较集中的情况下帮助员工合理安排自己事件的一个工具。在填写个人安排以后，员工可以选择是否将个人安排共享给直属领导。让领导能够知晓你的具体工作情况，有助于领导工作的分配。

1.2.1.15　签报管理

主要用于办公用品申请、审核，相关费用申请、审核，申请资源使用情况以及归还情况。

1.2.1.16　公文管理

主要用户日常工作中，公文的发放、反馈。

1.2.1.17　文档资料柜

主要包含电子版文档资料的归档，文档资料的共享。用于考核相关文档的存储。

数据录入

1.2.1.18　任务接受

领导在分配任务以后，下属人员可以在自己的工作平台上看到属于自己的任务，点击接受来接受任务，接受任务后，该任务进入考核流程。点击拒绝任务，返回拒绝任务页面，填写拒绝任务的说明。

1.2.1.19　考核数据录入

在无该指标所需要的业务系统作为底层数据支持的情况下面，面向员工，提供工作过程或结果情况的填报。允许对特定内容录入带格式的文字内容，并支持附件上传功能。对于业务内容，业务结果或结论都能得到体现。

1.2.1.20　完成情况审核

对所录入的数据进行审核，数据审核通过后，系统将进行自动算分。

1.2.1.21　综合加减分

系统实现对部门员工的综合加、减分过程记录和算分。有获得加分因素的部门员工应在绩效目标考核期间向部门领导提出申请，并提交相关、文档表格证明材料，由部门领导统一汇总报公司领导审定后，直接记入责任人员总分；有减分行为的，由有关部门领导向公司领导提出扣分建议，报领导审定，直接在责任人总分中扣除。

1.2.1.22　内部第三方评价

在部门内部，由责任人以外的本部门其他人员或有业务关系的其他部门人员对其进行评价打分，如"与公司其他人员沟通满意度"等指标。

1.2.1.23　领导打分

由公司领导来对每个部门员工进行打分，通常每年进行一次，打分将累计到部门员工全年的总分上去。

1.2.1.24　证明材料上报

此功能为任务管理辅助功能并可以配合文档资料柜一起使用，由完成领导下派任务的员工提交关于任务的相关资料，以证明其完成情况和完成质量的情况。一方面便于文档资料的归档，另一方面有助于领导了解全局情况。

绩效预警

1.2.1.25　任务预警

查看各部门员工每个考核周期内各任务完成情况，任务的完成进度表。提供自动对考核周期内未完成考核进度的相关人员，按程度发出黄色和红色预警指示。

1.2.1.26　快到期未完成提示

查看各部门员工未达进度的指标及具体的完成情况。以便各部门领导即时的了解本部门的指标完成情况。

数据分析

1.2.1.27　本考核期运营现状

为领导实施提供目前公司收入、支出、业务数量、月度业务承接的趋势、业务金额、业务进展情况等统计信息。

1.2.1.28　运营趋势

提取相关的统计数据，系统按照一定的规则自动提供各个方面的发展趋势图。

1.2.1.29　员工效能对比

根据员工任务完成情况，任务完成时间，指定时间等数据系统自动算出员工效能。并提供所有员工效能对比图以及员工自身的历史效能对比。为领导全面掌握员工情况提出依据。

1.2.1.30　运营成本控制

提取统计分析中的关于企业成本的各项数据，经过系统运算后给出各项工作中的运营成本柱状图。

（此模块需要员工信息管理系统、财务系统、运营管理系统3个系统作为低层数据支持）

统计分析

1.2.1.31 阶段工作报告

阶段工作报告提供按考核周期提供文字汇报和总结的功能。基于任务管理体系，与业务数据相结合，对工作进行全方位的总结和汇报。该功能丰富了数据展现内容，满足更多个性化应用。

1.2.1.32 排序汇总

对部门员工的总分，指标得分进行排序。并可以根据部门的属性进行分类。

1.2.1.33 历史数据对比

查看被考核人员指标历年来的完成情况，并以图形的方式进行展示。

1.2.1.34 横向数据对比

查看各共性指标，及被两个或两个以上被考核人员使用了的指标的完成情况，并以图形的方式进行展示。

1.2.1.35 指标偏离分析

将被考核人员具体的指标完成情况和指标的合格值与挑战值进行分析，以判断指标定制时的科学性。

1.2.1.36 指标权重分解

查看每个被考核人员指标权重的分解情况，为次年该被考核人员指标的制定提供依据。

1.2.1.37 同行数据对比

查看某个指标本公司的完成情况和外其他公司或者是本公司所属行业情况的比较数据，以便领导工作的决策。

1.2.1.38 报表分析

在自定义报表配置功能中设定完报表模版后，及可在报表分析里查看到相应的报表，并可以对其进行下载和打印。

系统管理

1.2.1.39 用户管理

用户管理是对系统中的每个用户进行管理，包括添加一个新用户，或修改已有用户的一些具体信息，如用户的密码，电话，地址等。

1.2.1.40 权限管理

在权限管理功能中，系统管理员可为系统中每一个角色设置它所对应的权限，及它所能使用的功能。

1.2.1.41 组织结构管理

在组织结构管理功能中，系统管理员可以添加，修改和删除公司中的部门，并对部门的属性进行配置。

1.2.1.42 角色管理

在角色管理功能中，系统管理员添加或删除系统中的角色。

1.2.1.43 配置管理

配置当前系统的要使用的功能和页面。

1.2.1.44 采集方式管理

配置每个指标数据来源的采集方式，实现数据来源的多元化。方便的从不同的业务系统中采集数据。

1.2.1.45 日志管理

查看系统日志，以便检测和维护系统。

周边工具

数据库自动备份器

数据库自动备份器可按照客户需求，定时备份数据库。以保证数据库的安全性。

自动算分器

如果用户的算分规则被修改，可以使用自动算分器来对所有的考核指标数据从新算分。

数据接口

绩效考核管理系统通过数据交换系统方便的与各子系统实现数据上的交换，包括从各业务系统采集绩效考核相关的数据，并且将数据经过加工后反馈给决策分析系统。其数据接口共有 3 类：

· XML 采集方式

采用 XML 方式。由绩效考核系统通过事先配置好的采集模式主动去采集各个业务子系统中绩效考核需要的数据。

· WebService 接口采集方式

采用 WebService 接口，将绩效考核系统的统计分析数据发布到公司信息展现平台让员工查询。实现考核结果公开。

· XML 和 WebService 接口混合模式

采用 XML 或 WebService 方式，获得其他子系统的中数据并将其反馈给绩效系统进行集中处理

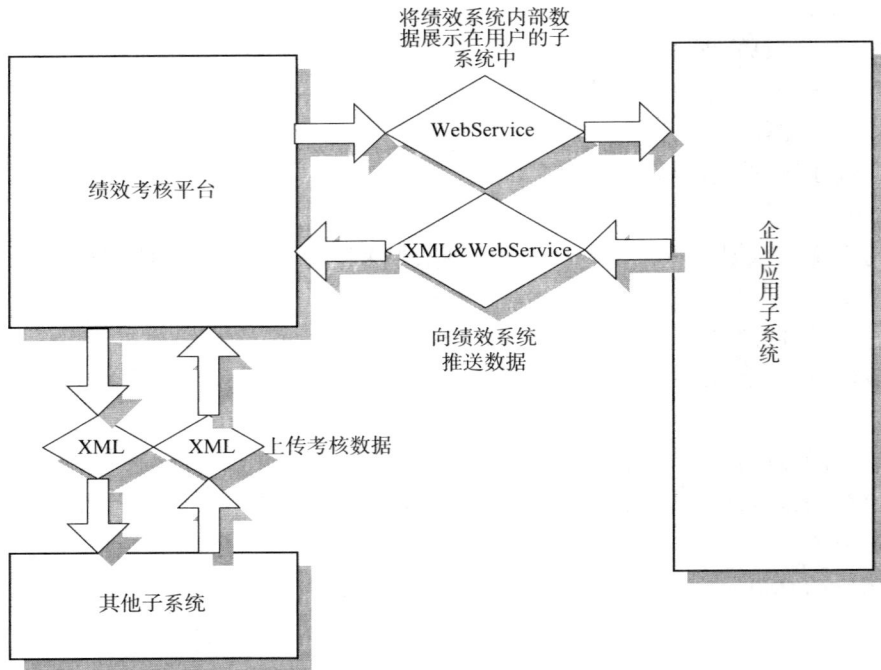

将绩效系统内部数据展示在用户的子系统中

WebService

XML&WebService

向绩效系统推送数据

绩效考核平台

企业应用子系统

XML   XML   上传考核数据

其他子系统

图表5   数据接口图

产品安装

本产品开发和测试完成之后，将打包成两套安装包，及委办局版和政府版。其区别在于系统内部分名称和标题不同，以及 KPI 指标库范例不同。在系统安装实施时，用户只需采用 SETUP 方式进行安装即可。

硬件环境要求

200 用户以内参考下以配置，200 用户以上请咨询售前支持人员。

服务器平台

操作系统；Microsoft Windows 2003 Server；. NET Framework v3.5；IIS 6.0

数据库平台：Microsoft SQL Server 2005

CPU：Intel 奔腾4   3G 或更高

内存：4G 或更高

需要 400GB 以上磁盘空间

支持超过 500 用户以上的并发使用。

客户机平台

浏览器：IE6.0 或更高版本

Microsoft Office2003 sp2

浏览器 JavaScript 必须被启用

案例三

绩效考核方案

绩效考核方案 篇1

为调动护理人员工作的积极性和主动性，提高护理质量和护理管理水平，促进医院分配制度改革，以充分调动护士的工作积极性和创造性，更好地促进护理工作的可持续性发展．特制定护士绩效考核方案，具体内容如下：

一、适用对象：

本制度适用于本院全体在职护理人员。

二、考核办法

护士绩效考核总分为 100 分，其中包括医德医风、护士长考核、三基考试考核、住院患者满意度、加分/减分项目等。

1. 医德医风

2. 护士长考核

护士长每月对护理人员的工作进行考核评价一次。考核内容有思想品德、工作责任心、业务能力、工作效率、团队精神、沟通协调、服务态度、安全意识、出勤、差错及投诉等。

3. 三基考试考核

每月组织一次三基理论考试，每半年组织一次操作技能考试。

4. 住院患者满意调查（满分 100 分，占绩效总分 40%）：护理部每月对住院患者发放满意调查表。

5. 加分项目

（1）获得患者口头或书面表扬者当月加 10 分

（2）发表论文者予当月加 10 分。

（3）三基理论考试或技术操作考试合格者当月加 5 分。

（4）参加全院业务学习一次加 0.5 分。

6. 扣分项目

（1）发生差错或被患者投诉，当月扣 10 分。

（2）三基理论或技术操作考试不合格当月扣 5 分。

护士个人绩效总分 = 护士长考核分 30% + 护理部考核分 30% + 科室患者满意分 40% + 个人加分/减分。

三、考核测评要求

护士长要做到注重实绩、客观公正、实事求是，给每一位护理人员进行公正的评价。

四、考核测评内容：

（一）医德医风

(1)救死扶伤，全心全意为人民服务

(2)尊重患者的权利为患者保守医疗秘密

(3)遵纪守法，廉洁行医

（二）护士长对护士考核内容包括：

①工作完成情况（10 分）

②业务能力（10分）

③工作效率（10分）

④工作质量（10分）

⑤劳动纪律（10分）

⑥工作态度（10分）

⑦出勤率（10分）

⑧团结协作（10分）

⑨发生差错事故（10分）

⑩服务态度（10分）

以上满分为100分，其中100分~91分为优秀，90~80分为良好，79~60分为合格，59分以下为不合格。

注：优秀占科室护士总数30%，良好占科室护士总数50%，一般占科室护士总数20%。

（三）三基考试考核

（四）住院患者满意度

（五）加分/减分

六、考核结果

所有考核结果与年度综合考核挂钩，并做为年终评比、职称晋升、职务提升的重要依据之一。年度专科理论及操作考核结果反馈给护士长，由护士长负责记录在护士长手册和护士制度化培训手册，并与年终技术职称考评挂钩，成绩不合格者不能评定优职及称职（考评采用四等制：优职、称职、基本称职、不称职），无故不参与考核者评定为不称职。

护理部

绩效考核方案 篇2

人力资源管理的重要工作之一是对员工的工作绩效做出评价，以提高员工的工作效率，促进员工个人发展和实现企业的目标。为了做好集团的绩效考核工作，特制定本方案。

一、绩效考核的目的

1. 绩效考核为人员职务升降提供依据。通过全面严格的考核，对素质和能力已超过所在职位的要求的人员，应晋升其职位；对素质和能力不能胜任现职要求的，则降低其职位；对用非所长的，则予以调整。

2. 绩效考核为浮动工资及奖金的发放提供依据。通过考核准确衡量员工工作的"质"和"量"，借以确定浮动工资和奖金的发放标准。

3. 绩效考核是对员工进行激励的手段。通过考核，奖优罚劣，对员工起到鞭策、促进作用。

二、绩效考核的基本原则

1. 客观、公正、科学、简便的原则；

2. 阶段性和连续性相结合的原则，对员工各个考核周期的评价指标数据积累要综合分析，以求得出全面和准确的结论。

三、绩效考核周期

1. 中层干部绩效考核周期为半年考核和年度考核；

2. 员工绩效考核周期为月考核、季考核、年度考核。

3. 月考核时间安排为 1.2.4.5.7.8.10. 月的每月日开始，至下月日上报考核情况；

季考核时间安排为 3.6. 月的每月日开始，至下月日上报考核情况；

半年考核时间安排为月日开始，月日前上报考核情况；

全年考核时间安排为月日至下一年度月日结束。

四、绩效考核内容

1. 三级正职以上中层干部考核内容

（ ）领导能力 （ ）部属培育

（ ）士气 （ ）目标达成

（ ）责任感 （ ）自我启发

2. 员工的绩效考核内容

一德：政策水平、敬业精神、职业道德

二能：专业水平、业务能力、组织能力

三勤：责任心、工作态度、出勤

四绩：工作质和量、效率、创新成果等。

五、绩效考核的执行

1. 集团成立绩效考核委员会，对绩效考核工作进行组织、部署，委员会构成另行通知；

2. 中层干部的考核由其上级主管领导和人力资源部执行；

3. 员工的考核由其直接上级、主管领导和人力资源部执行。

六、绩效考核方法

1. 中层干部和员工的绩效考核在各考核周期均采用本人自评与量表评价法相结合的方法。

2. 本人自评是要求被考核人对本人某一考核期间工作情况做出真实阐述，内容应符合本期工作目标和本岗位职责的要求，阐述本考核期间取得的主要成绩，工作中存在的问题及改进的设想。

3. 量表评价法是将考核内容分解为若干评价因素，再将一定的分数分配到各项评价因素，使每项评价因素都有一个评价尺度，然后由考核人用量表对评价对象在各个评价因素上的表现做出评价、打分，乘以相应权重，最后汇总计算总分。

4. 根据"阶段性和连续性相结合的原则"，员工月考核的分数要按一定比例计入季度考核结果分数中；季度考核的分数也应该按一定比例计入年度考核结果分数中，具体各考核周期考核结果分数计算公式如下：

第一季度考核结果分数 ＝（一月份考核分数＋二月份考核分数）×％＋本季度考核分数×％

第二季度考核结果分数 =（四月份考核分数 + 五月份考核分数）×% + 本季度考核分数 ×%

第三季度考核结果分数 =（七月份考核分数 + 八月份考核分数）×% + 本季度考核分数 ×%

年度考核结果分数 =（第一季度考核结果分数 + 第二季度考核结果分数 + 第三季度考核结果分数）× +（十月份考核分数 + 十一月份考核分数）×% + 年度考核分数 ×%

5. 个人自评表和测评量表在填写完毕之后，经汇总连同汇总计算的各周期考核结果分数列表一并上交人力资源部。

个人自评表及两部评价表后附。

七、绩效考核的．反馈

各考核执行人应根据考核结果的具体情况，听取有关被考核人对绩效考核的各方面意见，并将意见汇总上报集团人力资源部。

八、绩效考核结果的应用

人资资源部对考核结果进行汇总、分析，并与各公司部门领导协调，根据考核结果对被考核人的浮动工资、奖金发放、职务升降等问题进行调整。

1. 浮动工资调整。被考核人总得分高于员工平均分的，按照超出比例上浮浮动工资；被考核人总得分低于员工平均分的，按照差距比例下调浮动工资；等于平均分的不作调整。

2. 奖金发放由主管领导根据考核结果确定发放标准，但必须保证奖金总数全额发放，不得私扣奖金。

3. 中层干部的职务升降及职位调整，由总经理办公会议根据考核结果适时做出决定；员工的职位调整由各公司主管领导决定，并报人力资源部备案；由员工晋升为中层干部的，由总经理办公会议做出决定。

以上方案自发布之日起实施，望有关部门努力做好各项工作，扎扎实实的将绩效考核工作开展好。

绩效考核方案 篇3

一、指导思想

坚持贴近病人、贴近临床、贴近社会的根本原则，以病人为中心的服务理念，构建和谐医患关系。

二、工作目标

遵循整体护理理念，落实基础护理，营造患者满意、社会满意、政府满意的护理服务新形象。坚持把时间还给护士，把护士还给病人，确保护士为病人服务的有效时间，切实改进临床护理服务质量。

三、组织领导

成立普外科创建"优质护理服务"活动领导小组。

组　长：朱法清

副组长：黄秀丽　吴培信　黄少平

组　员：吴素文　林燕婷　李　莹　钟树玉　肖方舒

叶夏宁　田梦惠　黄　君　何文清　何景霞

陈增梅　李观鑫　梁佳敏　韩燕秋

四、实施措施

（一）转变理念，统一思想、统一行动

组织全科护士在科内动员、解读创建优质护理服务示范工程的相关内容：卫生部的16条和广东省的20条等，使全体护士在思想上正确理解和认识创建"优质护理服务"的目的和意义，转变服务理念，统一思想、统一行动。并提出优质护理服务的口号：关爱健康，用心服务。

（二）加强护士礼仪培训，提升护理形象。

组织学习《护士形象重塑》读本，进行情景模拟表演，规范服务语言、服务态度、服务行为。

（三）加强护士培训，提高专业技术水平

1. 采用一对一导师负责制，让每位年轻护士都有固定的老师，对其进行全面的指导。

2. 注重临床能力培训，将基础护理与专科护理相结合，利用业务学习、床边护理查房、个案分享等形式进行培训，提高护士临床工作能力。

3. 层级培训：1-3年护士注重基础知识、基本技能培训；3年以上注重专科知识、专科技能培训。

（四）落实护士分组管床制和床边工作制。

1. 以层级、均衡、责任和连续为原则，实行APN弹性排班，增加高峰段、薄弱时间段、夜班护士人力，为患者提供无缝隙的护理服务。建立二线和三线值班制度。

2. 整个病区分成A1、A2、a1、a2四组，设组长、责任护士、助理护士，每位护士分管8-10张病床，护理组长主管危重，疑难病人，同时负责指导本组护士工作。管床护士为病人提供全程的服务，包括入院介绍、基础护理、治疗、术前术后及康复护理等。责任护士和助理护士一起为患者提供生活护理，解决衣食住行：病人的衣（更衣）、食（订餐、喂食）、住（翻身、拍背）、行（早期活动）、卫生（口腔、洗头、擦浴、剪指甲、倾倒二便）等生活护理，逐渐实现家属陪而不护。

3. 充分使用多功能护理车，减少护士来回取物的时间。

4. 简化护理文书书写，采用表格式护理记录单，缩短书写时间。

（五）实行前瞻性管理。

1. 落实不良事件报告制度，形成不断改进的良性循环。对发生的不良件积极上报，在科室内分析不良事件发生的根本原因和改进措施，以总结经验教训，避免类似事件的发生。

2. 建立质控前移的临床三级质控体系，确保责任护士、护理组长和护士长实施护理工作过程及动态的质控。不断完善专科护理指引和核心制度，让护士在工作中有章可循，有据可依。

3. 建立质量持续改进登记本，护长及各班组长每天对各个工作环节进行实时质控，在登记本上记录存在问题，进行原因分析、提出整改措施，并跟进整改效果。

五、建立激励机制。

每月根据护士工作、服务态度及同事、病人的评价进行考评，以激励护士工作积极性。

绩效考核方案　篇4

前　言

20____年11月11日，淘宝全销售突破52亿元，农产品电商成为其中主力，电商部运营方案。20____年，淘宝天猫在双十一单日成交额从52亿上升到350亿，翻了近7倍；20____年，中国大部分区县的特色农产品电商，仍处于起步及待开发状态；与浙江的丽水、江苏的高淳相比，常州武进、金坛、溧阳的农产品电商，已经处于落后一拍的态势，急需赶超。

一边是高速增长、潜力无穷的购市场；一边是急需触、亟待开发的农产品市场；

一边是鱼龙混杂的民营主导的购平台，一边是规范严谨的供销社系统；一边是从4亿城市买家向10亿农村买家进军，急需解决农村点与物流配送问题；一边是依托21602个基层社、职工367.44万人的中国供销合作总社。

20____年6月，常州市供销合作v总社与常州天目湖南山竹海食品有限公司、浙江老猫电商启动"常州特色农产品电商"规划合作，借助"天目湖南山竹海风景区"在长三角乃至全国的影响力，以"天目湖南山竹海"品牌作为常州特色农产品在络电商平台的品牌突破口；通过整合常州全市供销社系统的特色农产品资源及点平台资源，在电商格局风云变幻的20____年果断出击，实施全B2C平台入驻与区域O2O相结合的运营战略，独辟蹊径的走出一条产业电商之路。

在江苏省供销合作总社领导及常州市各级领导的关心支持下，常州市社、金坛市社、溧阳市社、天目湖南山竹海、老猫电商合作规划的跨平台、跨区域、跨领域常州特色农产品电商项目，力争成为供销合作社体系推进科学发展、坚持改革的市场取向，坚持为农服务的发展方向的一次创新与突破。

第一章：总论

1.1　项目概要

1.1.1　项目名称：常州特色农产品全及O2O电商运营

1.1.2　规划单位：常州市供销合作总社

金坛市供销合作总社

溧阳市供销合作总社

1.1.3　项目筹建：常州天目湖南山竹海食品有限公司

浙江老猫络科技有限公司

1.1.4　实施单位：江苏省南山竹海农产品电子商务有限公司（筹）

1.1.5　项目筹备负责人：易超　毛文彬

1.1.6　投资规模：500万元

本项目首年启动投资规模约为500万元，3年整体规划投资规模为1.5亿元。其中，天猫、京东、1号店等全电商建设运营启动资金约100万元；首年全电商推广经费约300

万元；研发与流动资金 100 万元。首期建成后将实现月销售 100 万元，首年全电商平台销售总额约 1500 万元；总共在首个 5 年规划期内实现年平均销售额 1.5 亿元，净利润总额约 5 亿元。

1.1.7　项目开发运营单位介绍：

项目建设单位：

常州天目湖南山竹海食品有限公司：

常州天目湖南山竹海食品有限公司成立于 20 ＿＿年 1 月，是集土特产、茶叶、休闲食品经营、酒店会所管理、电子商务运营、餐饮连锁开发管理等为一体的综合型涉农产业集团公司，是"第

八届中国花卉博览会"唯一指定食品供应商，规划方案《电商部运营方案》。现有员工 300 多名，直营和加盟销售点 300 余家。

"诚信经营、尽善服务"的理念为公司迎来了中国电信、中国邮政、常州电视台、常州广播电台、常州日报社等一批优秀的合作者，并成为中国电信＿＿＿＿＿＿＿地区唯一农产品销售战略合作伙伴。20 ＿＿年 8 月 26 日，由常州天目湖南山竹海食品有限公司倡导组建的江苏新合作常新特农农产品销售专业合作联社正式成立，有武进、金坛、溧阳、天宁、钟楼及新北区的 53 家农民专业合作社加入，公司被推选为理事长单位。专业合作社以"抱团进城、直销产品、服务市民、做响品牌"为经营宗旨，在政府部门的政策引导与大力支持下，更好地为各地市民提供优质安全、物美价廉的农副产品。

公司旗下拥有 8 个自主品牌：天目湖南山竹海、道也茗茶、椿桂坊、中粽坊、观前街、苏合电商等，多年的市场推广积累了丰富的品牌价值，得到了社会各界和广大消费者的认可。目前产品覆盖范围为北京、上海、江苏、浙江、山东、安徽、云南、福建等省市，成为区域知名品牌。

浙江老猫络科技有限公司：

该公司系是一个以农产品电商整体运营为主的技术开发及专业运营企业。

总公司为天搜科技股份有限公司（对外又称天搜或天搜），创立于 20 ＿＿年，是集无线应用、无线软件研发 和移动信息化解

决方案实施于一体的大型高科技股份制企业。

创立至今，天搜素以推动中国移动信息化产业发展为己任，凭借雄厚的移动信息技术实力和对市场的深入发掘为企业及各类用户提供 最全面的移动信息化应用解决方案。

1.1.8 项目建设内容、规模、目标：

本项目将建成两个自主研发、推广、运营体系：跨平台的全特色农产品电商运营体系及区域生鲜特产 O2O 运营体系。前者针对天猫、京东、1 号店等主流电商平台上的买家为主；后者针对微信、客户端等移动互联买家为主。同时基于天目湖南山竹海公司在常州地区的 6 家旗舰店、1 家餐饮店，以"天目湖南山竹海"为核心品牌，由线上向线下发展加盟连锁，为常州地区供销社、合作社及投资人建立品牌特色农产品专卖店提供整体支持。

1.1.9 项目启动阶段日期

本项目首期建设拟从? 年 8 月至? 年 9 月，启动期共计 12 个月。

1.2 项目可行性研究主要结论

1.2.1 项目市场前景：

目前服装、3C、家居等行业的电商市场已经进入充分竞争阶

绩效考核方案 篇5

（一）工作目标考核部分：

1. 管理岗位的考核：适用于行政人事助理和车队队长

1）说明：每周考核一次，月度汇总

2）计算：

周工作考核得分 = 周工作实际得分之和/周工作计划分数之和

月工作考核得分 = 周工作考核得分之和/月度周数

3）要求：

周六12：00前责任人提供本周工作总结和下周工作计划

总结客观、公正、全面

计划全面、科学

4）考核办法：

不符合要求每例扣2－4分；

不按要求时间提交扣得分的3分。

2. 司机的考核：适用于司机

1）说明：每月考评一次；

2）要求：按公司车辆与司机管理方案执行；

3）考核办法：按公司车辆与司机管理方案执行。

3. 食堂炊事员的考核：适用于炊事员

1）说明：每月考核一次

2）要求：卫生、价格、味道、花色基本满足就餐员工要求

3）考核办法：由部门设计调查文卷对服务质量进行抽样调查，平均得分为其工作考核得分。

（二）日常行为考核部分：

说明：每月考核一次，累计计算

计算：月日常行为考核得分 = 扣分 + 奖励

1. 考勤：

1）要求：按公司和部门规定出勤；行政人事助理和车队长外出半小时以上需要部门经理批准，司机（炊事员）外出（非固定时间工作内容）半小时以上须车队长（行政助理）批准，司机外出1小时以上须部门经理批准；请假须按公司规定提出书面申请，按程序进行审批；漏打卡应于2日内向部门经理说明情况，情况属实可由部门经理签认，月度内限3次，超过按公司规定执行；

2）考核办法：由部门经理根据考勤记录和个人记录确认，每违反一例扣分值的3分。

2.5S 管理：

1）要求：按公司 5S 管理方案执行；

2）考核办法：每违反一例规定扣分值的 1 分。

3. 工作态度：

1）要求：主动、积极对待工作，遇到责任范围内问题应及时报告，并提出相关解决办法；工作期间严禁玩游戏、看游戏页。

2）考核办法：每违反一例扣分值的 2 – 5 分，其中玩游戏和看游戏页每例扣 5 分。

4. 沟通协调：

1）要求：协调好与领导、同事间相互关系，不得冲撞领导（含间接领导）、对待同事不友好，工作中的问题应耐心解释、说服。

2）考核办法：冲撞领导每例扣 3 分；对待同事不友好每例扣 1 – 2 分

5. 会议：

1）要求：按时间参加公司和部门的相关会议

2）考核办法：会议迟到，每次扣 2 分，缺席扣 5 分。

6. 临时性工作：

1）要求：无条件、积极、主动的的接受领导交办的工作并按时按质按量完成。

2）考核办法：部门领导交代工作态度不好、工作拖延、完成质量差每例扣 2 分；公司领导交代工作每例扣 4 分。

7. 工作失误：

1）要求：工作中保持严谨认真的态度，降低失误率，杜绝重大失误；

2）考核办法：正式文件的一般失误酌情扣分，重大失误每例扣 2 – 6 分。

8. 团队建设：

1）要求：具备团队意识和大局观念，能积极、主动有效的帮助同事解决工作和生活中的问题。

2）考核办法：每例与同事的配合不畅扣 2 分；

9. 车辆管理（本项内容仅适用与司机）：

1）要求：穿着工装、配工牌；按规定进行车辆停放；出勤日每天对责任车辆进行检查；

2）考核办法：违反一例扣 5 分

10. 公司处罚：

1）要求：严守公司纪律，未有受公司处罚记录；

2）考核办法：受公司通报批评一次，扣 6 分；受公司警告一次，扣 12 分。

11. 奖励：

奖励为表彰有突出贡献的事件，主要为以下几方面：

1）受到部门表扬，每次加 3 分；受到公司通报表扬加 6 分，记功加 10 分；

2）完成计划外工作较多，且完成质量和效果较好，视情况加 2 – 5 分；

3）积极帮助同事解决工作外困难，视情况加 2 – 3 分；

4）学习上刻苦钻研，进步较快者，视情况加 1 – 5 分；

5）部门内部考核表现突出者，视情况加 1 – 3 分；

6）其他需要表彰的事项酌情加分。

绩效考核方案 篇6

一、概述

为明确合理评价员工的工作成果，充分调动员工的积极性与创造性，达成持续改进之目的，人力资源中心 11 月在集团及各子公司范围内推行全员参与绩效考核（____除外）；结合本次绩效工作进行中出现的实际问题，为规范绩效工作流程，提升绩效工作完成质量，同时为 20 ____年绩效工作的顺利开展提供基础，现就相关数据分析、问题点及建议反馈整理如下。

二、数据分析

1. 公司整体成绩分布

2. 各部门优秀比例

以上数据显示：

1. 绩效优秀比例整体分布不平衡，____优秀比例高达 50%，____等五个部门优秀比例为 0，说明部门间没有统一纠偏标准，对于工作项目的评分侧重点也各不相同；

2. 绩效考核数据只考核员工个体，未涉及部门考核分，员工个人绩效得分与部门整体工作指标达成情况无关联。

三、存在问题分析

1. 表单混用 – 签到表格式不统一 2、培训课件未进行更新

例：____部 9 月、10 月、11 月培训课件均为同一课件；3、____分公司无统一收口；4、各别员工有效工作量占比较低

例：____实际出勤数 165，绩效考核表工作量 110.63，有效工作量占比 67%；5、考勤相关的考核项目达成时间结点不明确；

6. 分数核算中各部门进位、小数点舍取方式不一致，excel 表同一单元格中数字与文字并存，增加核算工作量；

7. 各别部门对绩效考核表中的分数核算方式不熟悉；

8. 部分员工绩效考核表中的出勤数与考勤系统中的实际出勤数存在较大差异；9、部分部门的绩效反馈面谈表中，只体现分数和工作量等数据；10、12 月的绩效考核指标各部门提报不统一。

四、绩效考核改善建议

1. 签到表统一采用附件 1 表单，以 OA 通知形式知会各部门，后续未按正确格式提交直接默认未提交；

2. 培训课件月度间必须更新，若计划培训项目内容较多，培训内容按月进行分解即可；

3. ____公司设立一名对接人员，后续绩效相关事务直接与该员工直接对接（包括绩效考核表表提报、过程沟通、面谈表提报等）；

4. 对于有效工作量占比低于 80% 的员工（不包含副经理及以上层级），建议各部门主管

针对此些员工进行岗位工作安排情况调查，依据调查结果制定改善方案，提高员工工作绩效；

5. 考核月考勤确认的时间结点为次月第二个工作日 11：30；

PS1：对于在考核月最后一周发生的未打卡情况，对应的补签申请由于审批流程未结束而导致不能在时间结点前确认考勤的现象，暂不不计入绩效考核分。PS2：领导在员工提交申请后，如由于公务原因不能及时审批的，需委托他人及时进行审批。

例：考勤人员在 1 月第一个工作日将 12 月考勤数据导出时发现某员工在 12 月 30、31 日考勤中存在未打卡记录，后该员工即刻提交补签申请，审批流程未在 1 月 2 日 11：30 前结束，导致该员工考勤不能确认，此种情况暂不不计入绩效考核分。

6. 绩效考核表各中间环节数据核算时，小数点后保留两位有效数字，代入公式最终绩效考核成绩 = L ____ Q + A′ + B′ + C′ + D′ + E′ + F′，最终成绩四舍五入取整；建议同一列单位统一填写在首行列名称内，同一列其余单元格内只填写数字量；7、原则上绩效考核表中的出勤数 ≤ 考勤系统中的实际出勤数，若与此不符，需在考核表中进行说明；

8. 绩效考核的目的是着眼于未来的工作开展，建议各部门的绩效反馈面谈表中需体现对员工未来工作的指导及建议改善和提升点；

9. 对于绩效指标提报，建议按如下方式，每月的第五个工作日除提交上月的绩效反馈面谈表外，还需提交部门员工当月的绩效考核指标；

10. 建议增设部门考核分，员工个人最终绩效考核成绩 = （L ____ Q + A′ + B′ + C′ + D′ + E′ + F′） ____ （部门考核分/100）；

五、小结

本次绩效考核虽然存在不尽如人意的地方，但绩效考核表提报速度和沟通过程总体OK，材料提报质量有待提升，绩效管理人员的专业技能有待加强。绩效工作的开展一个循序渐进、层层推进的过程，不可能短期内实现绩效工作质量的快速提升，必须伴随着绩效管理制度的进一步推行和完善，各级管理人员绩效思维的进一步提高和不断发现问题产生的症结所在并持续改进，才能真正发挥绩效考核的作用。

绩效考核方案 篇7

1. 目标计划

计划：以 1 年为周期计划实施前期目标：

目标：打响品牌

任务：形成稳定的销售模式、培养客户的黏性 策略：平台建设、资源整合、推广、市场开拓、团队机制建设，电商运营方案怎么写。

第一阶段：平台完善期（1 个半月）：20 ~ 30 天的平台基本建设阶段，根据 需求特色，为会员提供功能强大的上商务平台。

该平台是一个开放式 BTOB 电子商务平台，以产品为核心，将买家、产品、卖家三个商品交易的基本元素有机地结合起来，用户可 以通过各种途径轻松地在上找到贸易合作伙伴，实现上议价、上签约、上支付等贸 易活动。

商务平台能够为企业在线提供供需信息发布和查询以及上议价谈判、拍卖招标、合同跟踪、客户管理等一整套完善的交易功能，并为交易双方提供多种完善安全的在线支付解决方案。

企业无须离开该平台就可以完成整个交易过程。

包括流程的优化以及页面美化；20～30天的信息搜集，每天50条活动的完整信息录入，保证初期内容的信息量。

目的：保证的流畅、稳定运转，内容的基本完整。

第二阶段：试运营期（2个半月）：其实这个阶段也可以说是运营初期或者是内容的完善期，运营结果更具有真实性和具有说服力，这个阶段的主要任务是：的初步推广和性能的进一步完善。

目的：形成自己的风格、提高的流量。

第三阶段：运营中期（5个月）：这个阶段的由于前期的宣传和推广，为的带来了一定的流量，所以这个阶段的重点应该放在会员商家的拓展和用户的转换上，让普通的活动查看用户转化成活动发布用户，及时有效的搜集用户反馈信息，另外的线上和线下推广还需要进一步的跟进。

在络营销方面，初步开展一些线上、线下商务活动，主要是：络广告、合作、联合商家线下推广。

目的：提高用户转化率、培养客户的黏性、提高会员商家的数量。

第四阶段：运营后期（3个月）：建立品牌价值是这个阶段的首要任务，在前面两个阶段的运营过程中，提高了的流量的同时，积累了较多用户资源，规划方案《电商运营方案怎么写》。

因此在继续做推广和内容建设开发的同时，的营销活动的进一步开展，将是我们工作的重点。

主要是：对数据进行分析，提高络营销市场开拓，进一步完善功能，拓展产目的：市场开拓、为占领市场做准备。

2. 任务分配（1）内容和服务的内容建设和服务包括：内容的编辑工作、的产品和功能分析、以及线上推广活动。

（2）业务开拓推广业务开拓：产品和服务推广（主要是线下推广）、保持和用户、商家的有效沟通、提高活动场地的覆盖率。

a）推广负责的市场推广活动的策划和管理工作，以及品牌推广。

推广工作包括：活动推广、宣传推广、商家联合的推广。

b）客户信息分析了解客户需求、搜集客户需求信息，反馈给编辑人员，进行整理。

（3）客户服务及时解答用户对于的疑难问题，配合好市场人员，搜集市场反馈过来的信息，同时将市场反馈过来的信息整理后及时给策划编辑人员，做好对的功能和内容的策划、组织工作。

此外，同时审核活动信息、商家信息。

（4）技术维护技术维护方面，包括的页面设计、美工和的程序开发、数据库维护等。

美工和技术人员，应配合好编辑人员的改版和栏目结构设计要求，即使完善的一些

功能贯 联和界面的设计美观。

同时美工方面在公司的线下推广方面的宣传材料的设计上面与市 场和编辑人员保持配合。

3. 团队建设 团队的建设对于运营提供最基础的保障。

团队基本结构包括：市场推广部、技术部、编辑部。

市场推广部负责项目的市场推广活动的策划和管理工作，负责市场推广、地面宣传、开 展活动，以及公司品牌推广，开拓会员商家，及时收集用户信息，开拓客户资源。

站技术部要为运营平台提供安全、稳定等方面的保障，及时配合公司的维护决策。

编辑部负责内容的建设，栏目的策划、产品和服务设计，以及一些线上的推广 活动，同时对于内容的充实，文字的编辑和资料的审核工作。

具体人员配置如下：市场推广部：市场推广人员 2 技术部：技术人员 2 名，一名偏重功能模块的建设，一名偏重页面 的技术实现；美工 2 名，其中一名偏技术方面、一名偏平面方面。

编辑部：编辑人员 2 4. 培训最需要的培训：定位和运营思路培训、服务知识培训、其它具体运营时 涉及的临时性培训。

5. 沟通机制 沟通机制包括：市场与市场之间的沟通、市场与技术部门之间的沟通，规划人员与执 行人员的沟通、技术人员内部交流。

绩效考核方案 篇8

第一章　总则

第一条　为加强销售管理，增加公司经营收入，提高销售人员的积极性，建立健全销售奖惩管理，通过将具体量化的考核指标和措施落实到人，强化员工责任意识，为做精品餐饮店打下良好基础。

第二条　绩效管理的宗旨与原则

（一）通过考核管理系统实施目标管理，保证公司经营目标的顺利实现；通过考核管理帮助销售部员工提高工作能力。

（三）遵循公平、公正、公开的原则；做到奖惩有依据、分配有监督，以日常工作及业绩状况作为对员工考核的重要依据。

第二章　销售管理考核办法

第三条　销售经理工资考核

（一）薪资构成：根据《_____ X 餐饮管理有限公司薪酬管理制度》，销售经理的薪资由"工资（底薪）＋提成"组成，其中"工资（底薪）"为20 _____元，提成包含桌数提成、回款额提成、宴会提成及充值卡提成等各类销售提成。

（二）手机费补助：每月报销手机补助费100.00 元。

第四条　考核指标构成：考核内容由经营指标、各类销售提成构成。

（一）经营指标：按照公司经营指标的70%—72%制定销售部任务指标，超额完成经营指标72%的月份，对超出部分按照2%计提；低于经营指标70%的月份，对未完成部分按照1%扣罚，在完成经营指标70%—72%的区间内，不奖不罚，具体内容如下：

（1）销售部经理以销售部任务为考评基数，计算公式：

奖金＝（销售部月度业绩－销售部月度任务）×2%

（2）销售经理以分解到个人的任务为考评基数，计算公式：

奖金＝（销售经理月度业绩－销售经理月度任务）×2%

扣罚＝（销售经理月度任务－销售经理月度业绩）×1%

（3）特殊情况，须报上级公司批准后另行奖励。

（二）各类提成：含包房桌数提成、回款额提成、宴会提成、充值卡提成等，具体提成标准如下：

（1）包房桌数提成：

①午餐：每完成一桌（每桌不少于4人，人均消费不低于150元），按15元/桌提成；

②晚餐：每完成一桌（每桌不少于4人，人均消费不低于150元），按11元/桌提成；

（2）回款额提成：

①销售经理每月基础回款额为5万元，5万元（不含）以上10万元（不含）以下，按0.2%提成；10万元（含）以上15万元（不含）以下按0.3%提成；15万元（含）以上20万元（不含）以下，按0.4%提成；20万元（含）以上25万元（不含）以下，按0.5%提成；25万元以上（含）30万元以下（不含），按0.7%提成；30万元（含）以上40万元（不含）以下按0.8%提成；40万元（含）以上按1%提成。

②对逾期收回的挂账款，实际回款每逾期一个月，计入提成的回款额递减20%；如：逾期一个月收回，按照回款额的80%计算，逾期两个月收回，按照回款额的60%计算，依次类推，逾期五个月收回，将不再计入回款额提成。

（3）宴会提成：

为提高周末及节假日的上座率以及集团单位的大型餐饮消费活动，实行宴会全员销售政策。

①婚宴、会议宴会、生日宴会、同学聚会等，人均菜品消费在150元以上（含）、桌数不低于三桌的宴会计入宴会提成。

②计入提成的宴会消费必须在接待完毕当天结算，结算方式不包括挂账和预充值卡结算。

③符合宴会提成标准的宴会均按结算金额的4%提取给业务介绍的员工。员工介绍的宴会，不能独立完成接待协调任务时（接待协调不能影响本职工作），须交给销售部人员接待，负责接待的销售部员工与介绍业务的员工各从提成额中比例为4：6。

④销售部员工接待的已计入宴会提成的消费额，不计入每月回款额提成，不计入桌数提成。

（4）充值卡提成：

①一次性充值三千至一万元（不含）提成比例为2%；

②一次性充值一万元至三万元（不含）提成比例为2.5%；

③一次性充值三万元至五万元（不含）提成比例为3%；

④一次性充值五万元至十万元（不含）提成比例为3.5%，

⑤一次性充值十万元以上提成比例为4%。

⑥充值卡消费不计回款额提成，可计入当月销售业绩，享有桌数提成，使用充值卡结算的宴会消费不计宴会提成。

第五条 公司每年评选销售状元1名，按优秀员工标准实施奖励。要求遵章守纪，忠诚公司，爱岗敬业、群众基础好，年度销售业绩为公司第一名。

第六条 销售管理

（一）销售经理（不含试用期员工）每月销售业绩低于5万元的，扣发绩效工资，连续两个月达不到基础销售业绩的予以辞退。

（二）试用期内，销售经理工资按照薪资标准的80%发放，并享受公司各类销售提成，回款额低于5万元（含）的，按照0.2%提成。

（三）每天9：00—11：00、14：00-17：00为客户走（回）访时间，销售经理每人每天走（回）访客户不得少于3个（不含节假日），每减少一个扣罚10元。

（四）销售经理必须将当日走访情况做好登记，拜访记录应于每日下午下班前交销售部负责人审阅。

（五）销售人员每日下午下班时，必须当面或用短信的形式告知销售部负责人。

（六）销售人员应主动做好与协议客户的联系和沟通，每周必须进行一次电话或短信回访，公司给销售经理统一配备手机卡，销售人员在与客户联系和沟通时必须使用该卡，电话报销单据以该卡为准，离职时将手机卡一并进行交接。

（七）凡连续二个月未在店内消费的协议客户，自动转为非协议客户，其他销售人员可进行重新开发。

（八）销售人员必须做好客户档案的整理，完善有关内容，并将每月客户走（回）情况和协议签订情况汇总上报。

第七条 店内维护管理

（一）销售经理负责值班区域进店客户的维护和名片的发放，并按要求做好餐前站位，主动协助前厅人员做好进店客人的引领。

（二）当日不值班人员，如有协议或预约客户，必须在前厅迎接并做好引领和跟踪服务。

（三）销售经理负责值班区域房间（零点）的点菜和标准配餐，并将菜单交由客人确认，征求意见，以便将公司的特色和优势向客人进行推荐，拉近与客户的距离，做好沟通和协调，第一次进店客户不作为销售经理的桌数和业绩提成。

第三章 申诉及附则

第八条 员工如对考核结果有异议，可以书面形式向行政人事部提出申诉。

第九条 本方案自下发之日起执行，由行政人事部负责实施并具有最终解释权。

绩效考核方案 篇9

一、总体设计思路

（一）考核目的

为了全面并简洁地评价公司技术研发人员的工作成绩贯彻公司发展战略结合技术研发

人员的工作特点制定本方案

（二）适用范围

本公司所有技术研发人员

（三）考核指标及考核周期

针对技术研发人员的工作性质将技术研发人员的考核内容划分为工作业绩、工作态度、工作能力考核。

（四）考核关系

由技术研发部门主管会同人力资源部经理、考核专员组成考评小组负责对生产人员的考核

二、考核内容设计

（一）工作业绩指标

工作业绩考核表

人员类型关键业绩指标考核目标值权重得分

研发人员新产品开发周期实际开发周期比计划周期提前天30

技术评审合格率技术评审合格率达到1025%

项目计划完成率项目计划完成率达到20%

设计的可生产性成果不能投入生产情况发生的次数少于15次

研发成本降低率研发成本降低率达到以上10%

技术人员技术设计完成及时率技术设计完成及时率达到30%以上

技术方案采用率技术方案采用率达到25%以上

技术改造费用控制率技术改造费用控制率达到25%

技术服务满意度相关部门对技术服务满意度评价的评分在10分以上

技术资料归档及时率技术资料归档及时率达到10%

（二）工作态度指标

工作态度考核表

标准得分标准得分标准得分标准得分

工作责任心强烈30 有24 一般18 无630

工作积极性非常高25 很高20 一般15 无525

团队意识强烈25 有20 一般15 无525

学习意识强烈20 有16 一般12 无420

绩效考核方案 篇10

一、原则

1. 对销售人员薪酬进行考核，前三个月不考核，自20＿＿＿年1月1日起执行考核。

2. 考核参数分为业绩、费用、综合考评三项。

3. 销售业绩考核以客房、会议、餐饮为主，康体次之。

4. 考核奖励必须以完成部门整体考核指标为前提。

二、销售人员基本待遇

享受酒店主管级待遇，基本工资为 2 ＿＿ x 元/月——2 ＿＿ x 元/月，对外（名片）头衔为销售经理。

三、考核人员

销售经理、部门副经理

四、考核内容

1. 业绩考核

每人月销售指标按 240 万元/10 人计为 24 万元（附销售指标分解），超出部分按 1.5% 奖励。

个人业绩组成：

（1）销售员工号下的协议消费总额，包括各自发出的贵宾卡、售出的 PACKAGE、个人下单的零散接待等。

（2）销售员发出的团队、会议单消费（100 房夜以上较大型会议消费额按个人 90% 与部门 10% 划分）。

（3）部门经理接洽的会议按销售员划分范围归属给相应销售人员，按个人 80% 与部门 20% 划分。

（4）销售员接恰的宴会、散客餐饮消费。

（5）应收帐未到帐前不计入个人销售额。

（6）部门业绩产生的考核结余后留存为部门基金。

2. 费用考核（包括交通补贴、招待费、赠券费用等）

（1）交通补贴：销售经理按 200 元/月、驻外销售人员按 500 元/月补贴。

（2）通讯补贴：销售经理按 200 元/月、驻外销售人员按 350 元/月补贴。

（3）赠券控制：销售人员为 600 元/月（按消费额 5 折计）

（4）招待控制：有重要客户宴请需事先报部门批准，原则上销售经理及部门经理按每周一次轮流宴请客户，每次费用控制 600 元（按消费额 5 折计）。

（5）鼓励合理运用招待费用联系客户，将实惠带给客户，多进行情感交流，每人每月宴请费用不得低于 400 元/月（按消费额 5 折计），不足部分按 50% 从考核奖励中扣除。

3. 综合考评

部门完成酒店指标前提下，个人销售指标超出部分按 1.5% 奖励，综合考评：

（1）业绩奖励 85%

（2）团队精神 10%

（3）工作纪律 5%

业绩由销售内勤负责统计，团队精神与工作纪律由部门经理考评。

五、其它

1. 销售内勤：享受酒店领班级待遇，基本工资为 2 ＿＿ x 元/月，奖励按销售人员平均奖的 30% 发放。

2. 美工：享受酒店主管级待遇，基本工资为 2 ＿＿ x 元/月，工作范围包括平面设计与制作、活动策划与布置、宴会/会议场地布置策划等。

参考文献

［1］田立法. 人力资源管理系统与企业绩效［M］. 北京：中国经济出版社，2016.

［2］夏天著. 管理防御、资本结构与企业绩效关系研究［M］. 北京：中国时代经济出版社，2016.

［3］连燕玲. 经营期望冒险决策与企业绩效·来自中国上市公司的经验证据［M］. 上海：上海财经大学出版社，2016.

［4］张其仔. 企业文化与企业绩效［M］. 北京：经济管理出版社，2016.

［5］肖海莲. 业务重构与企业绩效［M］. 广州：广东人民出版社，2016.

［6］苏峻. 中国民营企业绩效研究［M］. 北京：经济科学出版社，2016.

［7］李玉蕾. 企业绩效考核激励效应的异化研究［M］. 西安：西安交通大学出版社，2017.

［8］朱蔚青. 我国制造业质量管理与企业绩效研究［M］. 长春：吉林人民出版社，2017.

［9］蔚垚辉. 中小型高新技术企业绩效评价研究［M］. 太原：山西经济出版社，2017.

［10］孙中博. 创业者网络关系对新创企业绩效的影响机制研究［M］. 长春：吉林人民出版社，2017.

［11］王少东，张国霞. 企业绩效管理·第2版［M］. 北京：清华大学出版社，2017.

［12］李伟铭，黎春燕. 中国新创企业绩效驱动机制［M］. 北京：科学出版社，2017.

［13］周蕾著. 人力资本溢价与企业绩效研究［M］. 北京：经济科学出版社，2017.

［14］李林红，高爽. 家族类上市公司的企业绩效研究［M］. 开封：河南大学出版社，2017.

［15］方心童. 中央企业绩效考核问题研究［M］. 北京：首都经济贸易大学出版社，2018.

［16］朱丽献. 企业绩效考核与薪酬管理的优化与设计［M］. 沈阳：东北大学出版社，2018.

［17］沈玲. 供应链绿色实践对企业绩效影响的实证研究［M］. 哈尔滨：哈尔滨工程大学出版社，2018.

［18］许守任. 营销双元性·探索与开发战略对国际化企业绩效的影响机制［M］. 北京：中国经济出版社，2018.

［19］刘兵，刘佳鑫. 基于社会责任的绿色智力资本对企业绩效的影响研究［M］. 北京：知识产权出版社，2018.

［20］嵇国平，阚云艳. 企业社会责任与企业绩效的关系研究企业软实力和利益相关者关

系的双重中介效应 [M]. 上海：上海财经大学出版社，2018.

[21] 吴国鼎. 汇率变动与企业行为和绩效 [M]. 北京：中国金融出版社，2018.

[22] 谢芳. 知识产权交易与企业创新绩效 [M]. 北京：知识产权出版社，2018.

[23] 彭雪蓉. 利益相关者环保导向、生态创新与企业绩效 [M]. 长春：吉林大学出版社，2019.

[24] 王凤燕. 财务共享模式下的内部控制与企业绩效研究 [M]. 北京：中国社会出版社，2019.

[25] 马翠萍. 创业者中庸思维与创业激情对新创企业绩效的影响机制研究 [M]. 杭州：浙江大学出版社，2019.

[26] 柴广成，张颖斌，贺星星. 中国企业财务绩效影响因素研究 [M]. 北京：科学技术文献出版社，2019.

[27] 那文忠，王秋玉. 民营企业薪酬管理与绩效考评 [M]. 北京：首都经济贸易大学出版社，2019.

[28] 阮磊著. 内部控制与企业财务管理绩效研究 [M]. 长春：吉林大学出版社，2019.

[29] 水藏玺，吴平新. 高绩效工作法·如何制定衡量企业经营的绩效指标 [M]. 北京：中国纺织出版社，2019.

[30] 张鹏. 企业社会资本、组织学习和技术创新绩效研究 [M]. 中央编译出版社，2019.

[31] 翟瑞瑞著. 技术创新模式组合对企业创新绩效的影响研究 [M]. 北京：知识产权出版社，2020.